Frommer's®

MADRI dia a dia

Tradução da 1ª Edição

por Mary-Ann Gallagher

ALTA BOOKS
EDITORA
Rio Janeiro, 2013

Sumário

ISBN: 978-85-7608-683-3

Impresso no Brasil

Produção Editorial
Editora Alta Books

Gerência Editorial
Anderson Vieira

Supervisão Gráfica & Editorial
Angel Cabeza

Supervisão de Qualidade Editorial
Sergio Luiz de Souza

Consellho de Qualidade Editorial
Adalberto Taconi
Anderson Vieira
Pedro Sá
Sergio Luiz de Souza

Editoria Frommer's
Licia Oliveira
Rafael Surgek

Equipe de Design
Adalberto Taconi
Bruna Serrano
Iuri Santos
Marco Aurélio Silva

Equipe Editorial
Ana Lucia Silva
Brenda Ramalho
Camila Werhahn
Claudia Braga
Cristiane Santos
Daniel Siqueira
Evellyn Pacheco
Jaciara Lima
Juliana de Paulo
Marcelo Vieira
Milena Souza
Natália Gonçalves
Paulo Camerino
Thiê Alves
Vanessa Gomes
Vinicius Damasceno

Tradução
Thaís Cotts Ferreira
Stefano Aguiar

Copidesque
Thaís Cotts Ferreira

Revisão Gramatical
Licia Oliveira

Diagramação
Joyce Matos

Marketing e Promoção
Daniel Schilklaper
marketing@altabooks.com.br

1ª Reimpressão, junho de 2015

Dados Internacionais de Catalogação na Publicação (CIP)

G162f Gallagher, Mary-Ann.
Frommer's Madri dia a dia / por Mary-Ann Gallagher. – Rio de Janeiro, RJ : Alta Books, 2012.
192 p. : il. ; 12 x 17 cm. + 1 mapa.

Inclui índice.
Acompanhado de um mapa destacável.
Tradução de: Frommer's Madrid Day by Day.
ISBN 978-85-7608-683-3

1 1. Madri (Espanha) - Viagens - Guias. I. Título.

CDU 910.4(460)
CDD 914.6

Índice para catálogo sistemático:
1. Madri (Espanha) : Viagens : Guias 910.4(460)

ALTA BOOKS EDITORA

Rua Viúva Cláudio, 291 – Bairro Industrial do Jacaré
CEP: 20970-031 – Rio de Janeiro – Tels.: 21 3278-8069/8419 Fax: 21 3277-1253
www.altabooks.com.br – e-mail: altabooks@altabooks.com.br
www.facebook.com/altabooks – www.twitter.com/alta_books

Nota da Diretora Editorial

Organizar o seu tempo. Este é o propósito deste guia.

Muitos guias de viagem oferecem longas listas sobre o que ver e fazer, mas esperam que o leitor organize por conta própria essas informações. Os guias Dia a Dia são diferentes. Eles se propõem a mostrar a você o que há de melhor, além de aconselhá-lo quanto ao modo mais inteligente de aproveitá-lo sem perda de tempo. Nossos autores elaboraram itinerários detalhados, organizados segundo o tempo disponível, o lugar visitado ou algum interesse em particular do visitante. E cada itinerário vem com um mapa que o guiará a cada parada.

Esperando visitar museus de arte de nível mundial, se encantar com o Palácio Real ou experimentar tapas soberbas nas tavernas tradicionais? Planejando um passeio pela Gran Via ou querendo um dia recheado de atividades divertidas com as crianças? Qualquer que seja o seu interesse ou programação, o guia Dia a Dia lhe informa sobre os melhores roteiros. Nós não somente o levaremos às melhores atrações, hotéis e restaurantes, como também o ajudaremos a ter acesso àquelas experiências especiais que só quem mora no local conhece – estes "achados" que transformam meros turistas em viajantes.

Dia a Dia é também a melhor opção se você está procurando por um guia completo para todas as suas necessidades de viagem. Os melhores hotéis e restaurantes para todos os orçamentos, os melhores preços para compras, casas noturnas e os bares mais badalados – está tudo aqui.

E por que confiar em nossas informações? Porque nossos autores visitam pessoalmente cada lugar sobre o qual escrevem. Eles são profissionais independentes que dizem o que pensam e que jamais incluiriam neste guia lugares que não recomendariam a seus melhores amigos. Eles também estão dispostos a ouvir a opinião dos leitores. Se você quiser contatá-los envie seus comentários (em inglês) para feedback@frommers.com.

Aproveite o seu guia Dia a Dia – o mais útil companheiro de viagem que você poderia encontrar – e faça a viagem da sua vida.

Abraços calorosos,

Kelly Regan

Kelly Regan, Diretora Editorial
Guias de Viagens Frommer's

Sobre a Autora

Mary-Ann Gallagher é britânica, escreve sobre viagens e passou muitos anos na Espanha. Escreveu dúzias de guias para editoras de todo o mundo. Ela vive hoje em Barcelona com seu parceiro Aleix e o filho Max, mas visita a cativante capital da Espanha sempre que possível.

Agradecimentos

Muchas gracias à Susannah, Eduardo e Max por tornar Madri ainda mais divertida que o habitual. Agradecimentos ao departamento de imprensa do escritório de turismo, aos pacientes funcionários dos museus e a todos na Frommer's, especialmente Fiona Quinn por todo seu trabalho pesado, gentileza e paciência.

Uma Nota Adicional

Fique atento para o fato de que as informações contidas neste guia de viagem estão sujeitas a alterações a qualquer momento, especialmente quanto aos preços. Aconselhamos que você se informe antecipadamente para confirmar se houve alguma alteração, antes de fazer seus planos de viagem. Os autores, editores e a editora não podem ser responsabilizados pelas experiências dos leitores durante suas viagens. No entanto, sua segurança é importante e por isso aconselhamos a ficar atento e alerta aos lugares que for visitar.

Classificações em Estrelas, Ícones e Abreviações

Todos os hotéis, restaurantes e atrações que aparecem neste guia foram classificados de acordo com sua qualidade, preços, serviços, cortesias e características especiais através de um **sistema de escala de estrelas**. Hotéis, restaurantes, atrações, lojas e points noturnos estão classificados em uma escala que vai desde nenhuma estrela (local recomendado) até três estrelas (excepcional). Além do sistema de escala por estrelas, também se utiliza o **ícone** CRIANÇAS para indicar as melhores dicas para famílias com crianças. Para cada itinerário, recomendamos cafés, bares ou restaurantes onde se possa fazer uma pausa no passeio. Essas indicações aparecem em uma pequena tabela sombreada, marcada com um ícone em forma de xícara de café.

As seguintes **abreviações** identificam os principais cartões de crédito:

AE American Express
DC Diners Club
DISC Discover
MC MasterCard
V Visa

Frommers.com

As informações de viagens da Frommer's não se esgotam com este guia. O site da Frommer's, **www.frommers.com** (em inglês), contém informações para mais de 4.000 destinos. É atualizado regularmente, tornando possível o acesso a informações para planejar a viagem e os melhores preços em voos, acomodação e aluguel de carros. Também através do site é possível acessar podcasts, contatar membros do site em fóruns online, compartilhar fotos de viagem, ler blogs de editores de guias de viagem, outros viajantes e muito mais. Para informações sobre guias publicados no Brasil, acesse o site www.altabooks.com.br.

Uma Nota Sobre Preços

Nas seções do guia onde se indicam hotéis e restaurantes, usamos o símbolo de cifrão para indicar a variação no preço de uma diária de hotel, por exemplo, para um quarto de casal ou de um prato principal de uma refeição em um restaurante.

Use a tabela a seguir para entender esta classificação:

Valor	Hotéis	Restaurantes
$	até US$ 100	até US$ 10
$$	entre US$ 100-200	entre US$ 10-20
$$$	entre US$ 200-300	entre US$ 20-30
$$$$	entre US$ 300-400	entre US$ 30-40
$$$$$	acima de US$ 400	acima de US$ 40

Um Convite ao Leitor

Durante as pesquisas para este guia, descobrimos lugares maravilhosos: hotéis, restaurantes, lojas e vários outros. Temos certeza de que você descobrirá muitos outros e por isso gostaríamos que nos informasse sobre eles a fim de que possamos compartilhar essas informações com outros viajantes nas próximas edições. Se ficou desapontado com alguma de nossas recomendações, nós também gostaríamos de saber. Por favor, escreva para:

Estados Unidos: Frommer's Madrid, Day by Day, 1st Edition
Wiley Publishing, Inc. – 111 River St. – Hoboken, NJ 07030-5774

Brasil: Frommer's Madri Dia a Dia, Tradução da 1ª Edição
Editora Alta Books – www.altabooks.com.br
Rua Viúva Cláudio, 291, Bairro Industrial do Jacaré – Rio de Janeiro
CEP 20970-031, RJ

12 Momentos **Incríveis**

12 Momentos Incríveis

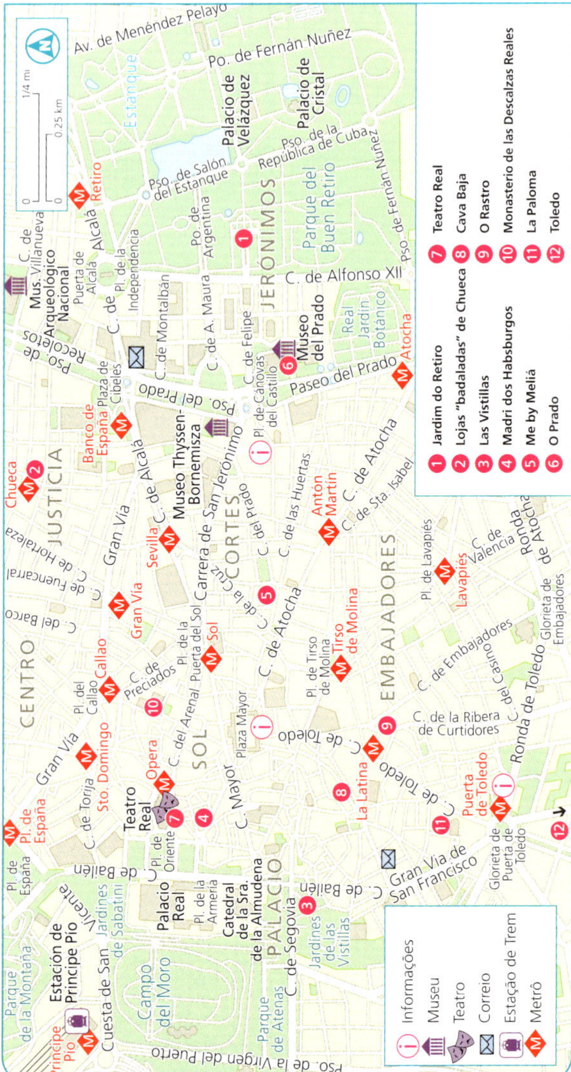

Nenhuma outra capital europeia pode ser comparada com Madri quando se trata de mostrar diversão a seus visitantes. A cidade possui três dos melhores museus de arte do mundo, monumentos reais magníficos, lojas elegantes, jardins gloriosos, centenas de bares de tapas fabulosos e restaurantes. Em seu coração está o antigo quarteirão belamente preservado, pulsando vida dia e noite.

1 Descansando nos Jardins do Retiro. O lindo parque público de Madri é uma área verde repleta de caminhos ensombreados, fontes e delicados pavilhões. Venho com meu filho para alimentar as carpas no passeio de barco no lago e depois aproveito para fazer um piquenique sob as árvores. *Veja p.92.*

2 Comprando nas singulares butiques de Chueca. As elegantes lojas de Salamanca são mais famosas, mas eu prefiro caminhar pelas pequenas butiques boêmias de Chueca. *Veja p.60.*

3 Assistindo ao pôr do sol sobre as Sierras. Adoro sentar no terraço de um café em Las Vistillas e assistir ao sol cair por detrás das montanhas distantes e deixar o céu de Madri em chamas. À medida que a noite cai, o Palácio Real é dramaticamente recortado em oposição às estrelas. *Veja p.89.*

Aproveite um dia preguiçoso nos Jardins do Retiro.

4 Perdendo-se na Madrid dos Habsburgos. A História exala de cada pedra no coração da Madri dos Habsburgos. A teia de ruas estreitas e encantadoras praças que levam à Plaza Mayor mostram que surpreendentemente mudou muito pouco desde o século XVI. *Veja p.39.*

5 Experimentando coquetéis num bar de terraço. Uma vez que o calor do verão entra em ação, todos se reúnem nas ***terrazas*** (bares ao ar livre). Os melhores são os novos bares da moda, no terraço de alguns dos melhores hotéis, incluindo o Hotel De Las Letras, a cobertura do super bacana Me by Meliá ou o La Terraza no hotel favorito de qualquer ***fashionista***, o Urban. Devidamente vestida, assistir à cidade fervilhar aos meus pés tornou-se uma das minhas experiências favoritas em Madrid. *Veja p.109.*

6 Admirando as obras-primas do Paseo del Arte. Os três grandes museus de arte de Madri – o Prado, o Thyssen e o Reina Sofia – estão entre os melhores do mundo. Das pinturas italianas primitivas no Thyssen ou as obras-primas de Velázquez no Prado, às criações contemporâneas do Reina Sofia, a capital tem de tudo. *Veja p.28.*

7 Aproveitando a noite na ópera. O opulento teatro de ópera é um *turbilhão* de veludo vermelho e dourado e muitos madrilenhos ainda usam traje de gala para assistir aos espetáculos. Perfeito para uma noite romântica. *Veja p.123.*

8 Percorrendo os bares de tapas. Os bares que servem tapas em Madri variam de espeluncas que mal mudaram em décadas a espaços gourmets que servem vinhos da moda e aperitivos elegantes. Comer e beber enquanto eu passeio pela cidade é um tremendo prazer. *Veja p.52.*

9 Vasculhando por ofertas na Rastro. Eu sou como uma pulga, viciada em mercados, mas poucos se comparam com a Rastro de Madri em tamanho e exuberância. A variedade é incrível – de artefatos tradicionais de couro a peças de automóveis. A escapulida obrigatória pós-Rastro pelos bares de tapas de La Latina é tão divertido quanto explorar a loja em si. *Veja p.77.*

10 Passeando nos conventos reais em busca das freiras de sangue azul. Madri possui dois conventos históricos para freiras aristocráticas. Adoro visitar a horripilante sala do Relicário no *Monasterio de la Encarnación*, cheio de receptáculos contendo os ossos, membros, dentes e cabelo dos santos e mártires. No *Monasterio de las Descalzas Reales*, eu aprecio particularmente o belo claustro. *Veja p.14.*

11 Participando de um festival popular de rua. Durante o verão, a cidade explode com uma série de festivais tradicionais, muito coloridos, que acontecem em diferentes bairros, normalmente em honra ao patrono da cidade, San Isidro. O maior deles são as Fiestas de San Isidro em maio, mas cada festival oferece aos visitantes a oportunidade de participar dos eventos tradicionais, desde paradas a festas de rua. *Veja p.158.*

12 Explorando as ruas antigas da histórica Toledo. Eu realmente gosto muito de escapar para a bela e antiga cidade de Toledo, me perdendo em suas adoráveis ruas e esquinas silenciosas. Você pode aproveitar ainda mais permanecendo à noite, pois a cidade se esvazia magicamente dos visitantes diurnos. *Veja p.152.*

Leques à venda no Mercado Rastro.

1 Explorando **Madri**

Explorando Madri em Um Dia

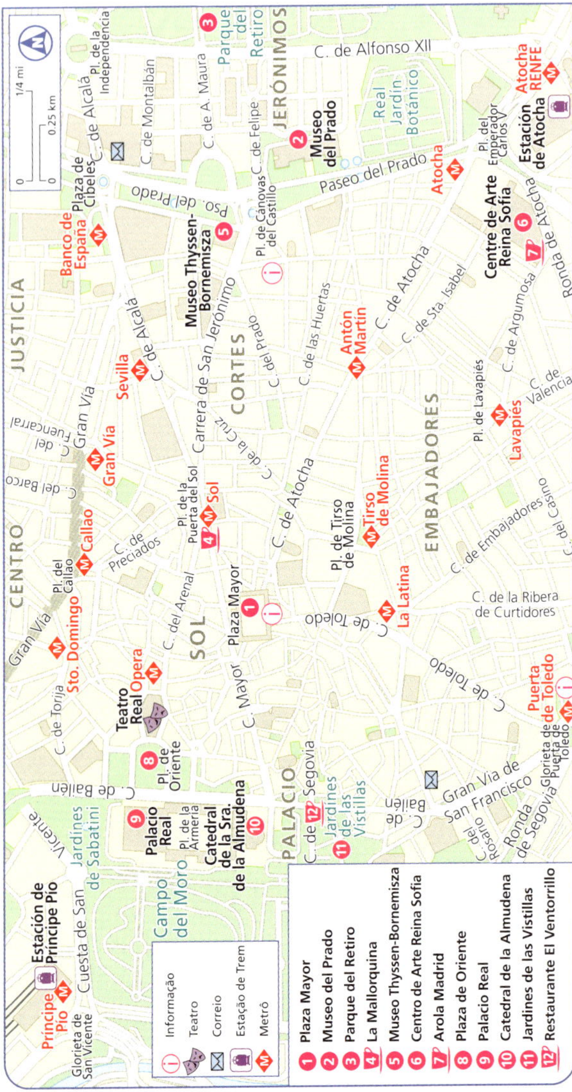

Este dia cheio e intensamente artístico começa nos três esplêndidos museus de arte de Madri, o Prado, o Reina Sofia e o Thyssen-Bornemisza, mas também inclui um longo descanso em duas magníficas praças e no glorioso Parque del Retiro. Termina com uma visita ao opulento Palácio Real. PONTO DE PARTIDA: **Metrô para Sol.**

1 ★★★ **Plaza Mayor.** A vasta praça para pedestres, cercada por fileiras de mansões reluzentes e com acesso através de nove arcos maciços, é um clássico dos Habsburgos. Palco de enforcamentos, touradas, cerimônias reais, festivais e os macabros ***autos da fé*** (as execuções das inquisições), tornou-se a principal praça da cidade sob o reinado de Felipe II, no século XVI, quando a Corte Real finalmente se estabeleceu em Madri, tornando-a a capital. Peça um café em uma das cafeterias, sente-se ao ar livre e absorva a história. Veja também a p.39. *45 min. Metrô: Sol.*

2 ★★★ **Museo del Prado**. Este é um dos maiores museus de arte do mundo, originalmente montado por reis Habsburgos. Você levaria dias para conhecê-lo apropriadamente, mas visitando apenas uma galeria (Sala 12, primeiro andar do prédio principal Villanueva) é possível ter um gostinho. Esta enorme sala octogonal contém trabalhos do maior artista da Era de Ouro Espanhola, Diego Velázquez (1599-1660). Uma pintura se destaca: *Las Meninas* (As Meninas - 1656) retrata a infante Margarita, de 4 anos e sua comitiva, com o próprio Velázquez espiando por trás do cavalete. Veja além da cena aparentemente simples na corte e a complexidade e ilusão da obra crescerão aos seus olhos. Veja também o passeio do Prado, p.24. *1 hora. Paseo del Prado, s/n ☎ 91-330-28-00 ou ☎ 902-10-70-77. www.museodelprado.es. Ingresso: 6€ para adultos, 3€ para estudantes, gratuito para menores de 18 anos se trazidos diretamente à bilheteria. Disponível antecipadamente por 9€ para adultos, gratuito para menores de 6 anos; também parte do ingresso para o Paseo del Arte (14,40€). De terça à sábado das 9 às 20h. Nos dias 24 de dezembro, 31 de dezembro, 6 de janeiro funciona de 9 às 14h. Fechado às segundas e nos dias 25 de dezembro, 1° de janeiro, Sexta-feira Santa e 1° de maio. Guias em áudio disponíveis para o acervo permanente por 3,5€, para exibições temporárias por 3,50€ ou ambos por 5€. Metrô: Banco de España.*

Absorva a história na Plaza Mayor.

3 ★★★ crianças **Parque del Retiro.** Após o fascinante, mas esmagador Prado, o magnífico Parque Retiro está bem próximo. Aqui as crianças podem brincar nos terrenos próximos à entrada da Calle Alcalá ou jogar bola nos gramados. Os elegantemente montados jardins Parterre são calmos, enquanto o enorme Estanque (lago) com suas colunas de mármore dá a dica de que já foi um jardim real anexo ao, há tempos demolido, palácio de Buen Retiro. Hoje abundante em carpas koi, o lago está cheio de botes que podem ser alugados por hora. A atmosfera é carnavalesca, com mímicos, músicos, vendedores de sorvete, quiosques e multidões risonhas. É um ótimo lugar para um piquenique e, mesmo nos dias mais quentes, você sempre pode encontrar um canto de sombra. Vá até a piscina próxima ao belo *Palacio de Cristal*. Para mais destaques sobre o parque, veja Parque del Retiro, p.92. *1 hora. Entradas na Cl. Alcalá, na Cl. Alfonso XII, na Av. Menéndez Pelayo, no Paseo de Reina Cristina. Aberto diariamente de maio a setembro de 6h à meia-noite, em outubro de 6h às 23h e de novembro a abril de 6h às 22h. Metrô: Retiro.*

Escultura do Parque del Retiro.

4 ★★ **La Mallorquina.** Há quiosques no parque para um lanche rápido, mas para um piquenique mais completo avance um quarteirão na Calle Serrano a partir da entrada do parque chamada de Puerta de Alcalá para encontrar a La Mallorquina. Eles possuem os melhores sanduíches para viagem, bem como tortas, bolos e aperitivos da cidade. *Cl. Serrano, 6 - 8.* ☎ *91-577-18-59. $-$$*

5 ★★★ **Museo Thyssen-Bornemisza.** Do outro lado do Prado, o elegante, neoclássico *Palacio de Villahermosa*, hoje é lar da vasta coleção Thyssen-Bornemisza, adquirida pelo Barão Van Thyssen e sua esposa, ex-miss Espanha, Carmen Cervera. Novamente, escolhendo apenas uma seção para destacar, os Impressionistas (Galeria 32, primeiro andar) parecem perfeitos após o parque Retiro. As sonhadoras pinturas de Monet, *El deshielo en Vétheuil* (O degelo em Vétheuil – 1881) e sua celebrada *Ponte de Charing Cross*, pouco visível na neblina branca, são minhas favoritas. Na galeria adjunta (33) está *Bailarina Basculando – Bailarina Verde* (A Bailarina de Verde – 1877-1879) de Degas e o elegante *Retarto de un campesino* (Retrato de um camponês – 1905-1906) de Cézanne. Veja também o passeio dos destaques do Thyssen-Bornemisza, p.30. *1 hora. Paseo del Prado, 8.* ☎ *91-369-01-51. www.museothyssen.org. Ingresso: acervo permanente 6€ para adultos, 4€ para estudantes, gratuito para menores de 12 anos. Os valores das exposições temporárias variam. Ingressos combinados para a exposição*

O Museo del Prado é um dos maiores museus de arte do mundo.

Principais Atrações: Questões Práticas

Descontos do Paseo del Arte: com apenas um ingresso, o Tarjeta Paseo del Arte, você pode visitar o Prado, o Thyssen-Bornemisza e o Reina Sofia. Compre em uma das bilheterias dos museus (14,40€).

Madrid Card: O Cartão Madri (Madrid Card), disponível para 24, 48 ou 72 horas, permite acesso a mais de 40 museus (incluindo os três grandes do Paseo del Arte), atrações principais incluindo o zoológico, parques de diversões, o estádio de futebol Santiago Bernabéu e o uso ilimitado do ônibus *Madrid Visión Tour*. Pode ser complementado com o *Abono Turístico*, que oferece uso ilimitado do sistema de transporte público por 1, 2, 3, 4, 5 ou 7 dias (de 5€ a 22,60€ para Madri Central ou de 9€ a 45€ para Madri e as cidades do entorno, incluindo Toledo e Aranjuez). Mais informações em www.madridcard.com.

permanente e temporária disponíveis. Também é parte do ingresso Paseo del Arte, 14,40€. De terça a domingo 10h às 19h, a bilheteria fecha às 18h 30. Fechado às segundas, nos dias 25 de dezembro, 1° de janeiro e 1° de Maio. Guias auditivos estão disponíveis para os acervos permanentes e temporários. Metrô: Banco de España.

6 ★★★ **Centro de Arte Reina Sofia.** O elegante Reina Sofia é o museu de arte moderna da cidade. É também lar (Galeria 7, segundo andar) da obra-prima de Picasso, *Guernica* (1937), pintada em memória ao brutal bombardeio de uma antiga cidade Basca pelos alemães, com a aprovação de Franco, em 1937. Veja também o passeio dos destaques do Reina Sofia, p.32. *1 hora. Cl. Santa Isabel, 52. 91-774-10-00. www.museureinasofia.es. Ingressos: acervo permanente 6€ para adultos, 3€ para estudantes, gratuito para menores de 12 anos. Os preços das exposições temporárias variam. Ingressos combinados para a exposição permanente e temporária disponíveis. Também é parte do ingresso Paseo del Arte, 14,40€. Às segundas-feiras e de quarta a domingo funciona de 10h às 21h e a bilheteria fecha às 18h 30. Fechado às terças-feiras e nos dias 24, 25 e 31 de dezembro, 1° e 6 de janeiro, 1° e 15 de maio e 7 de setembro. Entrada livre aos sábados de 14h 30 às 21h, domingos de 10 às 14h 30 e nos dias 18 de maio, 12 de outubro e 6 de dezembro. Guias auditivos estão disponíveis para os acervos permanentes e temporários. Visitas guiadas em espanhol exclusivamente às segundas e quartas-feiras, às 17h, e aos sábados às 23h. Metrô: Banco de España.*

7 ★ **Arola Madrid.** Se você estiver desesperado para se sentar, experimente este novo e estiloso café, na extensão do Reina Sofia. As enormes paredes vermelhas curvadas me lembram uma espaçonave e o excelente café, os sanduíches e os assados serão revigorantes. Veja p.100. *Cl. Argumosa, 43. 91-467-02-02. $$.*

Centro de Arte Reina Sofia.

8 ★★ crianças **Plaza de Oriente**. Pegue o eficiente metrô em Atocha, com uma baldeação rápida em Sol, para sair no Ópera. Passeie até a frente da suntuosa Casa de Ópera para descobrir a impressionante Plaza de Oriente. Com o enorme Palácio Real, a Casa de Ópera e os geniais jardins com fontes e estátuas, esta é a praça mais grandiosa da cidade. Após um pequeno passeio pelos jardins (há um parque infantil para os mais novos), presenteie-se com um sorvete e aprecie de arquibancada a vista de uma elegante cafeteria de terraço. *30 min. Metrô: Ópera.*

9 ★★★ crianças **Palacio Real**. Prepare-se para avançar para o Palácio Real, uma construção imensa do século XVIII com quase 3.000 cômodos. Felizmente, apenas uma parte está aberta ao público. Deixe o suntuoso interior para outro dia e explore o pátio principal e os dois pequenos museus que lá estão. Estes possuem uma encantadora farmácia antiga e o interessante Arsenal Real, com vestes extravagantes para homens e suas montarias. Gosto dos detalhes delicados gravados na armadura usada por Carlos V (Carlos I de Espanha) na Batalha de Mühlberg (1547). Veja também o passeio pela Velha Madri, p.35. *1h 30. Cl Bailén. ☎ 91-454-87-00. Ingressos para o Palácio, a Farmácia e o Arsenal Real com visitas guiadas: 10€ para adultos, 6€ para estudantes e para a faixa etária de 5 a 16 anos ou 8€ sem guia, sem concessões. Visitas guiadas ao Palácio, à Farmácia, ao Arsenal e à Galeria de Imagens: 11€ para adultos, 7€ para estudantes e para a faixa etária de 5 a 16 anos. Somente a Galeria de Imagens 2€, sem concessões; Arsenal Real apenas 3,40€ para adultos, 2,50€ para estudantes e para a faixa etária de 5 a 16 anos. Visitas não guiadas são gratuitas para cidadãos da União Europeia às quartas-feiras (leve seu passaporte). Abre de outubro a março, de segunda a sábado, das 9 h 30 às 17h, aos domingos de 9h 30 às 14h, de abril a setembro, de segunda a sábado das 9h às 18h, aos domingos de 9h 30 à 1h. De abril a setembro, de segunda a sábado das 9h às 18h, aos domingos de 9h às 15h. Fechado nos dias 1° e 7 de janeiro, 1° de maio, 9 de setembro, 12 de outubro, 24, 25 e 31 de Dezembro. Metrô: Ópera.*

Dê um passeio ao redor da grandiosa Plaza de Oriente.

O imenso Palacio Real do século XVIII.

10 ★ **Catedral de la Almudena**. Do Palácio Real, caminhe na direção sul até a tumultuada Calle Bailén. À direita surge a maciça catedral. Dê uma olhada nos adoráveis vitrais, que preenchem o cavernoso interior do prédio com luzes de joias coloridas, e a estátua de La Virgen de la Almudena, a santa padroeira da cidade. De acordo com a lenda, crê-se que ela assegurou que os Mouros fossem expulsos da cidade durante a Reconquista. *20 min. Gratuito. Diariamente de 10h às 19 h 30, não é permitida a entrada durante a Eucaristia. Metrô: Ópera.*

11 ★★ **Jardines de las Vistillas**. Estes pequenos jardins, infelizmente um tanto mal cuidados, estão no centro de um fervilhante distrito de bares e restaurantes, que surgiu por conta das gloriosas vistas para as *sierras* distantes. Ignore os jardins e vá para os bares e seus terraços. O distrito está virado para o oeste e a vista do sol poente pintando o céu de escarlate por trás das silhuetas das grandes catedrais e do Palácio Real é de tirar o fôlego. *45 min. Metrô: La Latina.*

12 ★★ **Restaurante El Ventorillo.** Puxe uma cadeira no terraço deste restaurante à moda antiga e junte-se aos madrilenhos para ver o pôr do sol. O restaurante possui ótimos vinhos da casa, cervejas e uma variedade de tapas. Os pratos principais são um pouco caros, mas o cenário é inesquecível. *Cl. De Bailén, 14.* ☎ *91-366-35-78. $$*

Catedral de la Almudena.

Explorando Madri **em Dois Dias**

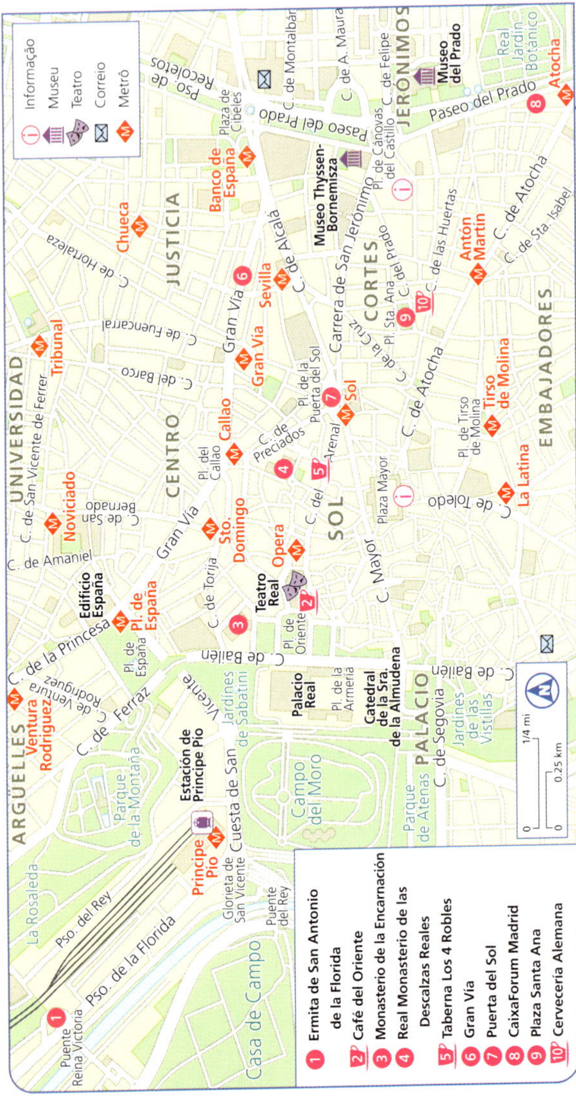

Depois de ter conhecido os pontos turísticos mais famosos de Madri, um passo mais prazeroso pode ser assumido no segundo dia. Este itinerário traz algumas atrações mais peculiares, incluindo o convento para freiras de sangue azul, um armário extraordinário de relicários e o túmulo do mais *madrileño* dos pintores: Goya. E há um traço do glamour contemporâneo com a principal rua de compras da cidade, a Gran Via. PONTO DE PARTIDA: **Metrô para Ópera.**

1 ★★ **Ermita de San Antonio de la Florida.** Esta pequena capela pode parecer ser nada demais, mas está a apenas a uma parada da estação Ópera do metrô. Uma joia do período neoclássico, é hoje mais famosa por seus afrescos vivos e encantadores, pintados pelo melhor artista espanhol do fim do século XVIII e início do XIX, Francisco de Goya (1746-1828). Goya morreu em Bordeaux, na França, mas seus restos mortais foram trazidos de volta para esta capela em 1919. Seus afrescos recentemente restaurados ocupam toda a cúpula e brilham com vida e cores. Eles retratam Santo Antônio ressuscitando um homem assassinado, para exonerar o pai do santo, acusado do crime. Ao invés de mostrar uma audiência divina ao redor do santo, Goya pintou cadeiras e as ocupou com seus madrilenhos contemporâneos, particularmente os *majos e majas* (os fanfarrões exagerados da classe trabalhadora), que eram seu assunto favorito. A pintura foi transformada a partir de um trabalho religioso chato em uma evocação envolvente e inteligente da cidade. Visite de 9 a 13 de junho, quando a capela se torna o centro de um festival em honra ao santo, com feiras nas ruas, paradas e danças tradicionais. *45 min. Glorieta de San Antonio de la Florida, 5. ☎ 91-542-07-22. www.munimadrid.es/ermita. Ingressos gratuitos. De setembro a julho, de terça a sexta-feira de 9h 30 às 20h, aos sábados e domingos de 10h às 14h. Em agosto abre de terça a sexta-feira de 9h 30 às 14h 30 e aos sábados e domingos de 10h às 14h. Fechado nos dias 1° de janeiro, 1° de maio, 9 de setembro, 24, 25 e 31 de dezembro. Metrô: Príncipe Pio.*

2 ★★★ **Café del Oriente.** Este pode ser um dos cafés mais frequentado por turistas, mas ainda é um dos melhores. Seus elegantes salões dourados são populares entre as senhoras de saltos altos e seus cachorros de colo, mas o terraço fantástico com vista para a praça mais magnífica de Madri é o melhor lugar para se sentar. Perfeito para um café mais tranquilo, enquanto se admira as vistas dos jardins, das fontes e do esplêndido Palácio Real. *Plaza de Oriente, 2. ☎ 91-541-39-74. $.*

Monasterio de la Encarnación.

3 ★★ crianças **Monasterio de la Encarnación**. Este convento, com sua beleza austera, foi erguido em 1611 por Margarita da Áustria, esposa de Felipe III. Ainda é lar de uma comunidade fechada de freiras, mas é possível fazer visitas com um guia. Os incontáveis tesouros, que o convento adquiriu graças a sua patronagem real, foram dispersos há muito, mas a falta de riquezas amplifica as qualidades sublimes deste prédio barroco. Há um dos maiores tesouros, entre os mais estranhos de Madri: a sala do relicário. Nesta emocionante câmara macabra, mais de 4 mil relicários, contendo os ossos, cabelos, dentes e membros de santos e mártires, ornam as paredes. O mais curioso deles é o sangue de San Pantaleón, que, dizem, se liquefaz todo ano em 2 de julho. Se isso acontecer em qualquer outro período, afirma a lenda, a cidade está em perigo. Veja também a p.37. *1 hora. Plaza de La Encarnación, 1. ☎ 91-454-88-00. www.patrimonionacional.es. Ingressos: 3,60€ para adultos, 2,90€ para estudantes e crianças de 5 a 6 anos, gratuito às quartas-feiras para cidadãos da União Europeia; ingressos combinados com o Monasterio de Las Descalzas Reales a 6€ para adultos e 4,90€ para estudantes e para a faixa etária de 5 a 16 anos. Entre junho e setembro, de terça a sábado de 10h às 20h; terças, quartas, quintas e sábados de 10h 30 às 12h 45 e 16h às 17h 45, sextas de 10h 30 às 12h 45, domingo e feriados santos de 11h às 13h 45, domingos normais de 10h às 15h. Fechado nos dias 1° de janeiro, no final de semana de Páscoa, 1° e 15 de maio, 9 de setembro, 24, 25 e 31 de dezembro. Metrô: Ópera.*

4 crianças **Real Monasterio de las Descalzas Reales**. Traduzido como o Monastério Real das Descalças Reais, não possui nada de místico a seu respeito. Criado para freiras de sangue azul, é opulento enquanto o Monasterio de La Encarnación é pobre e conseguiu manter importantes trabalhos de arte, incluindo uma magnífica série de tapeçarias de Rubens. Fundado em 1559 pela irmã do rei, Juana da Áustria, ocupa um fantástico prédio barroco no centro da cidade. Ainda existe lá uma pequena comunidade de freiras e o convento é aberto apenas para visitas guiadas. Para os destaques, veja a p.38. *1 hora. Plaza de las Descalzas, s/n. ☎ 91-454-88-00. www.patrimonionacional.es. Ingressos: 5€ para adultos, 4€ para estudantes e para a faixa etária de 5 a 16 anos. É gratuito às quartas-feiras para cidadãos da União Europeia. O ingresso combinado com o Real Monasterio de la Encarnación é 6€ para adultos e 4,90€ para estudantes e crianças e jovens de*

Real Monasterio de las Descalzas Reales.

Gran Via, liga os lados leste e oeste da cidade.

5 a 16 anos. De junho a setembro, de terça-feira a sábado, de 10h às 20h, aos domingos de 10h às 15h. De outubro a maio às terças-feiras e às quartas, quintas e sábados de 10h 30 à 12h 45 e de 16 às 17h 45. Sextas-feiras de 10h 30 à 12h 45, domingos e feriados santos de 11h às 13h 45. Fechado nos 1° de janeiro, no final de semana de Páscoa, 1° e 15 de maio, 9 de setembro, 24, 25 e 31 de dezembro. Metrô: Sol.

5 ★★★ **Taberna Los 4 Robles.** Esta agradável taberna à moda antiga está localizada logo na esquina do Monasterio de las Descalzas Reales. Muito iluminada e decorada com azulejos coloridos, é um ótimo lugar para recarregar as baterias com um café ou uma cerveja e algumas tapas – veja quais são as opções antes de escolher. Junte-se aos habitantes locais no bar e jogue seu guardanapo usado no chão ao verdadeiro estilo espanhol. *Plaza Celenque, 1. ☎ 91-522-76-68. $.*

6 ★★ **Gran Via**. Dois conventos, por mais fascinantes que sejam, são suficientes por um dia. A Gran Via é conhecida como a *Broadway Madrileña*, mais por ousadia do que por verdade, pois concentra muitos teatros musicais. Traçada no início do século XX, esta longa e larga avenida atravessa a cidade, conectando o lado leste ao lado oeste. Projetada para mostrar ao mundo que Madri nunca esteve estagnada e afundada no passado, está coberta de construções escandalosamente pomposas, num misto de estilos ultrapassados – o suntuoso neoclássico, o fino Art Deco, e o enigmático Art Nouveau, todos construídos em escalas monumentais. Há certamente um toque das grandes avenidas de Nova York, Chicago, ou mesmo algumas das grandes capitais sul-americanas – apesar dos melhores esforços das cadeias internacionais de *fast-food* de tornar todas as ruas iguais no mundo. Olhe para cima para ver a arquitetura, pois andando pela rua, seu olhar vai ser, sem dúvida, desviado para as vitrines. Todas as grandes redes espanholas podem ser encontradas aqui, incluindo algumas ótimas livrarias, como a Casa del Libro (n° 29), o fenômeno da moda Zara (n° 32) e muitas mais. A Gran Via é ainda melhor ao final da tarde, com o sol poente e as placas em neon brilhando contra os prédios. *1 hora. Metrô: Gran Via, Callao e Plaza de España.*

7 ★★ **Puerta del Sol**. Você sem dúvida vai se encontrar na Puerta del Sol várias vezes durante a sua visita, ainda

Rei Carlos III na Puerta del Sol.

que brevemente. É o principal centro de transportes da cidade e é a confluência de numerosas linhas de ônibus e metrô. Esta já foi uma das praças mais picantes na cidade, onde qualquer coisa ou qualquer um estavam disponíveis por uma certa quantia. Hoje é bastante monótona, agravada pelos imensos cartazes que protegem os trabalhos que acontecem debaixo da superfície para trazer trazer os trens da região para essa área. Ainda assim, vale uma visita rápida para ver o Kilómetro Cero – o centro da Espanha, indicado por uma placa em frente à Casa de Correos (o prédio de cor ocre, do século XVIII, vibrante com suas bandeiras). Se você estiver em Madri no Ano-Novo, este é o lugar para estar preparado com uma garrafa de Cava e 12 uvas (uma para cada badalada durante a contagem para meia-noite). *20 min. Metrô: Sol.*

8 ★★ crianças **CaixaForum Madrid.** De volta ao Paseo del Arte, oposto ao Prado, está a mais recente instituição artística de Madri, a CaixaForum, aberta em 2007. Pegue antecipadamente um folheto de programação no balcão de atendimento a turistas: todos os tipos de atividades são oferecidas, desde exibições de arte e concertos até dias voltados para a família com atividades especiais para crianças. O prédio em si é uma esplêndida conversão contemporânea de uma estação de energia de 1899, coberto com um anexo de dois andares, cercada por uma ousada escultura de ferro enferrujada. Lá dentro você encontrará um café-restaurante decente (com janelas espiando por entre o ferro manchado) e uma grande livraria e loja de presentes. O melhor de tudo é o Jardim Vertical, criado pelo artista botânico francês Patrick Blanc.

CaixaForum, a mais nova instituição de arte da cidade.

Existem muitos cafés ao livre na Plaza Santa Ana.

É uma enorme parede coberta com mais de 200 espécies de plantas em desenhos intrincados. É minha peça de arte pública favorita na cidade. *1 hora. Paseo del Prado, 36. ☎ 91-330-73-00. www.lacaixa.es/obrasocial. Os ingressos variam de acordo com a exposição e a atividade, mas a maioria é gratuito. De terça a domingo de 10h às 20h. Metrô: Atocha.*

9 ★ **Plaza Santa Ana.** A praça Santa Ana é o ponto de encontro do Barrio de las Letras (veja o passeio na p.56), o antigo chão pisado por escritores como Cervantes, Quevado e Lope de Vega e, há um pouco tempo atrás, Ernest Hemingway e o ganhador do prêmio Nobel, o escritor Jacinto Benavente. A praça está coberta por todos os lados com cafés, bares e restaurantes, ofuscados em uma extremidade pelo estiloso hotel Me by Meliá, que ocupa um prédio da virada do século XX no formato de um bolo de noiva, e na outra pelo neoclássico Teatro Espanhol, que fica ao lado de uma das primeiras construções da cidade com finalidade de ser teatro. Há numerosos terraços para sentar-se do lado de fora e apreciar uma cerveja. É um lugar popular entre as famílias mais jovens do local, no período da tarde, graças às áreas de jogos. Nas ruas que levam à praça podem ser encontrados ainda mais bares e cafés, e também clubes, o que torna o local uma das áreas mais populares para a vida noturna da cidade. Eu evito a praça nos finais de semana, quando fica muito cheia, para apreciá-la melhor no início da noite, durante a semana. *1 hora. Metrô: Sol.*

10 ★ **Cervecería Alemana**. Outro lugar favorito de Hemingway, esta celebrada taberna manteve sua fachada original em madeira, as cortinas de rendas drapeadas e, correndo apressados, garçons com longos aventais. Tapas tradicionais, como ***croquetas, tortilla*** e peixe frito, são acompanhados por uma grande variedade de cervejas locais e internacionais. Gosto do lugar mais no inverno, quando o revestimento de madeira me parece especialmente aconchegante. *Plaza Santa Ana. ☎ 91-429-70-33. $.*

Frutos do mar frescos no antigo refúgio de Hemingway, A Alemana.

Explorando Madri em Três Dias

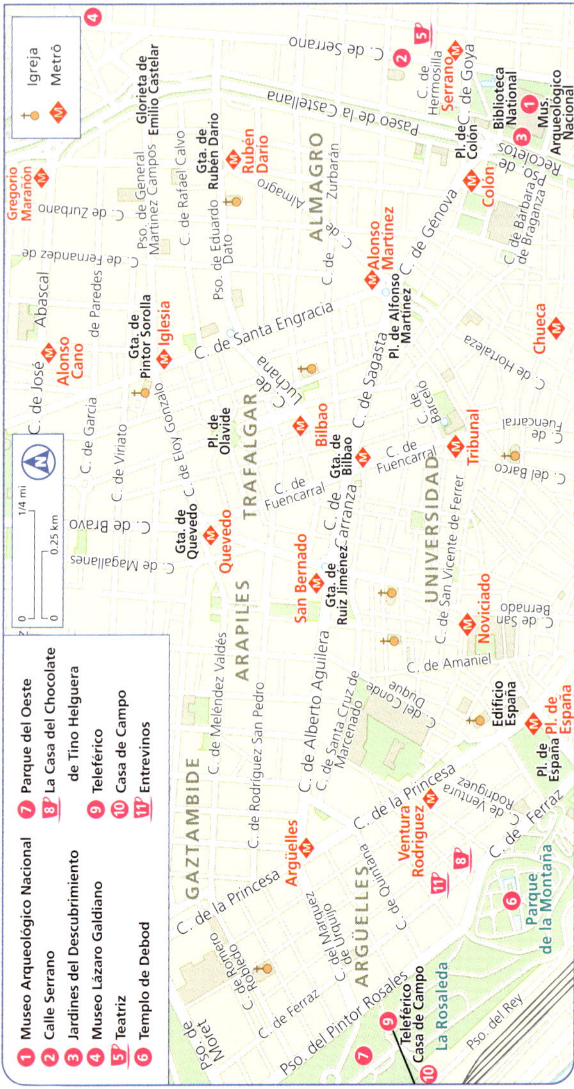

Após uma manhã recheada de cultura no bairro brega de Salamanca (com algumas compras como descanso dos museus), seu terceiro dia de passeio começa pelos jardins do noroeste de Madri para apreciar o templo egípcio e pegar um bonde em um dos maiores parques da cidade: a Casa de Campo, recheado de diversões. **PONTO DE PARTIDA: Metrô para Serrano.**

1 ★★★ Museo Arqueológico Nacional. Até 2011, o maior e mais importante museu arqueológico da Espanha vai mostrar somente seus destaques, enquanto as principais obras de reforma são completadas (o museu estará em reforma até 2013). Entre as 268 peças estão esculturas ibéricas antigas, incluindo a misteriosa Dama de Elche, um busto do século IV de uma mulher com um elaborado ornamento na cabeça. Procure também pelo tesouro de Guarrazar, uma brilhante profusão de coroas, cruzes e objetos litúrgicos no estilo bizantino, que datam do tempo dos Visigodos. Eu, particularmente, adoro as artes paleolíticas encontradas nas cavernas antigas do norte da Espanha, como o osso de um cervo requintadamente gravado com uma cena de caça. *1 hora. Cl. Serrano, 13. ☎ 91-577-79-12. http://man.mcu.es. Ingresso gratuito. De terça a sábado, de 9h 30 às 20h. Aos domingos de 9h 30 às 15h. Fechado nos dias 1º e 6 de janeiro, 1º de maio, 9 de setembro, 24, 25 e 31 de dezembro. Metrô: Serrano.*

2 ★ Compras ao longo da Calle Serrano. Calle Serrano é a mais elegante rua de lojas da cidade, atravessando o luxuoso bairro de Salamanca. Todos os nomes da moda estão aqui, desde a loja espanhola de luxo Loewe (nº 26) até a Gucci (nº 49). Já foi uma das ruas favoritas de Victoria Beckham, enquanto seu marido jogava no time de futebol Real Madrid. É comum ver "it-girls" e celebridades com óculos muito grandes e cachorros muito pequenos. Mesmo se você tiver um orçamento mais restrito, apenas ver as vitrines já é divertido. A Musgo (nº 18) possui uma coleção barata e colorida de itens para casa, acessórios e presentes. Para uma ***delicatessen*** tradicional, experimente a Mantequerías Bravo, logo após o Serrano na Calle Ayala 24. Consumidores que preferem ir a um lugar só podem ir à confiável loja de departamentos El Corte Inglés (nº 47) ou ao rico shopping ABC Serrano, em um atraente prédio de tijolos que já foi um jornal (nº 61). *1 hora. Cl. Serrano. Metrô: Serrano ou Retiro.*

Tesouros antigos em estilo Bizantino podem ser encontrados no Museo Arqueológico Nacional.

Calle Serrano, a mais elegante rua de lojas da cidade.

3 crianças **Jardines del Descubrimiento.** Os jardins do Descobrimento, próximos ao museu arqueológico, comemoram a viagem de Colombo para as Américas em 1492. Em um canto, está uma elaborada estátua do explorador, datada do século XIX, em um pedestal, enquanto do outro lado da praça há uma enorme escultura de Vaquero Turcios, dedicada ao descobrimento da América. No verão, os bosques ensombreados das oliveiras e dos pinheiros são um refúgio perfeito. *30 min. Entradas em Calle Serrano e Paseo de la Castellana. Metrô: Serrano ou Colón.*

4 ★★ **Museo Lázaro Galdiano.** Um museu privado em uma bela mansão neorrenascentista, tem uma coleção variada que foi adquirida por Lásaro Galdiano, um bem sucedido financista. Inclui pinturas, esculturas, cerâmicas, escritos e relógios. Veja a Cámara del Tesoro (Câmara do Tesouro), com um conjunto de relicários e vidraçarias antigas. Entre as pinturas estão trabalhos de Velázquez, Zurbarán e Goya (galerias do primeiro andar). *1 hora. Cl. Serrano, 122. ☎ 91-560-60-84. www.fig.es. Ingressos gratuitos aos domingos, 4€, de segunda a sábado, para adultos, 2€ para idosos e estudantes, gratuito para menores de 12 anos acompanhados por um adulto. De quarta a segunda, de 10h às 16h 30. Fechado nos feriados públicos. Metrô: Rubén Darío.*

5 ★ **Teatriz.** Projetada pelo ultra moderno Philippe Starck nos anos 1980, Teatriz permanece como um dos favoritos entre a *gente guapa* (gente bonita) de Madri. Alguns dos detalhes originais do teatro histórico foram mantidos e as fontes azul e prata acrescentam um glamour contemporâneo. Cozinha italiana moderna, com preços mais suaves no bar. *Cl. Hermosilla, 5. ☎ 91-577-53-78. $$$*

6 ★★ crianças **Templo de Debod.** Atravesse a cidade no metrô para emergir na Plaza de España. Caminhe

Visite a variada coleção de arte de Lázaro Galdiano.

O Templo de Debod ficava originalmente às margens do Nilo.

na direção norte até a Calle Ferraz para encontrar o Templo de Debod, que emerge como uma miragem de uma piscina no Parque del Oeste. Este templo Ptolemaico do século 4 a.C. foi dado ao governo espanhol em 1968, como um presente por preservar monumentos egípcios ameaçados pela construção da represa de Assuã. Ficava originalmente às margens do Rio Nilo. Lá dentro uma pequena exposição conta sua história, mas o passeio é mais dramático ao escurecer, quando o templo é lindamente refletido nas águas cintilantes da piscina. *1 hora. Cl. Ferraz, 1. ☎ 91-366-74-15. Ingressos gratuitos. De outubro a março, de terça a sexta, das 9h 45 às 13h 45 e das 16h 15 às 18h 15. Aos sábados e domingos de 10h às 14h. De abril a setembro, de terça a sexta, de 10h às 14h e de 18h às 20h. Aos sábados e domingos de 10h às 14h. Visitas guiadas gratuitas para famílias (em espanhol) no primeiro sábado de cada mês (exceto agosto) às 11h 30 e 12h 30. Metrô Plaza de España ou Ventura Rodriguez.*

7 ★★★ crianças **Parque del Oeste**. Este frondoso parque verdejante é um refúgio bem-vindo do calor escaldante do verão. Ache um canto calmo sob as árvores maduras e aprecie a longínqua Sierra de Guadarrama. As crianças menores adoram brincar no pequeno parque próximo à entrada do teleférico. O Paseo Pintor Rosales, adjacente ao parque, é repleto de cafés, bares e restaurantes onde as pessoas vão em bandos nos dias ou noites quentes, para curtir a brisa nos terraços. O parque também possui um belo jardim de rosas, La Rosaleda, com fontes e um mar de flores multicoloridas. Venha em Maio, durante a anual Competição Internacional de Rosas, para vê-lo em seu melhor estado. Em um tom mais sombrio, esta encosta contém o túmulo compartilhado de madrilenhos fuzilados em 3 de maio de 1808, quando as tropas de Napoleão invadiram a cidade (esta cena foi descrita por Goya, em sua sinistra tela *El Tres de Mayo 1808*, que está no Prado). Um monumento próximo à estação teleférica marca o local. *1 hora. Entradas em Cl. Ruperto Chapi, Avda Arco Victoria. Sempre aberto. Metrô: Plaza de España, Moncloa ou Príncipe Pio.*

8 ★ crianças **La Casa del Chocolate de Tino Helguera.** Essa loja e casa de chá não apenas produz um chocolate quente delicioso, mas seus chocolates feitos a mão (servidos no casamento do Príncipe de Astúrias) são divinos também. Meus favoritos são os chocolates brancos com peras e gengibre. *Cl. Ferraz, 30. ☎ 91-541-28-15. $$*

9 ★★★ crianças **Teleférico**. No centro do Parque del Oeste, a estação do teleférico irá transportá-lo através da vasta selva da Casa de Campo. O bonde inclina no ar por cerca de 40m (122 pés)

O lindo jardim de rosas no Parque del Oeste.

do chão, para quase 2,5 Km. As crianças adoram, mas aqueles com medo de alturas podem não gostar. Ao longo do caminho é possível admirar a cúpula da capela de Goya (veja p.13). O bonde desembarca em um pequeno café-bar no centro da Casa de Campo, de onde você pode caminhar para as maiores atrações do parque: o parque de diversões, o zoológico (veja p.51) e o lago. Não há placas indicativas, mas você verá uma alta coluna de água no centro do lago em uma direção e a montanha russa do parque de diversões. O zoológico está logo depois do parque de diversões. Eles parecem estar mais longe do que parecem, mas estão todos a 10 ou 15 minutos de caminhada. *30 min. Paseo del Pintor Rosales, s/n. ☎ 91-541-11-18. www.teleferico.com. Os horários de abertura variam consideravelmente, mas, geralmente, somente nos finais de semana no inverno. No verão, de segunda a sexta-feira de 12h às 13h 15 e de 15h 15 às 21h. Aos sábados e domingos, de 12h às 21h, verifique os horários completos no site ou no balcão de atendimento ao turista. Metrô: Argüelles.*

10 ★★ crianças **Remando na Casa de Campo.** O serviço de informações da Casa de Campo fica próximo ao lago. Você também pode alugar botes a remo – uma das minhas coisas favoritas para fazer nos dias quentes. A fumaça do grande chafariz no meio do lago é deliciosamente refrescante. *1 ou 2 horas. Balcão de informações do parque próximo ao lago. ☎ 91-479-60-02. O balcão de informações está aberto de maio a 15 de setembro, de terça a domingo e nos feriados públicos, de 10h às 14h e de 17h às 20h. O parque está sempre aberto. Metrô: Batán ou Lago. Teleférico do Paseo del Pintor Rosales, s/n. Ônibus 31, 33, 36, 39, 65, 138 de/para o lago. Ônibus 33 de/para o zoológico e o Parque de Atracciones.*

11 **Entrevinos.** Um dos melhores bares de vinho da cidade, o Entrevinos está a uma distância surpreendente do teleférico no Parque del Oeste e é o retiro perfeito depois de toda a diversão no parque. Calmo e saboroso, oferece uma seleção impressionante de vinhos (incluindo pelo menos uma dúzia por garrafa) acompanhados por excelentes tapas elaboradas. *Cl. Ferraz, 36. ☎ 91-548-31-14. $$.*

2 Os Melhores Roteiros Temáticos

Os Destaques do Prado

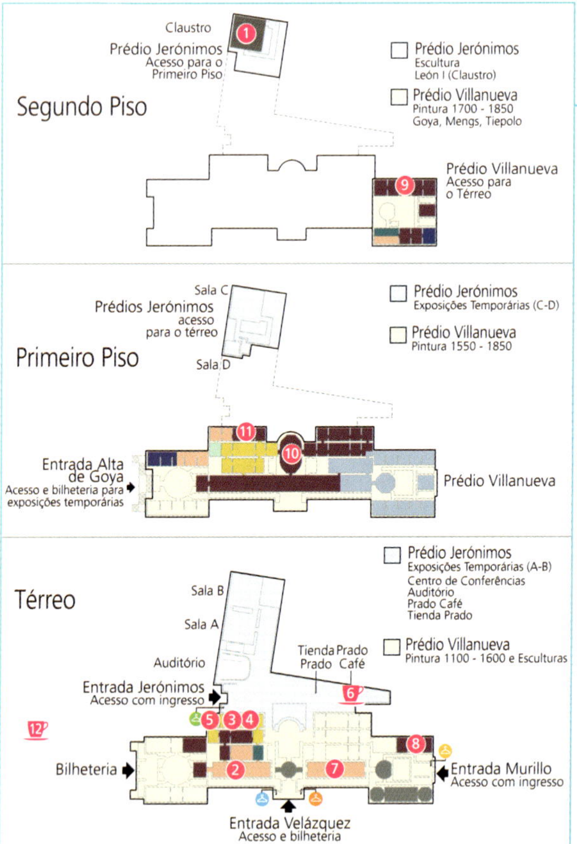

1 Claustro (Prédio Jerónimos)

2 Galeria 49: Fra Angelico, Rafael e Dürer

3 Galeria 56A: Bosch

4 Galeria 56A: Bruegel

5 Galeria 58: Rogier Van der Weyden

6 Prado Café

7 Galeria 75: Ticiano e Tintoretto

8 Galerias 66 e 67: Pinturas Negras de Goya

9 Galerias 85, 90–94: Goya

10 Galerias 12, 14–16, 18: Velázquez

11 Galerias 9A e 10A: El Greco

12 Jardines del Ritz

O Prado é um dos maiores museus do mundo, com uma rica coleção originalmente acumulada por monarcas Habsburgos. A arte espanhola é incomparável e as extraordinárias pinturas de Velázquez e Goya estão entre os tesouros mais delicados do museu. O passeio a seguir inclui as minhas galerias favoritas, mas cobre apenas uma fração de toda a coleção. PONTO DE PARTIDA: **Metrô para Banco de España, depois uma caminhada de cinco minutos.**

1 ★★ Claustro (Prédio Jerónimos). A partir da cavernosa entrada principal, siga as indicações para o Claustro, do século XVI, construído para o monastério dos Jerónimos dolorosamente movido, pedra por pedra, durante a recente expansão do Prado. Hoje, incorporado ao novo anexo de vidro projetado por Rafael Moneo (apelidado de Cubo de Moneo), é um cenário gracioso para as várias estátuas descobertas na Villa de Adriano. *30 min.*

2 ★★★ Galeria 49: Fra Angelico, Rafael e Dürer. De volta ao prédio principal, o Villanueva, se dirija a Galeria 49 e dê uma olhada na comovente *A Anunciação* de Fra Angelico (1426-1427), na qual o anjo anuncia a iminente concepção de Maria sob uma névoa de luz dourada. O *Retrato de um Cardeal* (c.1510) de Rafael se destaca por seu forte realismo, das dobras perfeitas da seda vermelha ao calculismo nos olhos frios. Por volta do mesmo período, Dürer pintava o lascivo díptico de *Adão e Eva* (1507), sem qualquer detalhe ao fundo para focar a atenção nos nus sensuais. *1 hora.*

3 ★★★ Galeria 56A: Bosch. Na Galeria 56A os visitantes aglomeram-se ao redor das visões bizarras e surrealistas do pintor flamengo Hieronymus Bosch. Graças a Felipe II, o Prado possui vários trabalhos do artista. O perturbador *Jardim das Delícias Terrenas* é provavelmente sua pintura mais famosa, igualmente bela e repulsiva. Divida em três painéis, com o paraíso à esquerda, o inferno à direita e os pecados da carne no centro, a pintura desafia interpretações desde que foi trazida à corte, no séc. XVI. *30 min.*

4 ★★★ Galeria 56A: Bruegel. Eu adoro a dinâmica de Pieter Bruegel, as representações naturais de pessoas comuns, mas o sombrio *O Triunfo da Morte* (1562) mostra uma paisagem desolada em que os cachorros pegam os ossos dos massacrados. É claramente influenciado por Bosch, por quem Breughel tinha grande admiração, e me dá calafrios. *15 min.*

5 ★★★ Galeria 58: Rogier Van der Weyden. Dominando o fim desta pequena galeria está a eletrizante *A descida da cruz* (1435) de Rogier Van der Weyden, um dos maiores trabalhos

Detalhe do Triunfo da Morte de Bruegel (1562).

O Prado: Assuntos práticos

A entrada para o Prado está na parte de trás, através do anexo de vidro feito por Rafael Moneo em 2007. Os ingressos, no entanto, devem ser comprados (ou trocados no caso de ingressos para o Paseo del Arte) na bilheteria do portão Goya que se encontram no final da parte nordeste do museu, antes de ir para a fila de entrada. Note que após a reforma, a maioria das obras descritas devem permanecer onde estão, mas as plantas são constantemente atualizadas (pegue a mais recente no balcão de informações).

Paseo del Prado, s/n: ☎ 91-330-28-00 ou ☎ 902-10-70-77; www.museodelprado.es. Ingressos: 6€ para adultos, 3€ para estudantes, menores de 18 anos gratuito, quando buscados diretamente na bilheteria. Disponível antecipadamente por 9€ para adultos e para menores de 6 anos é gratuito. Também é parte do ingresso Paseo del Arte, 14,40€ (veja box na p.9). De segunda a sábado, de 9h às 20h. Nos dias 24 e 31 de dezembro, 6 de janeiro, de 9h às 14h. Fechado: às segundas-feiras, nos dias 25 de dezembro, 1 de janeiro, Sexta-feira Santa e 1° de maio. Guias auditivos disponíveis para o acervo permanente por 3,50€, para as exposições temporárias por 3,50€ ou ambos por 5€. Metrô: Banco de España.

do pintor. Ela não apenas descreve o momento em que o corpo de Cristo é trazido da cruz, mas captura a dor cataclísmica de uma mãe que perdeu seu filho. *15 min.*

6 Prado Café. Faça uma pausa no moderno café próximo à entrada principal. A seção de ***self-service*** está ao fundo, escondida atrás das telas. Apesar da decoração monocromática brilhante, é um pouco parecido com um café de aeroporto. Ainda assim, é a única opção dentro do museu. ***Entrada principal. $-$$.***

7 ★★★ Galeria 75: Ticiano e Tintoretto. O retrato do grande pintor veneziano Ticiano, ***Carlos V na Batalha de Mühlberg*** (1548), é considerado um dos retratos equestres mais delicados de todos os tempos. O realismo psicológico (basta olhar a expressão cansada do rei apesar de sua pose heroica) foi um rompimento formal com estilo puramente clássico. Observe a mesma maestria de Ticiano no retrato de ***Felipe II com a Armadura*** (1550-1551), em que a mão do jovem monarca está apoiada incomodamente sobre seu capacete. Este foi o retrato enviado a Maria Tudor da Inglaterra durante as negociações de seu casamento com Felipe. Apesar do assunto não a agradar, a obra foi claramente apreciada pela futura esposa do rei. Há também telas de outro grande artista veneziano, Tintoretto, um admirador ardente de Ticiano (que tinha ciúmes, supostamente, do talento de seu jovem seguidor), incluindo o vívido ***Cristo Lavando os Pés dos seus Discípulos*** (1547), que consegue ser ao mesmo tempo comovente e íntimo, apesar de sua escala maciça. Há também alguns refinados retratos de Tintoretto, incluindo o austero ***Homem com a Corrente de Ouro*** (1555). *45 min.*

8 ★★★ Galerias 66 e 67: As pinturas negras de Goya. Entre nas galerias pouco iluminadas que contêm as ***Pinturas Negras de Goya***. Em 1819, Goya – já velho, surdo e adoecido pela guerra – se mudou para uma pequena casa fora de Madri, onde pintou estes murais secos e horripilantes diretamente nas paredes de sua casa. A mais famosa e vívida é ***Saturno Devorando seu Filho***, que mostra um monstro terrível com mandíbulas gotejantes, mas eu acho o ***Cão***, completamente perdido em uma neblina amarela doentia, incomparavelmente triste. *45 min.*

9 ★★★ Galerias 85, 90-94: Goya. Tome o elevador desajeitado e velho para o segundo andar para ver mais de Goya. A um mundo de distância das sinistras ***Pinturas Negras***, estas galerias contêm os desenhos agradáveis feitos para uma série de tapeçarias encomendadas pela real casa de caça em El Prado. As belas cenas de campo e as animadas crianças vão afastar qualquer sentimento sombrio. *45 min.*

10 ★★★ Galerias 12, 14-16, 18: Velázquez. A galeria 12 é a peça central de todo o museu. Montadas contra as pálidas paredes de brocado estão os trabalhos mais finos do grande artista espanhol Velázquez, incluindo ***Las Meninas***, considerado uma das maiores pinturas de todos os tempos (veja a p.7: Explorando Madri em um dia). A monumental ***Rendição de Breda*** (1635) mostra um momento chave da história da Espanha: a entrega das chaves da cidade flamenca de Breda ao general espanhol. Em ***O Palhaço Don Diego de Acedo***, Velázquez impregna ao retratado, um dos mais de cem anões empregados no palácio, uma dignidade e humanidade normalmente negadas a ele na corte. Neste momento, você provavelmente estará com inveja das bochechas vermelhas dos rebeldes em ***Os Bebedores*** (1629) e ansioso por um drinque, mas explore as galerias anexas para admirar os retratos reais de Velázquez. *1 hora.*

11 ★★★ Galerias 9A e 10A: El Greco. Finalmente mergulhe nas galerias 9A e 10A para uma vista rápida aos famosos dramas de El Greco. O artista cretense se preparou em Veneza e Roma antes de chegar à Espanha, onde permaneceu pela maior parte de sua vida, mas sua arte é absolutamente diferente de seus contemporâneos. Eu gosto de sua mais antiga ***Anunciação*** (1596-1606), um momento de êxtase guiado por uma pomba emitindo uma luz ofuscante e um exército celestial. *1 hora.*

12 ★★ Jardines del Ritz. Você não pode perder o Ritz, o borbulhante palácio branco em estilo Belle Époque na praça, no lado oposto da entrada do Prado. O terraço e os jardins, através de uma entrada de ferro forjado pintada de branco, são pontos refinados e relaxantes para um bem merecido coquetel após o Prado. *Plaza de la Lealtad.* ☎ *91-521-28-57. $-$$.*

Detalhe de A Rendição de Breda feita por Velázquez.

Os Destaques do Paseo del Arte

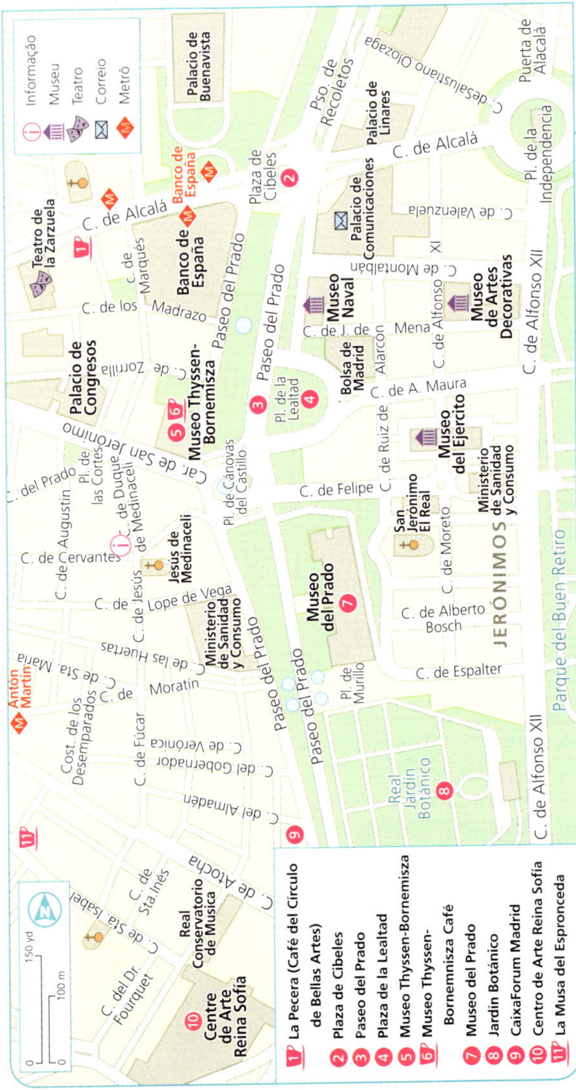

O Paseo del Arte, propriamente dito, refere-se aos três grandes museus de Madri (o Prado, o Thyssen-Bornemisza e o Reina Sofia), que estão convenientemente localizados há apenas poucos minutos de caminhada um do outro. Os destaques do Prado estão descritos a partir da pág.24, mas abaixo você encontrará o melhor do Thyssen e do Reina Sofia, junto com os jardins e as fontes espalhadas pelo caminho. PONTO DE PARTIDA: **Metrô para Banco de España.**

1 ★★ **La Pecera (Café del Círculo de Bellas Artes).** Fortifique-se para um longo dia de passeios sob os candelabros de cristal deste belíssimo café Art Deco. *Cl. Alcalá, 42.* ☎ *93-360-54-00. $-$$.*

2 ★ **Plaza de Cibeles.** A extravagante estátua da deusa Cibele em sua carruagem, cercada por chafarizes, tornou-se um símbolo não oficial da cidade. Por trás de Cibele está um palácio branco extravagante, que é atualmente o principal escritório dos correios de Madri. Eu amo as elaboradas caixas de correio douradas na parte exterior, que adicionam uma pitada de romance à monótona tarefa de postar uma carta. *15 min. Metrô: Banco de España.*

3 ★ **Paseo del Prado.** O Paseo del Prado é uma avenida relativamente curta que corre desde a Plaza de Cibeles até a Plaza del Emperador Carlos V em frente à estação de trem de Atocha, passando por alguns dos melhores museus de arte da cidade. No centro, um passeio à sombra das árvores é salpicado com bancos, fontes e dois parques para crianças. Antigamente chamado de Salón del Prado, onde os madrilenhos reuniam-se com suas melhores roupas para paquerar e fofocar, agora as carruagens ornamentadas têm, infelizmente, dado lugar ao barulho do trânsito moderno. *30 min. Metrô: Banco de España ou Atocha.*

4 ★ **Plaza de la Lealtad.** Uma praça semicircular, logo após o Paseo del Prado, à esquerda, contém um alto obelisco de pedra, montado em um pedestal monumental dentro de um organizado jardim. Este é o *Monumento a Los Caidos por España* (Monumento aos Mortos pela Espanha), erguido no começo do século XIX, primeiramente, em memória aos

O caminho arborizado no centro do Paseo del Prado.

Atividades especiais nos museus de Madri

Todos os maiores museus de Madri oferecem excelentes programas de atividades, que vão além das exposições temporárias para incluir tudo, desde oficinas familiares e palestras até exibição de filmes e concertos. Pegue os programas no início de sua estadia nos balcões de informações turísticas ou diretamente nos museus. Durante os meses quentes de verão, vários oferecem abertura tarde da noite pelo menos uma vez por semana: incluindo o Museo Thyssen-Bornemisza, que abre suas exposições temporárias até às 23h, de terças a sábados, e o Reina Sofia, que está aberto até às 23h nas noites de sábado do mês de agosto.

madrilenhos assassinados pelas tropas napoleônicas em 2 de Maio de 1808. Em 1985 passou a ser dedicado a todos aqueles que morreram pela Espanha. Uma chama arde perpetuamente nos degraus do monumento. ⏱ *10 min. Metrô: Banco de España.*

5 ★★★ **Museo Thyssen-Bornemisza.** O falecido industrial bilionário Barão Hans Heinrich Thysse-Bornemisza devotou muito de sua vida e fortuna à criação de uma das maiores coleções privadas de arte do mundo. Encorajado por sua quinta esposa, Carmen Cervera (coroada miss Espanha em 1961), ele financiou o museu Thyssen-Bornemisza em Madri, em 1992, e permitiu ao governo espanhol comprar sua maior parte mais barato um ano depois. O museu preenche cuidadosamente as lacunas do Prado, com uma fina coleção dos chamados primitivos italianos, trabalhos flamencos antigos, pinturas do renascimento e do período barroco e um ótimo arranjo de impressionistas e pós-impressionistas. Selecionei os destaques do museu abaixo. Comece com os trabalhos mais antigos, no segundo andar. Meus favoritos aqui são a ***La Virgen con el Niño entronizada***, de Van der Weyden (c. 1433) na Sala 3 e o soberbo díptico de Jan van Eyck, A ***Anunciação*** (c. 1435-1451, Sala 3). Na sala 5, a graciosa renascença de Ghirlandaio no ***Retrato de Giovanna Tornabuoni*** (1488) tornou-se um ícone do museu. Também observe o icônico ***Retrato do Rei Henrique VIII*** (c. 1534-1536), de Hans Holbein. Na

Museo Thyssen-Bornemisza.

Museo del Prado.

Galeria 12, os dramas de Caravaggio em *Santa Catarina de Alexandria* (c. 1597) anuncia a chegada do barroco, com o centro da obra muito iluminado, mas envolto em sombras. Vá para as Galerias 16-18 para as maravilhosas paisagens italianas, incluindo as mágicas pinturas de Veneza por Canaletto. A carnal *Vênus e o Cupido* (1606-1612) de Rubens está na Galeria 19. A coleção continua no primeiro andar com algumas paisagens holandesas requintadas, interiores e retratos nas Galerias 22-26, incluindo o vasto céu de Jacob van Ruisdael, em sua *Vista de Naarden* (1647). As últimas galerias deste andar estão entre as melhores, com uma fabulosa coleção de trabalhos impressionistas e pós-impressionistas (descritos no Explorando Madri em Um Dia, veja p.8), encerrando com precursores do Cubismo, como a ardente e vermelha *Metropolis* (1916-1917) de George Grosz e *Circo* (1913) de August Macke. A coleção de arte moderna exposta nas galerias do piso térreo é uma introdução perfeita para a arte contemporânea do Reina Sofia. Muitos dos grandes artistas que viraram a arte de cabeça para baixo no início do século XX estão representados nas Galerias 41-44, como os primeiros trabalhos Cubistas como *Homem com Clarinete* (1911-1912) de Picasso até o extraordinário *New York City,* (1940-1942) de Mondrian, montado em linhas verticais e blocos de cor. As galerias 45 e 46 guardam o provocante *Arlequim com Espelho* (1923), de Picasso, o *Camponês Catalão com Violão* (1924) de Miró, o *Verde sobre Morado* (1961) de Rothko e o *Marrom e Prata* (1951) do Jackson Pollock. *2 horas. Paseo del Prado, 8. ☎ 91-369-01-51. www.museothyssen.org. Ingressos: para a coleção permanente, 6€ para adultos, 4€ para estudantes e gratuito para menores de 12 anos. Os preços das exposições temporárias podem variar. Ingresso combinado para o acervo junto com a exposição temporária estão disponíveis. Também pode ser parte do ingresso Paseo del Arte, 14,40€. De terça a domingo, de 10h às 19h e a bilheteria fecha às 18h 30. Fechado às segundas-feiras e nos dias 25 de dezembro, 1° de janeiro e 1° de maio. Guias auditivos disponíveis para os acervos permanentes e temporários. Metrô: Banco de España.*

6 ★★ **Museo Thyssen-Bornemisza Café.** Escondido atrás do jardim de rosas na entrada principal deste museu está um delicioso café com um terraço expandido e uma área interior moderna e arejada. É bom para um café ou para um almoço com preço fixo, mas afaste-se dos super valorizados sanduíches e saladas. *Paseo del Prado. ☎ 93-302-41-40. $-$$*

Jardim Vertical do CaixaForum Madri.

7 ★★★ **Museo del Prado.** Continue a caminhada pelo Paseo del Prado e você verá o grande e antigo Prado à sua esquerda. Ele merece um dia só para si, então contente-se com uma olhada no belo exterior em colunatas por hoje. Veja os Destaques do Prado (p.24).

8 ★★ **Jardín Botánico.** O antídoto perfeito para uma sobrecarga de arte, este glorioso jardim botânico do século XVIII é um refúgio verdejante no coração da cidade (veja p.82). *1 hora. Plaza de Murillo, 1. ☎ 91-420-30-17. www.rjb.csic.es. Ingresso: 2€ para adultos, 1€ para estudantes, gratuito para menores de 10 anos. Metrô: Atocha.*

Jardín Botánico.

9 ★★ **CaixaForum Madrid.** Admire a fachada impactante e contemporânea do Jardim Vertical à medida em que passeia pelo CaixaForum, uma das mais novas e excitantes instituições de arte. Veja Explorando Madri em Dois Dias (p.16).

10 ★★★ **Centro de Arte Reina Sofia.** O fabuloso museu Reina Sofia abriga uma fabulosa coleção de arte contemporânea. Recentemente expandido com uma ala toda de vidro de Jean Nouvel, é o museu mais elegante de Madri. O acervo permanente fica em exposição no segundo e no quarto andares, acessível por um par de elevadores panorâmicos. A maior pintura do museu e, possivelmente, a peça de arte mais famosa da cidade (além do *Las Meninas*, no Prado), é a tocante *Guernica* de Picasso na Galeria 7 (veja Explorando Madri em Um Dia, p.9). As galerias próximas colocam a *Guernica* contextualizada com outros trabalhos de arte expostos, como *Guernica*, criado para o Pavilhão Espanhol na Exposição Internacional de Paris de 1937, e uma sala devotada às horripilantes fotografias de guerra de Robert Capa (Sala 8B).

Alguns dos maiores artistas espanhóis do século XX também estão representados aqui: a abstração altamente pessoal de Joan Miró (Salas 11 e 12), os pesadelos surrealistas de Salvador Dalí (Sala 9A) e o materialismo tridimensional de Antoni Tàpies (Sala 12), talvez o artista espanhol vivo mais famoso. Eu particularmente amo as esculturas esguias e etéreas de Alberto Sanchéz, na Sala 12C. A arte do final dos anos 1940 até o início do século XXI está toda reunida no quarto andar. Ao sair do elevador, procure as altamente expressivas fotografias de caras de cães em grande escala, de Amparo Garrido. Meus trabalhos favoritos aqui são as curvilíneas e sensuais esculturas de Henry Moore na Sala 17 e as eletrizantes pinturas azuis do artista francês Yves Klein na Sala 18. Eu também sempre gosto de apreciar as belas e iluminadas visões de Madri por Antonio López Garcia (Sala 24) e as magníficas criações em grande escala pelo celebrado escultor basco Eduardo Chillida (Salas 34 e 35). Há uma pequena seleção de arte minimalista de grandes artistas americanos, incluindo Donald Judd e Ellsworth Kelly na Sala 36, e a coleção fecha com quatro galerias dedicadas às recentes criações de artistas espanhóis e internacionais. Não perca o enorme *Pavilhão Suspenso em uma Sala* (2005) de Cristina Iglesias. *1 hora. Cl. Santa Isabel, 52. ☎ 91-774-10-00. www.museoreinasofia.es. Ingressos: para o acervo permanente 6€ para adultos, 3€ para estudantes e gratuito para menores de 12 anos. Os preços para as exposições temporárias variam. Ingressos combinados para a exposição permanente e a temporária estão disponíveis. Também parte do ingresso Paseo del Arte, 14,40€. Segundas-feiras e de quarta a domingo de 10h às 21h. A bilheteria fecha às 18h 30. Fechado às terças-feiras e nos dias 24, 25 e 31 de dezembro, 1° e 6 de janeiro, 1° e 15 de maio, 7 de setembro. Gratuito aos sábados de 14h 30 às 21h, domingos de 10h às 14h 30 e nos dias 18 de maio, 12 de outubro, 6 de dezembro. Guias auditivos disponíveis para os acervos permanentes e temporários. Visitas guiadas em espanhol somente às segundas e quartas-feiras às 17h e sábados às 23h. Metrô: Atocha.*

11 ★★ **La Musa del Espronceda.** Um moderno, mas relaxante ponto de encontro próximo ao Reina Sofia, com um bar de tapas servindo os *pintxos* bascos (fatias de baguete com deliciosas coberturas) e uma área de jantar. Quadros negros são escritos com o cardápios especiais do dia, e há um espaço para exposições e exibições numa sala no porão. *Cl. Santa Isabel, 17. ☎ 91-539-12-84. $-$$.*

Museo Nacional Reina Sofia.

Madri Real

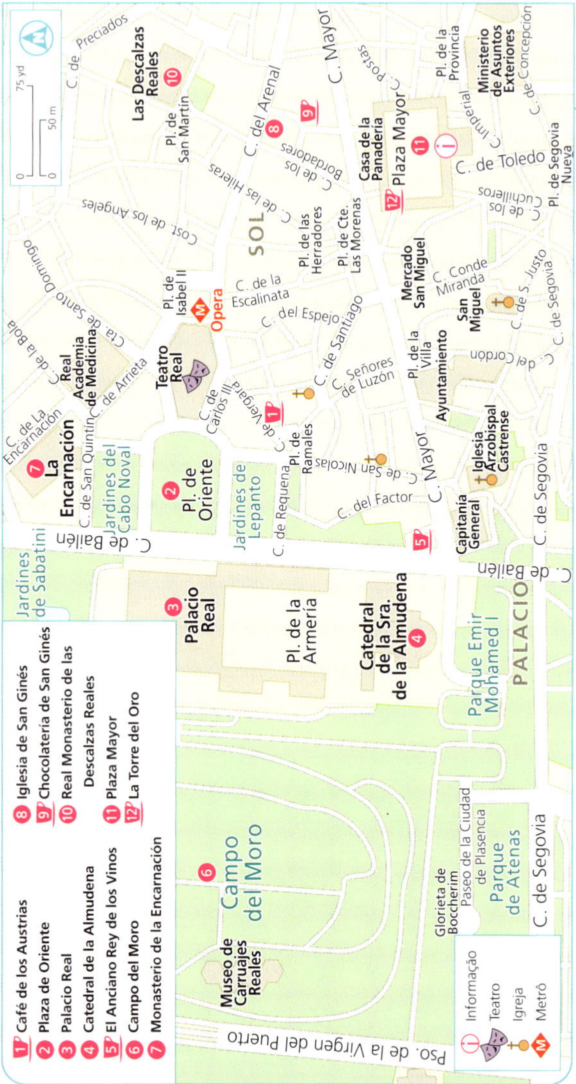
1 Café de los Austrias
2 Plaza de Oriente
3 Palacio Real
4 Catedral de la Almudena
5 El Anciano Rey de los Vinos
6 Campo del Moro
7 Monasterio de la Encarnación
8 Iglesia de San Ginés
9 Chocolatería de San Ginés
10 Real Monasterio de las Descalzas Reales
11 Plaza Mayor
12 La Torre del Oro
Informação
Teatro
Igreja
Metrô
0 50 m
0 75 yd
Las Descalzas Reales
Pl. de San Martín
C. de Preciados
C. del Arenal
C. Mayor
Casa de la Panadería
Plaza Mayor
Ministerio de Asuntos Exteriores
Pl. de la Provincia
C. de Toledo
C. Imperial
C. de Concepción
Pl. de Segovia Nueva
C. de los Cuchilleros
C. de los Bordadores
C. de las Hileras
SOL
Cost. de los Ángeles
C. de Santo Domingo
Pl. de las Herradores
Pl. de Cte. Las Morenas
Mercado San Miguel
San Miguel
C. Conde Miranda
C. de S. Justo
C. de Segovia
Pl. de Isabel II
Opera
C. de la Escalinata
C. del Espejo
C. de Santiago
C. Señores de Luzón
Pl. de la Villa
Ayuntamiento
C. del Cordón
Cta. de Santo Domingo
C. de la Bola
Real Academia de Medicina
C. de Arrieta
Teatro Real
C. de Carlos III
C. de Vergara
Iglesia Arzobispal Castrense
C. de la Encarnación
La Encarnación
C. de San Quintín
Jardínes del Cabo Noval
Pl. de Oriente
Jardínes de Lepanto
C. de Requena
Pl. de Ramales
C. de San Nicolás
C. del Factor
Capitanía General
C. de Segovia
C. de Bailén
Jardínes de Sabatini
Palacio Real
Pl. de la Armería
Catedral de la Sra. de la Almudena
Parque Emir Mohamed I
PALACIO
Campo del Moro
Museo de Carruajes Reales
Glorieta de Boccherim
Paseo de la Ciudad de Plasencia
Parque de Atenas
Pso. de la Virgen del Puerto

Felipe II tirou Madri da obscuridade em 1561 para torná-la a capital permanente da Espanha, mas os monarcas seguintes realmente transformaram a cidade de um vilarejo superdesenvolvido em uma verdadeira capital europeia. Da esplêndida Plaza Mayor ao assombrosamente barroco Palácio Real, este passeio traz os maiores monumentos dos Habsburgos e dos Bourbons. PONTO DE PARTIDA: **Metrô para Ópera.**

1 ★★ **Café de los Austrias.** Um de meus cafés favoritos, este clássico da vizinhança possui espelhos desbotados e colunas de mármore corroídas. Do terraço de verão, dê uma olhada no Palácio Real. *Plaza de Ramales, 1. ☎ 91-559-84-36.*

2 ★ **Plaza de Oriente.** Com seus jardins recortados e fontes, cafés dourados e as vistas da Casa de Ópera e do Palácio Real, fazem desta uma praça suntuosa. *20 min. Metrô: Ópera.* *Veja p.10, item 8.*

3 ★★★ **Palacio Real.** Em 1734, o antigo Palácio Real (construído sobre as ruínas de um forte árabe que uma vez ocupou este monte) foi destruído por um grande incêndio. Os novos monarcas Bourbons decidiram que um enorme palácio barroco lembraria ao povo espanhol e aos outros monarcas europeus de seu poder. Agradeça ao fato de que os planos originais do arquiteto italiano Juvarra não foram realizados: sua visão de um palácio que competisse com o de Versailles seria três vezes maior que o tamanho do atual gigante, de 3 mil cômodos. Verifique se o palácio está aberto antes de visitá-lo: apesar de a família real atual residir em um modesto palácio em El Pardo, este ainda é usado para funções especiais do Estado e pode fechar sem aviso. Recomendo o guia auditivo, ao invés da visita guiada. Você vai receber praticamente a mesma informação, mas pode ser mais seletivo com o seu tempo. Dentre os cômodos, você não pode perder a extravagante **Sala do Trono**, com um afresco feito pelo grande pintor veneziano Tiepolo, a **Sala Gasparini**, usada por Carlos III para receber convidados, coberta com ouro e prata no elaborado estilo barroco e a **Sala das Porcelanas**, uma deslumbrante visão rococó incrustada de porcelanas feitas na fábrica real, antigamente localizada nos Jardins

Explore os cômodos extravagantes do Palacio Real.

Que dia para um Auto da Fé

A Inquisição Espanhola foi estabelecida pelos "Reis Católicos" Fernando e Isabel, no final do século XV, mas atingiu o auge de seu poder no início do século XVII. Felipe II, profundamente religioso e apavorado pela heresia, deu grande alcance à Inquisição, com poderes para investigar qualquer desvio de sua ortodoxia rígida. Milhares de pessoas foram julgadas nas cerimônias públicas conhecidas como auto da fé (que significa "ato de fé") e aqueles que não conseguiram retratar-se publicamente foram condenados a uma morte terrível. Em apenas um dia do ano de 1680, mais de 118 prisioneiros foram julgados, dos quais 21 foram queimados vivos.

do Retiro. Outros destaques incluem o estonteante *Hall dos Espelhos*, inspirado em Versailles, o *Hall para Banquetes de Gala*, do século XIX e os instrumentos musicais na *Sala Stradivarius*. A *Galeria de Pinturas* contém alguns trabalhos notáveis de Velásquez, Caravaggio e Goya. Além da grande Plaza de la Armería, estão outros dois museus: a *Farmácia Real* e o *Arsenal Real*, que são parte do Palácio Real, mas visitados com ingressos separados. Eu prefiro ver o Palácio Real em pequenas doses e recomendo deixar os outros dois museus para outro dia (para descrições, veja Explorando Madri em Um Dia, p.10, item 9.

A Catedral de la Almudena, de estilo neobarroca.

2 horas e 30 min. Cl. Bailén. ☎ 91-454-87-00. Ingressos: para o Palácio, a Farmácia e o Arsenal 10€ para adultos com visitas guiadas, 6€ para estudantes e a faixa etária de 5 a 16 anos ou 8€ sem guia, sem concessões. As visitas guiadas ao Palácio, à Farmácia , ao Arsenal Real e à Galeria de Pinturas são 11€ para adultos, 7€ para estudantes e para a faixa etária de 5 a 16 anos. Somente a Galeria de Pinturas são 2€, sem concessões. O Arsenal Real são 3,40€ para adultos, 2,50€ para estudantes e para a faixa etária de 5 a 16 anos, visitas não guiadas são gratuitas para cidadãos da União Europeia às quartas-feiras. De outubro a março, de segunda a sábado, de 9h 30 às 17h, domingos de 9h 30 às 14h. De abril a setembro, de segunda a sábado, de 9h às 18h, domingos de 9h às 15h. Fechado nos dias 1° e 7 de janeiro, 1° de maio, 9 de setembro, 12 de outubro, 24, 25 e 31 de dezembro. Metrô: Ópera. *Veja p.10, item 9.*

4 ★★ Catedral de la Almudena. Fora do Palácio Real, a grande cúpula da Catedral de La Almudena está diretamente em frente a você. Curiosamente, Madri não teve nenhuma catedral até 1993, quando esta construção um tanto monótona, em estilo neobarroco, foi finalmente terminada. Ela permanece a catedral mais importante da Espanha, onde os nascimentos, batizados e casamentos reais são celebrados (incluindo o casamento do Príncipe Felipe com Leticia, uma glamourosa jornalista de TV, em 2004). *5 min. Gratuito. Diariamente de 10h às 19h 30, não é permitida a entrada de turistas durante a Eucaristia. Metrô: Ópera.* *Veja p.10, item 10.*

5 ★ **El Anciano Rey de los Vinos.** O secular Anciano Rey de los Vinos oferece vinhos, incluindo o tradicional ***vermú*** (vermute) direto do barril, para combinar com as tradicionais tapas. Perfeito para os visitantes do palácio que estão com sede e com os pés cansados. *Cl. Bailén, 19.* ☎ *91-559-53-32. $-$$.*

6 ★★ crianças **Campo del Moro.** Por trás da fachada norte do Palácio Real, logo atrás da Plaza de Oriente, estão os elegantes Jardins Sabatini, um calmo oásis após o rico interior do palácio. Por detrás deles, você pode tomar a descida Cuesta de San Vicente em direção à entrada da Casa de Campo, o antigo Jardim Real que se espalhava pelo monte por trás do Palácio Real. No final do século XIX, estes caminhos sombreados, jardins floridos, piscinas e fontes foram dispostos no estilo Romântico inglês. Quieto, fresco e belo, este é um dos pontos mais adoráveis, com vistas espetaculares para o Palácio Real, elegantemente emoldurado pelas vastas avenidas. *45 min. Entradas em Paseo Virgen del Puerto e Cuesta de san Vicente.* ☎ *91-454-88-00. Entrada gratuita. Aberto de outubro a março, de segunda a sábado, de 10h às 18h e domingo de 9h às 18h.*

7 ★★ crianças **Monasterio de la Encarnación.** Uma vez que você tenha voltado até o morro do Campo del Moro, vá ao Monasterio de la Encarnación, fundado para freiras reais. Para uma descrição, veja Explorando Madri em Dois Dias, p. 14. *1 hora. Plaza de la Encarnación, 1.* ☎ *91-454-88-00. www.patrimonionacional.es. Ingressos: 3,60€ para adultos, 2,90€ para estudantes e para a faixa etária de 5 a 16 anos. Gratuito às quartas-feiras para cidadãos da União Europeia. Ingressos combinados com o Monasterio de Las Descalzas Reales são 6€ para adultos e 4,90€ para estudantes e para a faixa etária de 5 a 16 anos. De junho a setembro, de terça a sábado, de 10h às 20h. Aos domingos de 10h às 15h. De outubro a maio, terças, quartas, quintas e sábados de 10h 30 à 12 h 45 e de 16h*

Monasterio de la Encarnación.

Iglesia de San Ginés.

às 17h 45. Às sextas-feiras, de 10h 30 à 12h 45. Domingos e feriados públicos, de 11h às 13h 45. Fechado nos dias 1° de janeiro, feriado da Páscoa, 1° e 15 de maio, 9 de setembro, 24, 25 e 31 de dezembro. Metrô: Ópera.

8 ★ Iglesia de San Ginés. Esta bela igreja fica atrás da Calle Arenal. Apesar de a versão atual datar aproximadamente do século XVII, a igreja original foi fundada no século XIII e é uma das mais antigas de Madri. Na adjacente Capilla del Santisimo Cristo, você pode apenas distinguir a imagem de Cristo em meio a escuridão – uma das estátuas mais veneradas na cidade. *15 min.*

9 crianças Chocolatería de San Ginés. Junte-se aos madrilenhos em um descanso das compras e molhe os deliciosos *churros* (bastões fritos de massa) na grudenta calda de chocolate quente como um último estimulante da tarde. *Cl. Montsió, 3. ☎ 93-302-41-40. $-$$.*

10 ★★ Real Monasterio de las Descalzas Reales. Este é o convento real sobrevivente mais belo, estabelecido por Juana de Áustria, viúva aos 19 anos. O prédio original foi erguido sobre o palácio no qual ela havia nascido e ainda é lar de uma pequena e fechada comunidade de freiras (você poderá ver de relance alguma delas trabalhando no belo jardim). Graças a suas conexões reais, o convento se tornou uma das instituições religiosas mais ricas do reino, apesar de a maior parte de seus tesouros terem sido vendidos posteriormente durante tempos difíceis. Alguns deles sobreviveram e são descritos no (obrigatório) passeio guiado. Estes passeios oficialmente acontecem somente em espanhol, mas muitos guias são poliglotas. A esplêndida escadaria do século XVI, com seus maravilhosos afrescos (procure por Felipe IV com sua família) dá uma entrada luxuosa para

Real Monasterio de las Descalzas Reales.

Plaza Mayor.

o convento – e um lembrete do quão poderosas são as ligações das freiras de sangue azul. O adorável claustro, com seus afrescos descascando, é a parte mais romântica do convento e eu sempre desejei que o guia permitisse mais tempo para explorar um lado minucioso das capelas. A maioria das poucas pinturas do convento são cópias de trabalhos importantes ou são de artistas menores, mas há uma ou duas grandes peças entre elas, incluindo um retrato por Zurbarán e uma virgem beata por Luís Moraes. O convento tem mais orgulho de sua fina coleção de tapeçarias, desenhadas por Rubens e tecidas em Bruxelas. Um espelho, supostamente o único no convento, permite aos visitantes ver o rascunho na parte de trás da tapeçaria. Também há a recriação de uma cela espartana, completa com chicotes para mortificar a carne. Veja p.14. *1 hora. Plaza de las Descalzas, s/n. ☎ 91-454-88-00. www.patrimonionacional.es. Ingressos: 5€ para adultos, 4€ para estudantes e para a faixa etária de 5 a 16 anos. Gratuito às quartas-feiras para cidadãos da União Europeia. Ingresso combinado com o Real Monasterio de la Encarnación a 6€ para adultos e 4,90€ para estudantes e para a faixa etária de 5 a 16 anos. De junho a setembro, de terça a sábado, de 10h às 20h. Aos domingos de 10h às 15h. De outubro a maio às terças, quartas, quintas e sábados de 10h 30 à 12h 45 e de 16 às 17h 45. Às sextas-feiras de 10h 30 à 12h 45. Domingos e feriados santos de 11h às 13h 45. Fechado nos dias 1º de janeiro, feriado de Páscoa, 1º e 15 de maio, 9 de setembro, 24, 25 e 31 de dezembro. Metrô: Sol. Metrô: Hospital de San Pau ou Sagrada Família (e uma caminhada de 10 minutos pela Av. Gaudi).*

11 ★★★ **Plaza Mayor.** Terminada em 1620, a Plaza Mayor foi uma peça de arte magnífica da nova capital Habsburga. A praça poderia acomodar um terço da população total da cidade e tornou-se um esplêndido teatro para pronunciamentos reais, execuções públicas, festivais elaborados e touradas. As medonhas câmaras de tortura e masmorras da inquisição estão sob a praça e os julgamentos em massa de hereges, chamados *autos da fé*, estavam entre os mais teatrais e aterrorizantes de todos os espetáculos encenados aqui (veja o box na p.36). Veja também p.7. *45 min. Metrô: Sol.*

12 ★ **La Torre del Oro.** Sob o Arco de Triunfo, esta animada taverna andaluza está recheada com cabeças de touros e fotografias das famosas *corridas*. Ataque as tapas, e veja se você consegue identificar os *toreros* em meio aos turistas no bar. *Plaza Mayor, 20. ☎ 91-366-50-16. $-$$.*

Centro de Madri: a Gran Vía

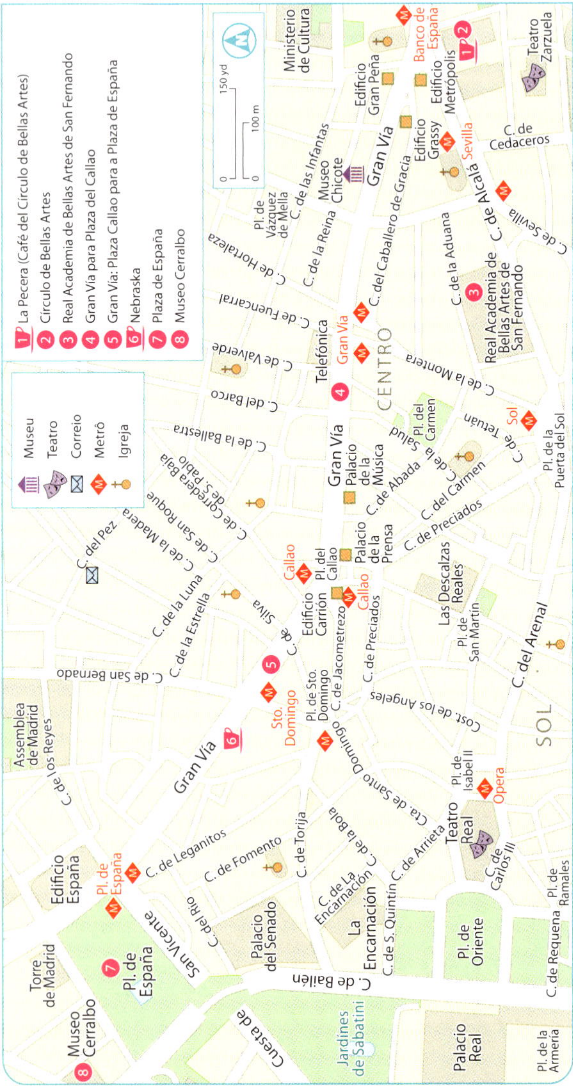

A Gran Vía foi construída ao longo do coração medieval da cidade, no início do século XX. Entremeada de neon e de arranha-céus, mostrava ao mundo que Madri era tão confiante e com tanta visão de futuro quanto Nova York, Chicago ou qualquer outra grande metrópole. Sem dúvida ela perdeu muito de sua vitalidade no último século, mas apenas olhe para cima para recapturar o otimismo daquele período. PONTO DE PARTIDA: **Metrô para Banco de España.**

1 ★★ La Pecera (Café del Circulo de Bellas Artes). Um dos prédios Art Deco mais adoráveis na cidade, hoje uma dinâmica instituição de arte (veja abaixo), contem uma fabulosa cafeteria no terraço para um café ou café da manhã. *Cl. Alcalá, 42. ☎ 93-360-54-00.*

2 ★★ Círculo de Bellas Artes. Curiosamente, o mesmo arquiteto que assina o enorme "bolo de noiva" do prédio dos correios na Plaza de Cibeles criou esta exuberante joia em Art Deco, com suas curvas inchadas e enormes janelas panorâmicas. Originalmente construído como um clube privado, hoje é lar de uma das melhores instituições de arte da cidade. Além do fabuloso café-bar, há um cinema, espaços de exposição, um auditório e um resplandescente salão de festas. 20 min. *Cl. Alcalá, 4. ☎ 91-360-54-00.*

3 ★★ Real Academia de Bellas Artes de San Fernando. Ao sair do Círculo de Bellas Artes, olhe na direção da Calle Alcalá à sua esquerda para ver uma das instituições de arte mais históricas: a Real Academia de Bellas Artes, fundada em 1773 e localizada em um contido palácio barroco. Sua magnífica coleção de arte é apagada pelo Prado, mas é considerada uma das melhores da Espanha. Aqui, você encontrará trabalhos de Zurbarán, Morales, Goya, Rubens, Caravaggio e Picasso. *1 hora. Cl. Alcalá, 13. ☎ 91-523- 15-99. http://rabasf.insde.es. Ingressos: 3€ para adultos, 1.50€ para estudantes e idosos, gratuito para menores de 18 anos. Gratuito às quartas-feiras, 18 de maio, 12 de outubro e 6 de dezembro. De terça à sexta, de 9h às 14h e de 16h às 19h, sábados de 9h às 14 h 30 e de 16 às 19h. Domingos, segundas e feriados públicos de 9h às 14 h 30. Fechado às segundas e nos dias 25 e 26 de dezembro e 1° e 6 de janeiro. Metrô: Sevilla.*

4 ★★ Gran Vía para Plaza del Callao. A Gran Via começa onde se junta com a Calle Alcalá. Esta junção é

A Art Decó do interior do Circulo de Bellas Artes.

"Ala dos Canhões"

Quando a Guerra Civil estourou na Espanha, em 1936, o governo Republicano, certo de que Madri cairia, fugiu para a segurança de Valência. Mas, contra todas as expectativas, a cidade aguentou e o famoso grito de guerra dos bravos cidadãos, "No Pasarán" (Não passarão), foi uma inspiração para o país inteiro. Em 1939, como a guerra chegou ao seu amargo fim, Madri finalmente foi forçada se render – a última cidade da Espanha a cair para os Nacionalistas. Durante os anos da guerra, os madrilenhos estiveram sob ataque constante e a Gran Vía foi apelidada de Avenida de los Obuses (Ala dos Canhões – obuseiros) ou a Avenida del Quince y Medio ("Avenida Quinze e Meio"), em referência às grandes cápsulas de metralhadora que choviam continuamente. Ainda hoje, as marcas dos tiros são visíveis no prédio Telefónica, que, como era o mais alto da cidade, esteve sobre bombardeio constante.

uma das mais fotografadas pois é um retrato de seu conjunto de flamboyant, marca das construções da virada do século XX. À esquerda, o **Edificio Metropolis** (Calle Alcalá, 3) é uma construção eclética e suntuosa, com um anjo no topo. Na Gran Vía 1, o caprichoso edifício ***Grassy*** tem em seu topo uma cúpula neorrenascentista e oposto a ele, na Gran Vía 2, está o curvilíneo **Edificio Gran Peña**, ainda lar dos clubes para cavalheiros mais exclusivos da cidade. Além deles, mais longe da Gran Vía 28, brilha o vasto prédio da **Telefónica**, o primeiro arranha-céu na cidade, construído por um arquiteto americano no modelo de Chicago dos anos 1920. Subindo a Gran Vía, procure pelo bar **Chicote** em estilo Art Deco, à direita, no número 12. Suas paredes ainda são adornadas com fotos de ricos e famosos, de Frank

O Edificio Metropolis, localizado na Gran Via.

Dom Quixote e Sancho Pança na Plaza de España.

Sinatra a Ava Gardner, que uma vez se encontraram neste infame local frequentado por celebridades. *45 min. Metrô: Banco de España ou Callao.*

5 ★★ **Gran Vía: Plaza Callao para Plaza de España**. Os atraentes prédios Art Deco agrupados ao redor da Plaza Callao estão entre meus favoritos de toda a cidade. Inspirados pelas construções inovadoras e ousadas se espalhando nas cidades da América do Norte, muitos foram construídos como cinemas e ainda o são, alguns anunciando os filmes com painéis gigantescos, pintados a mão. Procure pelas belas e aerodinâmicas curvas do **Edificio Carrión** (Gran Vía 41), que abriga o teatro Capitol, o ambicioso **Palacio de la Prensa** (Plaza del Callao 4, usualmente adornado com enormes posteres de cinema pintados a mão) e o delicado **Palacio de la Música** (Gran Vía 35). O terceiro trecho da Gran Vía, até a Plaza España, foi construído em sua maior parte após a Guerra Civil e a mediocridade de sua arquitetura reflete o regime repressivo daquele tempo. Este trecho é, no entanto, recheada com as melhores cadeias de lojas espanholas, da Zara à Mango, oferecendo várias oportunidades para ótimas compras. *30 min. Metrô: Callao.*

6 **Nebraska**. Uma das lojas de uma pequena cadeia de cafés caseiros, este ponto brilhantemente iluminado (e, normalmente na Espanha, de não-fumantes) é muito popular entre os madrilenhos. Pare para tomar um sorvete ou um café, mas não fique para almoçar – você conseguirá uma bagatela melhor em outro lugar. *Gran Via, 55. ☎ 91-547016035. $-$$.*

7 ★ **Plaza de España**. A Plaza de España é um legado da era Franco, e nenhum outro lugar é tão bom nisso. Está carregada dos deprimentes blocos de escritórios e dois arranha-céus sem graça dos anos 1950, o Edificio España e a Torre de Madrid. A seca e empoeirada praça está resgatada pela fonte, que inclui uma estátua de bronze da maior criação de Cervantes, Dom Quixote (Don Quijote) e seu companheiro Sancho Pança (Sancho Panza). Para uma foto clichê e turística, mas divertida, não há lugar melhor. *10 min.*

8 ★★★ **Museo Cerralbo.** Escondido atrás da Plaza de España está o fascinante museu Cerralbo, uma coleção maravilhosamente eclética e íntima de trabalhos de arte agrupados em uma encantadora mansão do século XIX. Infelizmente, o museu está fechado há vários anos para reforma e, apesar de estar programado para reabrir em 2009, até esta data permanece incerta*. *(se aberto) 1hora. Metrô: Plaza de España.*

**Nota da edição brasileira: O museu foi reaberto em dezembro de 2010.*

Os Museus Exóticos de Madri

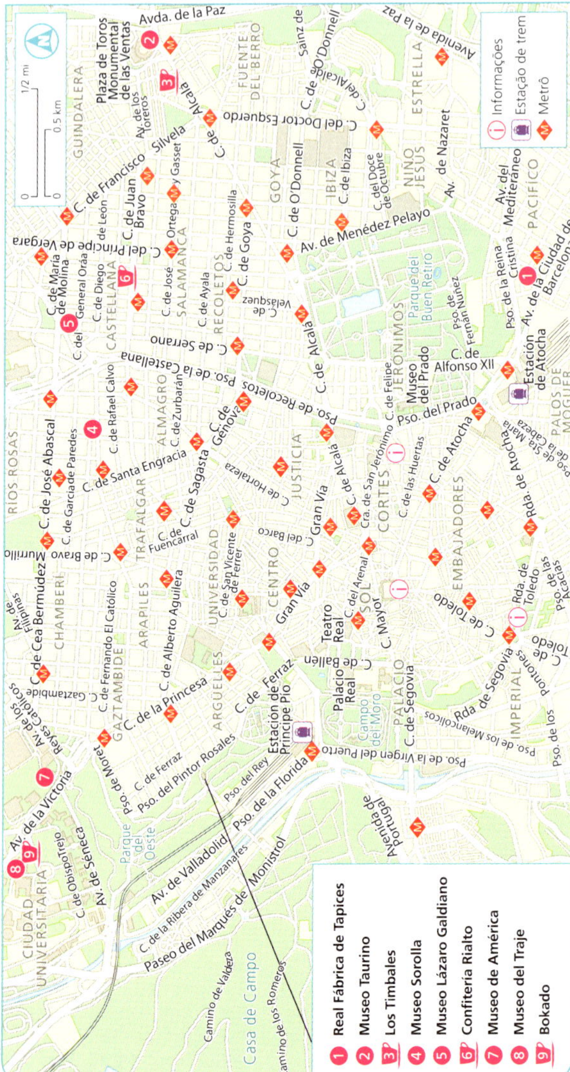

Os três excelentes museus de arte de Madri roubam a cena, mas há uma variedade de coleções curiosas espalhadas pela cidade, desde extraordinários tesouros de civilizações sul-americanas à moda espanhola do último milênio. Este passeio inclui instruções do metrô para ajudá-lo a chegar.

PONTO DE PARTIDA: Metrô para Atocha.

1 ★★ Real Fábrica de Tapices. Eu amo este museu por conta de toda a emoção que a história dele oferece. As delicadas tapeçarias são confeccionadas nos gigantescos teares de madeira da mesma forma como eram no século XVIII, quando Felipe V fundou a fábrica. O primeiro trabalho de Goya em Madri foi criar as complexas tapeçarias usadas para decorar os Palácios Reais. Já houve centenas de trabalhadores. Hoje são apenas alguns, mas o trabalho duro, de desfiar os brilhantes novelos de lã pelo tear, é maçante. Vá para o metrô, mude na estação Sol e saia em Ventas. *1 hora. Cl. Fuentarrabia, 2. ☎ 91-434-05-50. Ingressos: 3,50€ para adultos, gratuito para crianças até 12 anos. De segunda à sexta, de 10h às 14h. Metrô: Menéndez Pelayo Espanya.*

2 Museo Taurino. Sou fortemente contra as touradas, mas isso é parte da estrutura cultural da Espanha e o impressionante estádio Ventas é considerado sua "catedral" na Espanha. O museu anexo contém as roupas elaboradas de *toreros* famosos, como Manolete, que foi ferido aqui em 1947, bem como as cabeças dos touros mais raivosos. Para chegar ao próximo destino, pegue o metrô e desça três paradas depois em Rubén Dario. *30 min. Cl. Alcalá, 237. ☎ 91-725-18-57. Ingresso gratuito. De segunda a sexta, de 9h 30 às 14 h 30. Metrô: Ventas*

O antigo lar do pintor valenciano Joaquin Sorolla.

3 ★★ Los Timbales. Funcionando desde 1929, este local clássico é decorado com tijolos coloridos, cabeças de touros e fotografias de matadores famosos. Apareça para apreciar umas tapas ou um prato do fumegante *rabo de toro* (rabo de boi cozido). *Cl. Alcalá, 227. ☎ 91-725-07-68. $–$$.*

4 ★★ Museo Sorolla. A charmosa casa do pintor Valenciano Joaquin Sorolla (1853 – 1923), do século XIX, localiza-se em um pequeno, mas encantador jardim. Fontes fluem em pequenas piscinas azulejadas, pássaros gorjeiam entre plantas e o pequeno arco de trepadeiras, todo local é perfeito para fazer um piquenique. Dentro da casa, alguns dos melhores trabalhos de Sorolla, em estilo impressionista, foram agrupados em elegantes galerias e seu estúdio está exatamente como ele o deixou. Há uma caminhada de cinco minutos até a próxima parada. *1 hora. Paseo General Martínez Campos, 37. ☎ 91-310-15-84. http://museosorolla.mcu.es Ingressos: 3.50€ para adultos, gratuito para menores de 18 e maiores de 65. Gratuito aos domingos, nos dias 18 de*

Museo Lázaro Galdiano.

maio, 12 de outubro e 6 de dezembro. De terça a sábado, de 9 h 30 às 20h, domingos e feriados públicos, de 10h às 15h. Aberto até às 23 h 30 às quartas e quintas-feiras de meados de junho até o final de setembro. Metrô: Rubén Dario, Gregorio Marañón.

5 ★★★ **Museo Lásaro Galdiano**. Veja Explorando Madri em Três Dias, p. 20. Para chegar à próxima parada, pegue o metrô de Nuñes de Balboa até Moncloa, com uma baldeação em Callao. *1 hora. Metrô: Nuñes de de Balboa.*

6 ★★ **Confitería Rialto.** Sempre há filas se formando do lado de fora desta delicatessen próxima à estação do metrô de Nuñes Balboa, famosa pelas deliciosas *moscovitas* – uma divina combinação de chocolate, biscoito wafer, creme e amêndoas. Compre alguns pacotes – você não vai querer dividir com ninguém. *Cl. Nuñéz de Balboa, 86. ☎ 91-426-37-77. $-$$.*

O Museo de América abriga tesouros das culturas Inca, Maia e Asteca.

7 ★ **Museo de América**. Este grande museu em estilo antigo contém tesouros das grandes culturas das Américas, os Maias, os Incas e os Aztecas. Poucos turistas vêm até aqui, mas há alguns artefatos interessantes, tipicamente trazidos para a Espanha pelos exploradores gananciosos do Novo Mundo. Há máscaras aterrorizantes usadas em guerras, joalheria fina, manuscritos pintados e pedras misteriosamente gravadas. Descendo as escadas no lado oposto à entrada do museu, em direção à rua principal, vire à direita e você logo verá o Museo del Traje próximo à rotatória. *45 min. Av. Reyes Católicos, 6. ☎ 91-549-26-41. http://museodeamerica.mcu.es. Ingressos: 3,01€ para adultos, gratuito para menores de 18 e maiores de 65. Gratuito aos domingos, 18 de maio, 12 de outubro, 6 de dezembro. Metrô: Moncloa.*

8 ★★ crianças **Museo del Traje.** O museu do vestuário de Madri abriu em 2004 e tornou-se – muito apropriadamente – um lugar da moda. A coleção permanente (que é trocada regularmente) contém tudo, desde pequenos adornos funerários medievais

Real Madrid

O Real Madrid é um dos mais ricos, mais famosos e bem-sucedidos times de futebol no mundo. Fundado em 1902, o clube já ganhou La Liga 31 vezes, a Copa del Rey 17 vezes e a Copa Europeia 9 vezes, um recorde. Os ingressos para as partidas no estádio sede, o Santiago Bernabéu (que tem sua própria estação de metrô), são muito procurados – particularmente quando Los Merengues (os merengues, apelido dado por conta do uniforme branco) jogam com seus arquirrivais do FC Barcelona. Fãs de todas as idades vão curtir o museu do Real Madrid, que conta a história do clube e inclui um passeio pelo estádio. Estadio Santiago Bernabéu (ingressos na Janela 10, próximo ao Portão 7, no Paseo de la Castellana), ☎ 91-398-43-70 ou 902-30-17-09. www.realmadrid.es. Ingressos: 15€ para adultos e 10€ para menores de 14 anos. De segunda a sábado, de 10 h 30 às 19 h 30, aos domingos e feriados públicos de 10h 30 às 18h 30. Acessos limitados nos dias de partidas.

de partir o coração, que pertenceram à Infanta Maria, aos trajes estilosos dos madrileños *majos* e *majas* (trabalhadores que se vestiam de maneira elegante, imitando classes superiores) pintados por Goya. Os fashionistas vão adorar as delicadas peças de estilistas do século XX, variando de vestidos melindrosa bordados a roupas chiques para noite do lendário Balenciaga. Jovens que apreciam moda vão amar este lugar, mas as crianças de todas as idades vão adorar experimentar os modelitos antigos, bem como o passeio pela passarela na saída. Há um ótimo café para relaxar após sua visita. *45 min. Av. Juan de Herrera, 2. ☎ 91-550-47-00. Ingressos: 3€ para adultos, 1,50€ para estudantes, gratuito para menores de 18 e maiores de 65. De terça a sábado, de 9 h 30 às 19h. Aos domingos e feriados públicos 10h às 15h, aberto até 22 h 30 às terças nos meses de julho e agosto.*

9 ★★ **Bokado**. Este restaurante chique (veja Restaurantes de Madri de A a Z, p.100) no Museo del Traje possui um café anexo, com um agradável terraço de verão com vista para as fontes e gramados de veludo. Em uma tarde quente de verão, é uma bênção. *Cl. Elisabets, 9.* ☎ *93-270-13-63. $.*

Museo del Traje.

Madri para Crianças

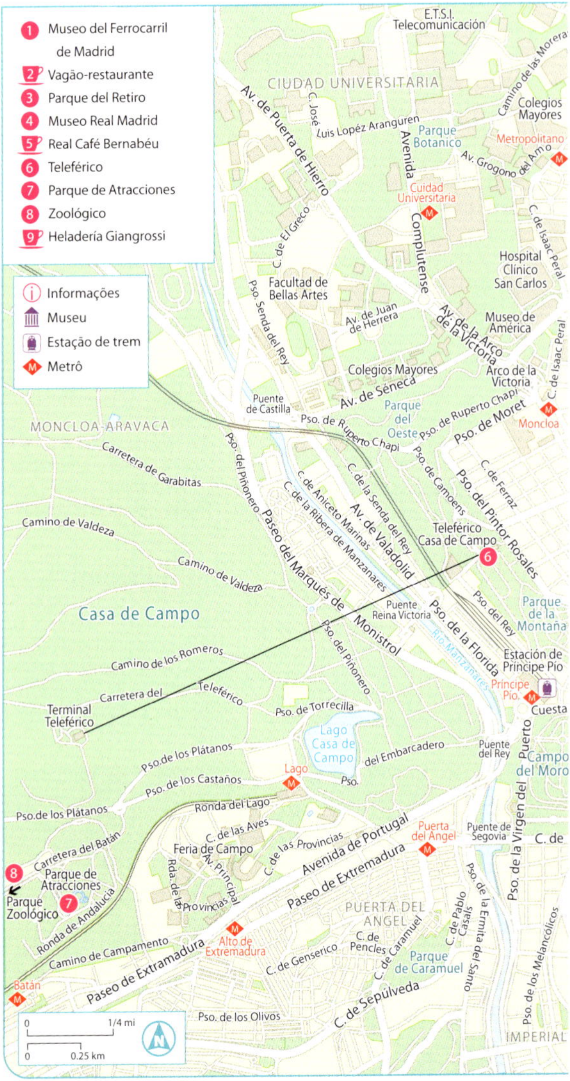

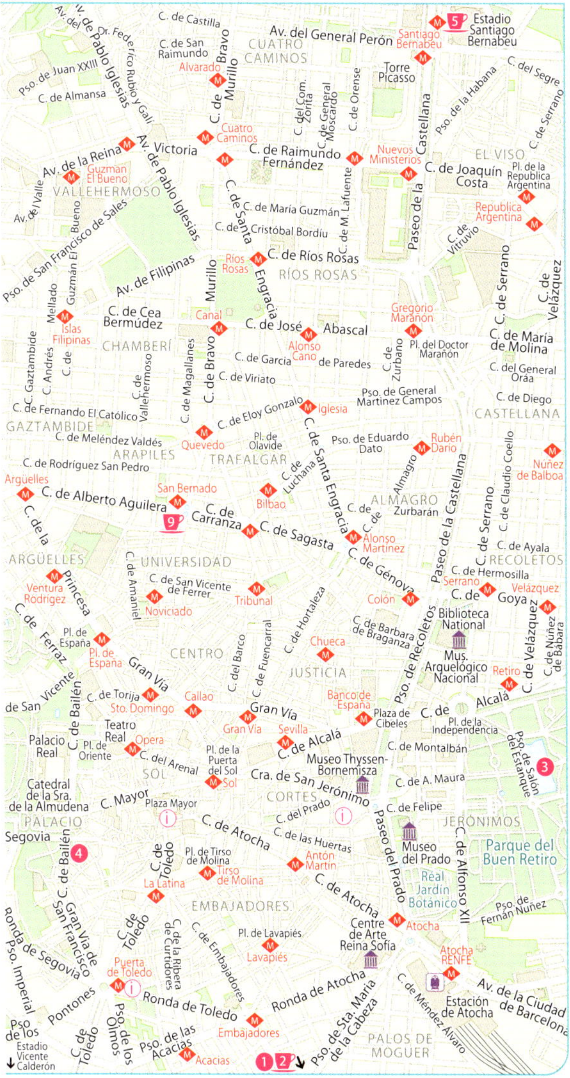
Estadio Santiago Bernabeu
Santiago Bernabeu
C. de Castilla
Av. del General Perón
CUATRO CAMINOS
C. de San Raimundo
Alvarado
Bravo
Murillo
C. de Murillo
Torre Picasso
C. del Segre
Pso. de la Habana
C. de Serrano
Pso. de Juan XXIII
C. de Almansa
Dr. Federico Rubio y Galí
Av. de Pablo Iglesias
C. del Com. Zorita
C. de General Moscardó
C. de Orense
Castellana
Cuatro Caminos
Victoria
C. de Raimundo Fernández
Nuevos Ministerios
EL VISO
Av. de la Reina
Guzman El Bueno
VALLEHERMOSO
Av. del Valle
C. de Joaquín Costa
Pl. de la República Argentina
República Argentina
C. de Santa Engracia
C. de María Guzmán
C. de M. Lafuente
Paseo de la Castellana
C. de Cristóbal Bordíu
C. de Vitruvio
Pso. de San Francisco de Sales
Guzmán El Bueno
Av. de Filipinas
Ríos Rosas
C. de Ríos Rosas
RÍOS ROSAS
C. de Velázquez
Mellado
C. de Cea Bermúdez
Canal
C. de José Abascal
Gregorio Marañón
Islas Filipinas
CHAMBERÍ
Alonso Cano
Pl. del Doctor Marañón
C. de María de Molina
C. Gaztambide
C. Andrés
C. de Vallehermoso
C. de Magallanes
C. de Bravo Murillo
C. de García de Paredes
C. de Zurbano
C. del General Oráa
C. de Viriato
Pso. de General Martínez Campos
C. de Diego
C. de Fernando El Católico
C. de Eloy Gonzalo
Iglesia
CASTELLANA
GAZTAMBIDE
C. de Meléndez Valdés
Quevedo
Pl. de Olavide
Pso. de Eduardo Dato
Rubén Darío
ARAPILES
TRAFALGAR
C. de Luchana
C. de Almagro
C. de Claudio Coello
Núñez de Balboa
C. de Rodríguez San Pedro
Argüelles
San Bernado
C. de Alberto Aguilera
Bilbao
ALMAGRO
C. de Zurbarán
C. de Carranza
C. de Sagasta
C. de Santa Engracia
Alonso Martínez
C. de Serrano
C. de Ayala
C. de la Princesa
ARGÜELLES
UNIVERSIDAD
C. de Génova
RECOLETOS
C. de Hermosilla
Ventura Rodríguez
C. de San Vicente de Ferrer
Tribunal
Serrano
Velázquez
C. de Amaniel
Noviciado
Colón
C. de Goya
C. de Ferraz
C. de Hortaleza
C. de Barbara de Braganza
Pso. de Recoletos
Biblioteca National
Pl. de España
Chueca
Mus. Arqueológico Nacional
C. de Núñez de Bábara
CENTRO
C. del Barco
C. de Fuencarral
JUSTICIA
Retiro
Gran Vía
C. de Torija
Sto. Domingo
Callao
Banco de España
C. de Alcalá
de San Vicente
C. de Bailén
Teatro Real
Plaza de Cibeles
Pl. de la Independencia
Palacio Real
Pl. de Oriente
Opera
Sevilla
C. de Montalbán
Pso. de Salón del Estanque
C. del Arenal
Pl. de la Puerta del Sol
Museo Thyssen-Bornemisza
Sol
Cra. de San Jerónimo
C. de A. Maura
SOL
Catedral de la Sra. de la Almudena
C. Mayor
Plaza Mayor
CORTES
C. del Prado
C. de Felipe
Paseo del Prado
PALACIO
C. de Atocha
JERÓNIMOS
Segovia
C. de las Huertas
Museo del Prado
Parque del Buen Retiro
C. de Toledo
Pl. de Tirso de Molina
Antón Martín
Tirso de Molina
Réal Jardín Botánico
C. de Alfonso XII
La Latina
EMBAJADORES
Pso. de Fernán Núñez
Gran Vía de San Francisco
Centre de Arte Reina Sofía
Atocha
Ronda de Segovia
C. de la Ribera de Curtidores
C. de Embajadores
Pl. de Lavapiés
Lavapiés
Atocha RENFE
Pso. Imperial
Puerta de Toledo
Ronda de Atocha
C. de Méndez Álvaro
Av. de la Ciudad de Barcelona
Estación de Atocha
Pontones
Ronda de Toledo
Pso. de Sta. María de la Cabeza
Pso. de los Olmos
Embajadores
Pso. de las Acacias
PALOS DE MOGUER
Pso. de los
Estadio Vicente Calderón
Acacias

Os museus de arte de Madri podem deixar suas crianças resfriadas, mas a cidade possui muito a oferecer para os visitantes mais jovens. Elas podem brincar em botes, passear num trem a vapor, flutuar pela cidade em um teleférico, rugir com os leões no zoológico ou jogar bola em algum dos gloriosos parques. As crianças são paparicadas em todos os lugares e, a não ser nos restaurantes esnobes, meu filho fez amigos em todos os bares de tapas da cidade. PONTO DE PARTIDA: **Metrô para Delicias.**

1 ★★ **Museo del Ferrocarril de Madri**. Justificadamente um dos favoritos entre as famílias madrilenhas, o extremamente agradável museu do trem possui uma coleção de trens históricos em que se pode subir e fingir ser maquinista, modelos de ferrovias e um vagão restaurante da década de 1920 belamente restaurado. É gratuito aos sábados, o que significa que há multidões, mas seus filhos vão adorar correr com as crianças espanholas. *1 hora. Paseo de las Delicias, 61. ☎ 902-22-88-22. www.museodelferrocarril.org. Ingresso: 4€ para adultos, 2,50€ para crianças de 4 a 12 anos, gratuito para menores de 4 anos. Gratuito aos sábados. De terça a domingo, das 10h às 15h. Permanece fechado em agosto. Metrô: Delicias.*

2 ★ **Vagão-restaurante**. Eu amo este belo vagão-restaurante restaurado, com painéis felpudos de madeira, assentos dobráveis de couro e belas luminárias. *Museo del Ferrocarril. ☎ 902-22-88-22. $.*

3 ★★ **Passeando de barco no Parque del Retiro**. Os gloriosos Jardins do Retiro são um paraíso para crianças de todas as idades. Há varias áreas para brincar (incluindo um parque de aventuras) agrupadas próximo à entrada Puerta de Alcalá, mas o melhor de tudo é o magnífico lago para navegar. Traga um saco de farelo de pão para alimentar as gordas carpas ou alugue um dos botes a remo para um passeio agradável. Se você preferir deixar alguém (ou algo) trabalhar por você, pague um passeio em um dos pequenos barcos movidos a energia solar. *1 hora. Sem telefone. Parque del Retiro. Botes para aluguel, disponíveis de 10h ao cair da tarde, 4,40€. Botes movidos a energia solar 1,15€ para adultos, gratuito para menores de 2 anos, das 10 h ao cair da tarde. Metrô: Retiro ou Banco de España.*

4 ★★ **Museo Real Madrid.** Veja o box na p.47 (Os Museus Exóticos de Madri). *1 hora.*

Atrações para Crianças ao Redor de Madri

Há uma variedade de grandes parques temáticos em toda Madri para manter as crianças felizes por pelo menos um dia. Saia com o Patolino ou o Zé Colmeia no Parque Warner (www.parquewarner.com), curta os pinguins e flamingos no jardim botânico Faunia (www.faunia.es) ou vença o calor do verão no parque aquático Aquopolis (www.aquopolis.es). As crianças podem até mesmo aprender a esquiar no único centro de esqui *indoor* da Espanha, o Xanadú (www.millsxanadu.com), aberto o ano todo.

Passeio no lago do Parque del Retiro.

5 ★ **Real Café Bernabéu.** Um restaurante brilhantemente projetado e um café com vistas incomparáveis de um dos estádios de futebol mais famosos do mundo. *Av. Concha Espina, 1 (Portão 30 do Estádio). ☎ 91-458-36-67. $–$$.*

6 ★★ **Teleférico**. Veja Explorando Madri em Três Dias, p.21, para informações sobre o bonde. *30 min. Paseo del Pintor Rosales, s/n. ☎ 91-541-11-18. www.teleferico.com. Metrô: Argüelles.*

7 ★ **Parque de Atracciones**. Para os caçadores de emoções de todas as idades, não há lugar melhor do que o Parque de Diversões de Madri na Casa de Campo. As crianças mais velhas vão amar a montanha-russa Tornado ou o Rotor para girar as cabeças, enquanto as menores podem curtir várias atrações mais tranquilas. *2 horas. Casa de Campo. ☎ 91-563-29-00. www.parquedeatracciones.es. Ingressos e passeios ilimitados 27,50€ para adultos, 18€ para crianças de 3 a 6 anos e idosos, gratuito para menores de 3 anos. Os horários de abertura variam: verifique no site. Metrô: Casa de Campo ou Teleférico e 15 minutos de caminhada.*

8 ★ **Zoológico**. A uma pequena caminhada além do Parque de Atracciones está o Zoológico-Aquário de Madri. Pandas, elefantes, tigres, golfinhos e leões marinhos vão manter suas crianças felizes e entretidas. Os mais pequeninos vão adorar La Pequeña Granja (o pequeno zoológico) com ovelhas e macacos para se brincar. *2 horas. Casa de Campo. ☎ 91-512-37-70. Ingresso: 17,90€ para adultos, 14,50€ para crianças de 3 a 7 anos e idosos, gratuito para menores de 3 anos. Os horários de abertura variam: verifique o site. Fechado em janeiro. Metrô: Casa de Campo ou Teleférico e 15 minutos de caminhada.*

9 ★ **Heladeria Giangrossi.** De volta ao centro da cidade, suas crianças merecem (e você também) um suntuoso sorvete italiano preparado com os ingredientes mais frescos, sem aditivos. Eu sou viciado no famoso sorvete Dulce de Leche (doce de leite). *Cava Baja, 40. ☎ 902-44-41-30. $.*

Fortes emoções no Parque de Atracciones.

Saboreando as Tapas de Madri

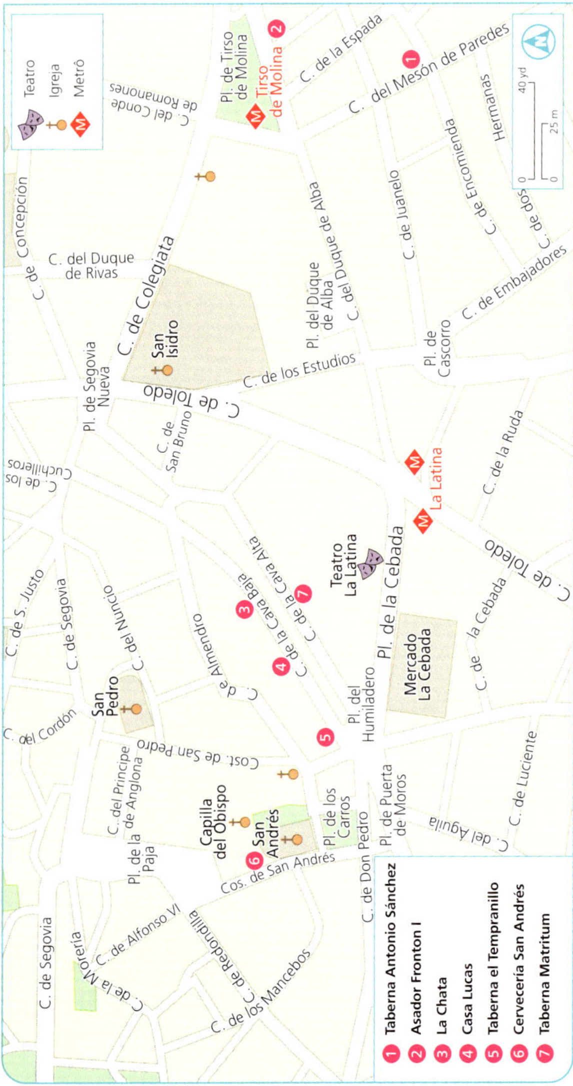

Tapas são peças centrais na culinária de Madri e um passeio pelos bares de tapas da cidade é uma experiência gastronômica das mais agradáveis e amigáveis em qualquer um dos estabelecimentos. Escolhi um dos distritos de bares mais popular da cidade, La Latina, portanto tente visitar durante a semana para evitar as multidões. PONTO DE PARTIDA: **Metrô para Plaça de Catalunya.**

A fachada colorida do La Chata.

1 ★★★ Taberna Antonio Sánchez. Esta taverna à moda antiga foi fundada por um ex-toureiro e é decorada com cabeças de touros, fotografias e artigos de jornal. Puxe um dos bancos de madeira e peça os ***chipirones en su tinta*** (lulas pequenas), o clássico ***madrilenho callos*** (miúdos) ou os ***croquetas*** (croquetes) caseiros. *30 min. Cl. Mesón de Paredes, 13. ☎ 91-539-78-26. Metrô: Tirso de Molina.*

Taberna Antonio Sánchez.

2 ★★ Asador Fronton I. Este rústico restaurante navarro é famoso por suas carnes assadas, mas também serve deliciosas tapas, incluindo ***pimientos de piquillo*** (pimentas recheadas), em um grande e popular terraço na Plaza Tirso de Molina. *30 min. Plaza Tirso de Molina, 7. ☎ 91-369- 16-17. Metrô: Tirso de Molina.*

3 ★★ La Chata. A Cava Baja desce da Plaza Segovia, repleto de alguns dos melhores bares de tapas. La Chata é uma taverna ***castizo*** (genuína) com a atmosfera e lembranças das touradas. A especialidade da casa é o ***rabo de toro*** (rabo de boi cozido), mas eu prefiro o peixe frito à Andaluzia (***fritura de pescado***) com uma taça de vinho. *30 min. Cl. Cava Baja, 24. ☎ 91- 366-14-58. Fechado às terças e quartas-feiras para o almoço. Metrô: Alonso Martínez.*

4 ★★★ Casa Lucas. Mais abaixo, à direita, a pequena Casa Lucas possui uma seleção excelente de vinhos vendidos por

Tapas para Iniciantes

As Tapas, em Madri, variam de pratos simples de azeitonas para criações gourmet preparadas com champanhe e foie gras. Mas os bares mais tradicionais da cidade servem os seguintes clássicos: ***Croquetas***, croquetes de purê de batata com diferentes recheios, normalmente ***jamón*** (presunto) ou ***bacalao*** (bacalhau). ***Patatas bravas***, pedaços de batatas fritas mergulhados em molho picante, que os espanhóis afirmam terem sido inventadas aqui. ***Tortilla***, um grosso omelete de batata, é outro clássico. Muitos lugares servem mexilhões conservados em óleo e vinagre: experimente os ***mejillones*** (mexilhões), ***almejas*** (vieiras) ou ***anchoas*** (anchovas). Camarões grelhados (gambas), algumas vezes servidos ao molho de alho (al ajillo) também são populares. Todos estes são comumente acompanhados por um copo de chope (*una caña*) ou vinho (*vino tinto* é o tinto, ***blanco*** é o branco e ***rosado*** é o rosé). Assim como os presuntos e os queijos, uma grande variedade de carnes defumadas está disponível, incluindo a ***morcilla*** (pudim escuro ou linguiça de sangue, similar ao chouriço brasileiro). Para os mais aventureiros, o madrilenho clássico é o ***callos*** (tripas).

taça e as tapas são frescas e criativas. *30 min. Cl. Cava Baja, 30. ☎ 91-365-08-04. Fechado às quartas para o almoço. Metrô: La Latina.*

5 ★★★ **Taberna el Tempranillo.** Em um passeio para Cava Baja há mais grandes vinhos a experimentar aqui e outra variedade de tapas. Os presuntos, que incluem uma seleção de cortes incomuns, são sempre uma opção tentadora. *30 min. Cl. Cava Baja, 38. ☎ 91-364-15-32. Metrô: La Latina.*

Taberna Matritum.

6 ★★★ **Cerveceria San Andrés**. A Cava Baja sai na Plaza del Humilladero e do outro lados está a Cerveceria San Andrés, com um grande terraço de verão. As tapas são básicas, mas saborosas, com clássicos como as *patatas bravas* para absorver o álcool. *30 min. Plaza San Andrés, 4 . ☎ 91-364-15-32. Metrô: La Latina.*

7 ★★★ **Taberna Matritum**. Paralela à Cava Baja há outra rua com bares, a Cava Alta. À direita está a taberna Matritum, íntima e elegante, também especializada em vinhos. Eles possuem uma lista extensa, que inclui marcas exclusivas e vinhos raros de ótima qualidade. Peça ajuda ao pessoal da casa. Entre minhas tapas favoritas estão as de berinjelas assadas com tomates secos e eles também servem sobremesas deliciosas. Se você ainda tiver forças, pode continuar pela Cava Alta para encontrar numerosos bares de tapas, incluindo o Bibendum no número 13, e Cava Blanca 7. *30 min. Cl. Cava Alta, 16. ☎ 91-365-82-37. Somente à tarde, exceto nos finais de semana. Metrô: La Latina.*

3 Passeando **pelos Bairros**

Santa Ana: Barrio de las Letras

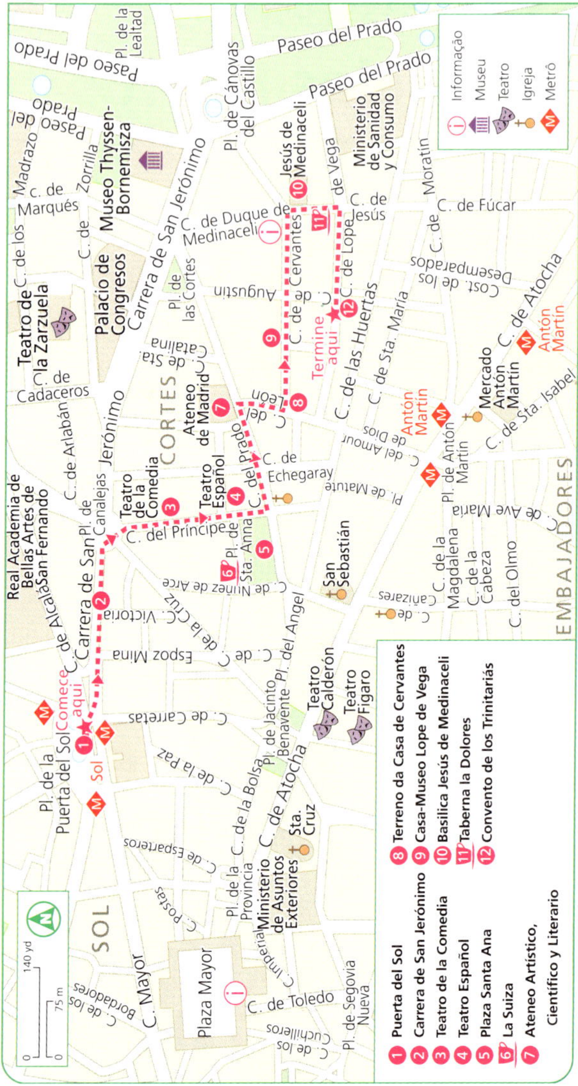

Santa Ana tem sido há muito tempo o bairro mais boêmio de Madri. Escritores e dramaturgos como Cervantes e Lope de Vega viveram (e discutiram) aqui durante a era dourada do século XVI e intelectuais discutiram sobre poesia e políticas nos lendários cafés e bares do século XIX. Hoje é um elegante distrito de vida noturna e as memórias dos gigantes literários vivem nas ruas históricas. **PONTO DE PARTIDA: Metrô para Sol.**

1 ★ **Puerta del Sol**. Veja p.15, Explorando Madri em Dois Dias, para mais informações sobre esta praça central.

2 ★ **Carrera de San Jerónimo.** Partindo da Puerta del Sol, desça a Carrera de San Jerónimo, parando para ver a placa na esquina com a Calle Victoria, que lembra um lendário café literário já há muito fechado, o **Fontana del Oro**. Mais à frente, você pode admirar as deliciosas massas nas janelas do **Casa Mira**. Mais adiante, no número 8, está a **L'Hardy**, um magnífico café e restaurante não restaurado que tem sido o favorito dos escritores desde que abriu, em 1839. Aparentemente, a rainha Isabel II entretinha seus amantes na sala de jantar do segundo andar. *20 min.*

3 ★ **Teatro de la Comedia.** Quando o Rei Alfonso XII inaugurou o teatro de la Comedia, com suas curvas de ferro batido, na Calle Príncipe 14, em 1875, foi considerado o mais moderno, belo e confortável da cidade. Hoje é sede da Compañia Nacional de Teatro

Teatro de la Comedia.

Clásico e, que produz dramas espanhóis clássicos excelentes, está fechada para

Cervantes e Dom Quixote

Dom Quixote é possivelmente o personagem literário mais famoso do mundo. O conto do cavaleiro iludido, que com a ajuda de seu rechonchudo parceiro Sancho Pança se inclinou sobre os moinhos e procurou o amor de Dulcinéa, é um clássico muito adorado. Miguel de Cervantes (1547-1616), o autor de *Dom Quixote*, teve uma vida quase tão excitante quanto a de seu cavaleiro magricela, participando de grandes batalhas marítimas, sendo capturado como escravo e retornando para a Espanha somente para passar anos preso por causa de suas dívidas. O reconhecimento internacional (embora com pouco retorno financeiro) veio com a publicação de *Dom Quixote* em 1605 e Cervantes já estava falido novamente quando morreu, em 1616.

reformas (a companhia de teatro está temporariamente abrigada no Teatro Pavón). *10 min.*

4 ★★ **Teatro Español.** O Teatro Español é o teatro mais histórico da cidade, que tem suas origens em um curral do século XVI, apesar de o prédio atual datar somente de 1807. Muitas das obras-primas espanholas tiveram suas ***premières*** neste teatro, incluindo a ***Yerma*** de Lorca, que estreou aqui em 1934 (e foi muito bem recebida). *10 min. Cl. Príncipe, 35. ☎ 91-360-14-84. Metrô: Sol.*

5 ★★ crianças **Plaza Santa Ana.** O coração do Barrio de las Letras é a anárquica Plaza Santa Ana, cercada por todos os lados de bares e cafés. As crianças gritam nos parquinhos, enquanto seus pais olham dos terraços dos cafés e os músicos itinerantes com os olhos brilhando, observam atentamente, cada turista. *30 min. Metrô: Sol.*

O Teatro Español é o maior teatro histórico da cidade.

6 **La Suiza.** Montada em 1858, esta pitoresca ***pastissería*** (um tipo de padaria que vende doces finos) é ao mesmo tempo uma loja e um café e possui um fabuloso espaço em uma parte da praça. Experimente os doces com recheio de creme ou cobertura de frutas que são de dar água na boca. *Plaza Santa Ana, 2. ☎ 91-521-08-11. $.*

7 **Ateneo Artístico, Científico y Literario**. Seguindo a Calle Prado após a Plaza Santa Ana, você chega ao Ateneo no número 21. Esta venerável instituição foi fundada em 1820 e estabelecida aqui desde os anos 1930 para promover o estudo das artes e das ciências. A antiga biblioteca gloriosa (não é propriamente aberta ao público, mas pode ser que o porteiro deixe você dar uma olhada), com suas prateleiras de madeira brilhante, permanece como um magnífico testamento aos ideais da era do Iluminismo. *10 min. Cl. Prado, 21. Metrô: Antón Martín.*

8 **Terreno da Casa de Cervantes**. Pegue a Calle León até a esquina com a Calle Cervantes. Muitos poucos lugares associados com o pobre Cervantes, hoje universalmente reconhecido como o maior escritor da Espanha, sobreviveram aos séculos. Sua casa modesta, que já esteve aqui neste pequeno quadrado há muito perdido foi demolida em 1833 e uma modesta placa é tudo o que sobrou. *10 min.*

9 ★★ **Casa-Museo Lope de Vega.** Lope de Vega (1562-1635) foi um dramaturgo produtivo, criando algumas das melhores peças do século XVI. Aqui, nesta casa charmosamente restaurada, ele se refugiou de sua caótica vida amorosa (duas esposas, várias amantes e um tempo na prisão após ser rejeitado por uma bela madrilenha chamada Elena Osirio) e produziu rapidamente muito de seu imenso trabalho em seu escritório.

30 min. Cl. Cervantes, 11. ☎ 91-429-92-16. De terça a sexta, das 9h 30 às 14h e aos sábados, de 10h às 14h. Metrô: Antón Martín.

10 ★ Basilica Jesús de Medinaceli. Continue descendo até o fim da Calle Cervantes e vire à esquerda para descobrir a Basilica Jesús de Medinaceli. Esta igreja, terminada em 1930, é dedicada à proteção de uma das mais veneradas estátuas da cidade, a Cristo de Medinaceli, do século XVII. De acordo com a lenda, a estátua foi roubada por exércitos norte-africanos, que demandaram um resgate equivalente a seu peso em ouro. No entanto, quando a estátua foi colocada na balança, descobriu-se que, milagrosamente, ela pesava o mesmo que uma única moeda. Durante a Era Dourada, as três mais belas atrizes (todas chamadas Maria) apareciam para a missa de Domingo em suas melhores roupas, para distração da congregação e fúria do padre. Centenas de pessoas se juntam nas tardes de sexta-feira para beijar os pés da estátua. *Cl. del Duque de Medinaceli, s/n. ☎ 91-364-40-50. Diariamente de 8 às 12 h 30 e 18 às 21 h. Metrô: Antón Martín.*

11 ★ Taberna la Dolores. Delicadamente azulejada e resolutamente antiga, a Taberna de Dolores é um farol de continuidade em um *barrio* tomado pela mudança e pela renovação. Plaza de Jesús, 4. *☎ 91-429-22-43. $.*

Placa comemorativa da Calle de Lope de Vega.

12 ★ Convento de las Trinitariás. Vire à direita na Calle Lope de Vega e siga o sombrio muro de pedra do Convento de Las Trinitariás. As filhas de Cervantes e de Lope de Vega foram freiras aqui e quando Cervantes morreu, atingido pela pobreza, em 1516, foi enterrado na igreja do convento. Infelizmente seus ossos (como os de Lope de Vega) foram perdidos, mas é lembrado apenas por uma grande placa de mármore na parede. *15 min. Cl. Lope de Vega, s/n. Metrô: Antón Martín.*

Chueca e Malasaña: Compras e Vida Noturna

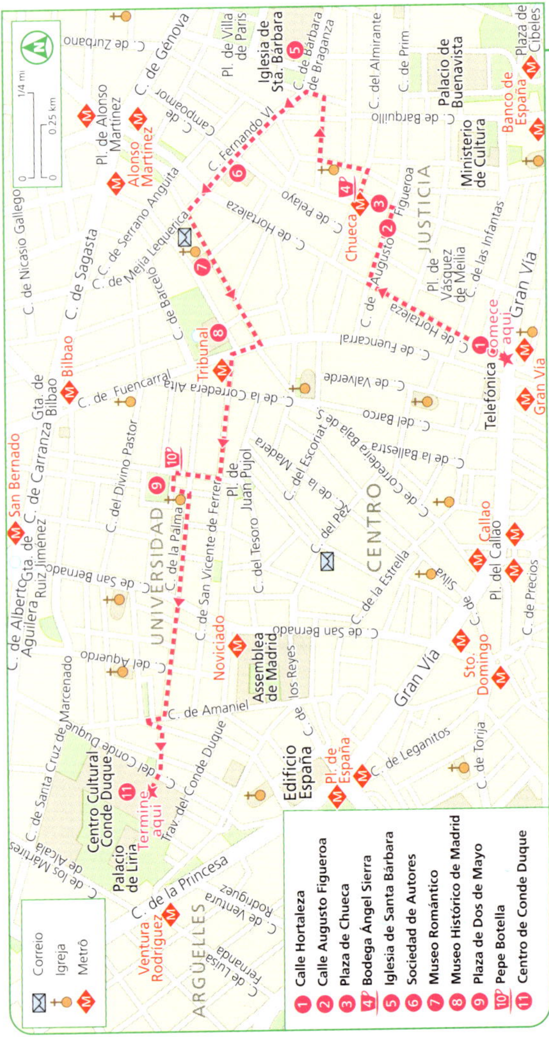

Os bairros boêmios de Chueca e Malasaña estouraram em anos recentes, apesar de permanecerem decadentes em seus limites. Chueca, a vibrante região gay da cidade, é muitas vezes chamado de "SoHo de Madri" e ostenta butiques de grandes estilistas e restaurantes, enquanto os numerosos bares de Malasaña atraem uma turma mais jovem e alternativa. Penso que este passeio é melhor no fim da tarde. **PONTO DE PARTIDA:** **Metrô para Gran Vía.**

1 ★ **Calle Hortaleza.** Calle Hortaleza é hoje a principal rua de compras de Chueca, com dezenas de lojas e cafés que atraem os grupos mais descolados à procura de algo diferente. Eu adoro os vestidos esvoaçantes na H.A.N.D. (Have A Nice Day) no nº 26 e os chapéus na Cocoa (número 28). Modelos elegantes para homens e mulheres podem ser encontrados na Coorleone's Company no nº 37, que exibe estilistas brasileiros que são revelações da moda. *20 min. Metrô: Gran Vía.*

2 ★ **Calle Augusto Figueroa.** Eu amo sapatos e várias pontos de vendas de marcas famosas estão agrupadas aqui, com uma fantástica variedade de sapatos para homens e mulheres. Vasculhe por modelos da Púra Lopez, Farrutx, Dorotea e Audley. *30 min. Metrô: Chueca.*

3 ★★ **Plaza de Chueca.** A Calle Barbieri o leva para o coração do bairro, a agradável Plaza de Chueca. Os cafés antigos em estilo anos 1960 se espremem entre butiques como a **L'Habilleur** no nº 8 (com modelos em promoção), todas presididas pela história **Bodega Ángel Sierra,** todo forrado em madeira (este estava fechado por tapumes no momento em que este livro era escrito). *30 min. Metrô: Chueca.*

4 ★★ **Bodega Ángel Sierra**. Uma das tavernas sobreviventes mais velhas, a delicada bodega é uma parada obrigatória em Chueca. Trouxeram-me aqui em uma das minhas primeiras visitas à cidade e o vermute gelado acompanhado de uma anchova envolta em azeite continua sendo uma memória feliz. *Cl. Gravina, 16. ☎ 91-531-01-26. $.*

5 ★ **Iglesia de Santa Bárbara.** Ande um pouco pela Plaza de Santa Bárbara, centro de um pequeno bairro residencial e bem diferente do resto de Chueca. A esplêndida igreja barroca uma vez

Lojas de marcas famosas na Calle Augusto Figueroa.

Bodega Ángel Sierra.

formada a partir de um imenso complexo de monastérios, estabelecida por Bárbara de Bragança (1711-1758), esposa de Fernando VII (1713-1759), como um lugar de retiro em antecipação à sua viuvez. No entanto, ela morreu antes do marido e ambos estão enterrados nos delicados túmulos de mármore dentro da igreja (que abre somente para missas). O principal prédio do monastério contém hoje o *Tribunal Supremo* (a mais alta corte da Espanha). *30 min. Cl. Bárbara de Braganza, 1-3. ☎ 91-319-48-11. Metrô: Chueca or Colón.*

6 ★★ **Sociedad de Autores**. Retorne para a Calle Hortaleza ao longo da Calle Fernando VI para descobrir o **Palacio Longoria** (1902), de cor creme, é decorado com espirais parecidas com glacê de açúcar. Este é o melhor prédio modernista de Madri e é lar da Sociedade de Autores, que recebe os direitos autorais pelos escritores espanhóis. O palácio não é aberto ao público, mas você pode tentar conversar com o porteiro para deixá-lo olhar a vasta escadaria. *15 min. Cl. Fernando VI, 4. ☎ 91-349-95-50. Metrô: Alonso Martínez.*

7 ★ **Museo Romántico.** Montado em um palácio do século XVIII, este museu contém uma coleção excêntrica de pinturas do século XIX, móveis, livros e curiosidades reunidas pelo fundador do museu, o Marquês de Vega-Inclán. Como está fechado indefinidamente para restauração, você terá de se contentar com uma olhada na bela, mas gasta fachada*. *15 min. Cl. San Mateo, 13. ☎ 91-448-01-63. http:museoromantico.mcu.es. Metrô: Tribunal.*

8 ★ **Museo Histórico de Madri.** O Hospital de San Fernando, do século XVIII, hoje o museu histórico da cidade, ostenta um fabuloso portal *churrigueresco* (barroco mexicano) do arquiteto Pedro de Ribera, encrustada

La Movida

Quando Franco morreu, em 1975, encerrando 35 anos de repressão artística, a cena cultural alternativa de Madri (particularmente a música, filmes e a moda) explodiu. Chamada de "La Movida", o movimento teve seu pico no início dos anos 1980, centrado em Chueca. O velho *barrio* estava um tanto largado e acabado, com sua população de viciados, prostitutas e madrilenhos idosos pobres demais para deixá-lo, mas viveu um renascimento quando os artistas apareceram para aproveitar os baixos preços de aluguel. Durante o dia, as rachaduras ainda aparecem, mas à noite, multidões de pessoas bonitas saem para apreciar a vida noturna.

* *Nota da edição brasileira: O museu foi reaberto em dezembro de 2009, com o novo nome de Museu del Romantismo.*

com espirais extravagantes e vale parar para ver. O museu está passando atualmente por uma grande restauração e estava fechado no momento em que este livro estava sendo escrito. *15 min. Cl. Fuencarral, 78. ☎ 91-701-18-63. www.munimadrid.es/museodehistoria. Metrô: Tribunal.*

9 ★★ crianças **Plaza de Dos de Mayo.** Esta é uma das minhas praças madrilenhas favoritas. Durante o dia, o lugar é calmo – fora as crianças no pequeno "parquinho". Durante a noite, está repleta de jovens, que lotam os numerosos bares aqui agrupados. O nome comemora um dos eventos mais trágicos da história de Madri, o massacre de cidadãos pelas tropas napoleônicas, que aconteceu em 2 de maio de 1808. Uma costureira local, Manuela Malasaña, hoje uma heroína popular, foi assassinada por se defender com sua tesoura. Os dois comandantes que organizaram a revolta contra os franceses, Daoíz e Velarde, são celebrados em uma estátua dupla. O arco por trás deles é tudo o que restou de suas casernas, que antigamente ocupavam a praça. *10 min.*

10 **Pepe Botella.** Um clássico no canto da Plaza Dos de Mayo, este café-bar, ao mesmo tempo retrô e chique, é um dos favoritos entre os atores mais alternativos, diretores de cinema e escritores. É um ponto agradável para um café durante o dia, mas fica bem movimentado à noite. *Cl. San Andrés, 9. ☎ 91-522-43-09. $.*

11 ★ **Centro de Conde Duque**. Um edifício de tijolos vermelhos imenso com um delicado portal barroco, ele foi construído em 1717 para abrigar a Guarda Real. Hoje é uma importante instituição cultural, com um programa amplo que vai de exposições de arte, concertos de música e festivais flamencos. Também abriga a interessante coleção de arte contemporânea da cidade. As ruas no entorno estão repletas de cafés e bares artísticos. *1 hora. Cl. Conde Duque, 11. ☎ 91-588-58-34. O museu abre de terça à sábado, de 10h às 14h e de 18h às 21h. Domingos e feriados públicos de 10 h 30 às 14h. www.munimadrid.es/condeduque. Metrô: Ventura Rodriguez.*

Plaza de Dos de Mayo.

La Latina e Lavapiés

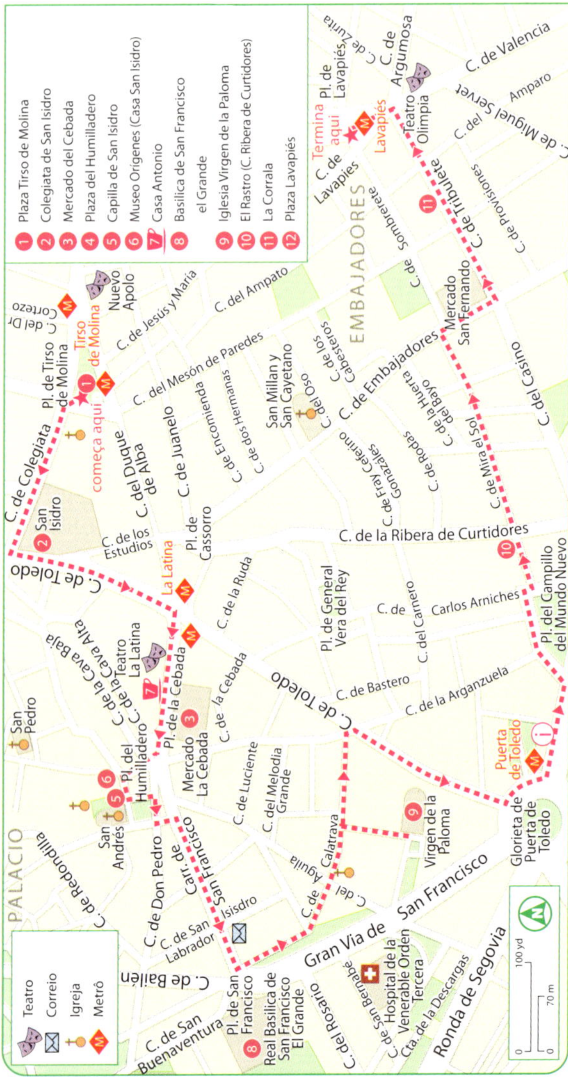

As vizinhanças em ruínas de La Latina e Lavapiés se expandem descendo as ladeiras desde a grandiosa Plaza Mayor. Tradicionalmente ocupadas pelas classes mais pobres da cidade, hoje as áreas são populares e multiculturais – ainda que em condições precárias. A renovação tomou conta de La Latina, onde muitos dos melhores bares de tapas da cidade estão concentrados, e Lavapiés hoje é o lar de uma nova leva de imigrantes, particularmente chineses e norte-africanos. PONTO DE PARTIDA: **Metrô para Tirso de Molina.**

1 ★ crianças **Plaza Tirso de Molina.** As pessoas costumavam passar aceleradas por esta praça, esperando evitar pessoas estranhas. Hoje remodelada, as crianças locais podem brincar no parquinho enquanto seus pais olham dos terraços dos cafés e os vendedores de flores trabalham em modernas cabines de aço e madeira. Nas tardes de verão, praticamente não há um lugar disponível. A praça ganhou esse nome por conta do dramaturgo da era dourada, Tirso de Molina (1583-1648), cuja estátua sobreviveu às renovações. *20 min. Metrô: Tirso de Molina.*

2 ★ **Colegiata de San Isidro.** Uma pequena caminhada para o oeste vai levar você à Calle Toledo e ao imenso e triste Colegiata de San Isidro. Este foi construído pelos Jesuítas no século XVII mas, após terem sido expulsos da Espanha em 1767, a igreja foi remodelada e foi dedicada ao patrono da cidade, San Isidro, e sua esposa. Os restos dos dois são mantidos em urnas elaboradas no altar principal. *20 min. Cl. Toledo, 37.* ☎ *91-364-40-50. Aberto somente para missas Metrô: La Latina.*

3 ★★ **Mercado de la Cebada.** Penso que este é o melhor mercado central dos produtos de Madri, com uma maravilhosa seleção de frutas, vegetais, peixe fresco e carne de qualidade. O exterior encardido, no estilo dos anos 1960, pode não ser tão atraente para muitos, mas eu gosto de suas linhas e curvas suaves. *40 min. Plaza Cebada, s/n.* ☎ *91-365-91-76. De segunda à*

Mercado de la Cebada.

sábado de 8h 30 às 14h 30 e de 17h 30 às 20h 30. Metrô: La Latina.

4 ★ **Plaza del Humilladero.** Um pouco depois, a rua se alarga na popular Plaza del Humilladero, o burburinho no centro de uma das zonas de bares de tapas mais celebradas da cidade. Veja Saboreando as Tapas de Madri (p.52). *20 min. Metro: La Latina.*

5 ★★ **Capilla de San Isidro.** Uma construção barroca suntuosa com uma abóbada no topo foi realizada no final do século XVII para guardar os ossos do santo padroeiro de Madri, San Isidro (posteriormente transferidos para o Colegiata de San Isidro, veja p.65). Muito danificada durante a Guerra Civil, hoje está imaculadamente restaurada. *30 min. Plaza San Andrés, 1. ☎ 91-365-48-71. De segunda a quinta e aos sábados de 8h às 13h e de 18 às 20h. Entrada franca. Metrô: La Latina.*

6 ★ **Museo Orígenes (Casa San Isidro)**. O Museu das Origens oferece um relance interessante da história mais antiga de Madri, com plantas antigas, fotografias, pinturas e achados arqueológicos. *30 min. Plaza San Andrés, 2. ☎ 91-366-74-15. De terça a sexta, de 9h 30 às 20h, aos sábados e domingos de 10h às 14h. Agosto, de terça a sexta, de 9 h 30 às 14 h 30, aos sábados e domingos de 10h às 14h. Entrada franca. Metrô: La Latina.*

7 ★ **Casa Antonio**. Este pequeno bar de tapas é normalmente muito cheio graças a sua atmosfera e aos preços baixos. Não perca as *croquetas. Plaza de la Cebada, 12. Sem telefone. $.*

8 ★★ **Basilica de San Francisco el Grande.** Ao final da Calle San Francisco surge a grande neoclássica Basílica de San Francisco el Grande, erguida ao final do século XVIII e renovada consideravelmente no final do século XIX. Apesar da proteção Real e mesmo após um curto período como panteão para grandes espanhóis, a grande Basílica é hoje melhor conhecida por sua decoração delicada e as pinturas primitivas de Goya em uma capela lateral. Há um pequeno (e, francamente, entediante) museu que contém uma coleção de arte religiosa. Penso que os jardins de dálias próximos a ele são muito melhores. *30 min. Plaza San Francisco, 11. ☎ 91-365-38-00. De terça à sábado, de 11h 15 às 12h 45 e de 17h 15 às 19h. Ingressos: 3€ para adultos. Metrô: La Latina.*

Várias opções de tapas na Plaza del Humilladero.

El Rastro, Calle Ribera de Curtidores.

9 ★ **Iglesia Virgen de la Paloma.** Pegue a Calle Calatrava para chegar à Iglesia Virgen de la Paloma, o coração espiritual de La Latina e lar de uma pintura da Virgem do século XVIII muito venerada. O festival anual mantido em sua honra (15 de Agosto) é um momento muito tocante, com uma parada solene seguida de uma grande festa de rua. *30 min. Plaza Virgen de la Paloma.* ☎ *91-365-46-69. De terça à sábado, de 11h 15 às 12h 45 e de 17h 15 às 19h. Ingressos: 3€. Metrô: La Latina.*

10 ★★★ **El Rastro (Calle Ribera de Curtidores).** O célebre mercado de pulgas de Madri, El Rastro, data do período medieval. Ela acontece na íngreme Calle Ribera de Curtidores, todo domingo de manhã, atraindo uma multidão de locais, turistas – e aqueles que caçam turistas. Fique atento aos seus pertences. É um lugar colorido com barracas vendendo de tudo, desde peças de automóveis a antiguidades, de artesanato africano a joalheria asiática. O mercado fica aberto até as 14h ou 15h, quando todos se dirigem para os bares de tapas ao redor da Plaza Humilladero (veja anteriormente). *1 hora. Cl. Ribera de Curtidores e as ruas próximas. O mercado acontece nas manhãs de domingo. Metrô: Puerta de Toledo or La Latina.*

11 **La Corrala**. Há um século ou mais, esta vizinhança era repleta de *corralas*, humildes blocos de apartamentos quadrados de madeira em volta de um quintal, onde os pobres eram aglomerados em péssimas condições. Poucos sobreviveram, mas este foi renovado no final dos anos 1970 e ainda ocasionalmente dá um cenário incomum para concertos flamencos ou outros eventos. Outra *corrala*, na Calle Carlos Arniches do 3 ao 5, está atualmente sendo remodelada e deve abrigar um novo museu. *10 min. Cl. del Mesón de Paredes, entre Cl. Tribulete e Cl. Sombrerete.*

12 ★ **Plaza Lavapiés.** Já foi o lar do gueto judeu, antes da expulsão dos judeus da Espanha em 1492, a Plaza Lavapiés é hoje o centro do bairro mais multicultural de Madri. Assim como no passado, quando estes bairros *bajos* ("bairros inferiores") foram lar de imigrantes de outras partes da Espanha, esperando pela oportunidade de trabalho e uma chance de uma vida melhor, hoje tornaram-se lar de imigrantes de ainda mais longe. De fato, estima-se que cerca de 50% dos residentes de Lavapiés tenham nascido fora da Espanha. *15 min. Metrô: Lavapiés.*

Madri Tradicional

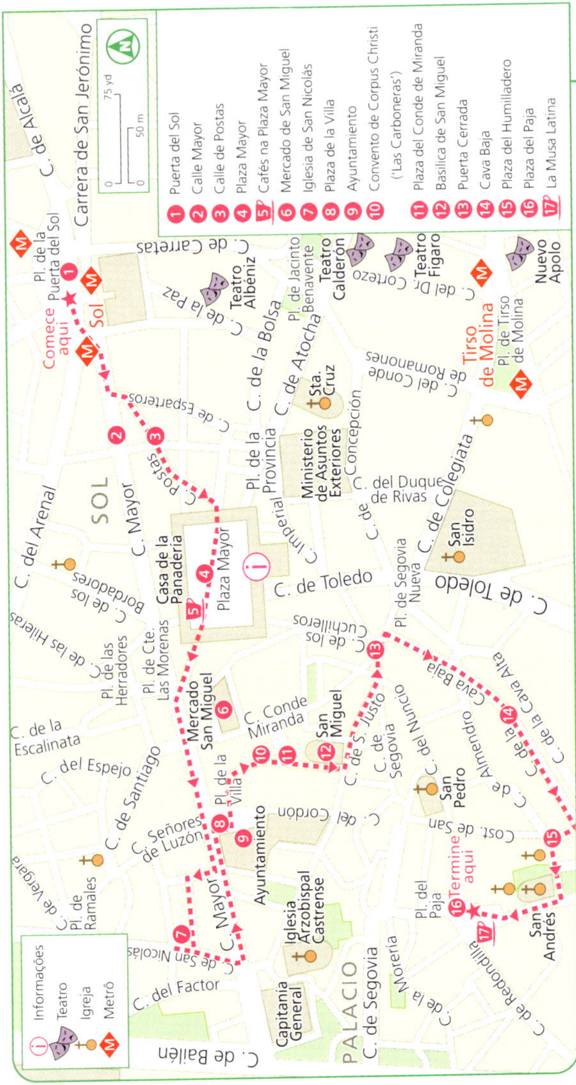

O velho coração de Madri é um pitoresco labirinto de ruas estreitas, praças secretas e belas igrejas. Este passeio vagueia pelo centro antigo, vendo alguns monumentos muito conhecidos, como a magnífica Plaza Mayor e permanecendo em cantos afastados fora do circuito normal. **PONTO DE PARTIDA: Metrô para Sol.**

1 ★★ **Puerta del Sol**. Durante o século XVI, visitantes da nova capital espanhola se juntavam em um de três pontos de reunião: a Puerta del Sol (o principal portão ao leste da cidade), a Plaza Mayor e a Plaza de La Villa. Nossa visita vai começar na primeira destas (vamos visitar as outras duas depois). Para uma descrição, veja a p.15. *30 min. Metrô: Sol.*

2 ★ **Calle Mayor**. Esta era, como o nome sugere, a principal rua da cidade velha, ligando a Puerta del Sol com a Plaza Mayor. Apesar de há muito ser ofuscada pelas modernas avenidas como a Gran Via, ainda é cheia de vida. *20 min. Metrô: Sol.*

3 ★ **Calle de Postas.** Mergulhe na velha Madri pela antiga Calle de Postas. Apesar das lojas de suvenires e dos turistas – ou por causa da atmosfera de carnaval que eles evocam – esta rua atraente e parcialmente só de pedestres consegue manter um forte sabor de passado. Ganhou seu nome por conta da primeira agência do correio, que ficou aqui até ser movida para a Puerta del Sol no século XVIII. **A Posada del Peine**, hoje um hotel de luxo, ocupou o mesmo prédio no nº 17 por quase quatro séculos, fazendo dela uma das mais antigas daqui. *20 min. Metrô: Sol.*

4 ★★★ crianças **Plaza Mayor**. A imensa Plaza Mayor é completamente fechada por belos prédios barrocos, com acesso à praça central por vários arcos. Após admirar a praça (para a descrição, veja a p.39), deixe-a pelo lado norte, atrás da Calle Mayor. *40 min. Metrô: Sol.*

A charmosa placa de rua na Calle Mayor.

Plaza Mayor.

5 Cafés na Plaza Mayor. Faça sua escolha entre os vários cafés na Plaza Mayor. A maioria deles dispõe de ótimos terraços. Se você quer se misturar com os moradores locais, escolha um na sombra. Ou junte-se aos turistas norte-europeus, com suas faces rosadas, e banhe-se de sol.

6 Mercado de San Miguel. Ao longo da Plaza Mayor, na pequena Plaza de San Miguel, está o elegante Mercado de San Miguel. Este mercado feito de vidro e ferro foi erguido entre 1913 e 1916 com projetos inspirados no Les Halles em Paris e é o único mercado histórico deste tipo sobrevivente em Madri. Após anos de declínio, ele foi recentemente comprado por um consórcio privado, que espera criar um centro gastronômico para rivalizar com o famoso mercado La Boquería de Barcelona. *10 min. Plaza San Miguel, s/n. www.mercadodesanmiguel.es Metrô: Sol.*

7 ★★ Iglesia de San Nicolás. Continue quase até o final da Calle Mayor e caminhe pela Calle Nicolás para ver a igreja mais antiga da cidade. A adorável Iglesia de San Nicolás foi construída sobre as ruínas de uma antiga mesquita no século XII, mas o belo minarete de tijolos foi preservado para formar a torre da igreja. *Plaza San Nicolás, 48. ☎ 91- 369-05-79. Aberta somente para missas. Metrô: Ópera.*

8 ★★★ Plaza de la Villa. Retorne para a Calle Mayor e descubra a Plaza de la Villa, uma pequena praça que pode passar facilmente despercebida, mas que contém um conjunto fabuloso de belas construções. À esquerda está a **Torre de los Lujanes**, com sua sólida torre quadrada e faixas cor de creme. Este é o palácio mais antigo da cidade, construído

A Plaza de la Villa contém um conjunto de prédios elegantes.

Faça um passeio para ver os impressionantes tetos barrocos da Prefeitura.

durante o século XV e onde, de acordo com a lenda, Francis I da França foi mantido prisioneiro até que se pagasse um resgate. No lado oposto está a bela **Casa de la Villa** (Prefeitura, veja abaixo no item 9). O terceiro prédio é a **Casa de Cisneros**, um gracioso palácio do século XVI com decorações platerescas (estilo arquitetônico pertencente ao Renascimento Espanhol) – é o palácio que eu compraria se fosse milionária. *30 min. Plaza de la Villa. Metrô: Ópera ou Sol.*

9 ★★ **Ayuntamiento**. A Casa de la Villa (Prefeitura) foi construída no final do século XVII e dotada com alguns arabescos barrocos, incluindo portais elaborados. Infelizmente, muito pouco do interior original sobreviveu e, para meu grande desapontamento, a Prefeitura de Madri tem um interior tão desinteressante quanto você esperaria em qualquer escritório municipal (o escritório de turismo promove passeios nas segundas-feiras à tarde; agende com antecedência). No entanto, o passeio leva a três salas extraordinárias: o resplandecente **Salón de Recepciones**, com uma pintura barroca delicada no teto, o **patio** original, hoje coberto com um teto de vitrais em tons de joias coloridas e o **Salón de Plenos**, do século XIX, uma profusão de veludo vermelho e dourado. *1 hora. Plaza de la Villa. É preciso agendar os passeios, que acontecem às segundas-feiras às 17h, no balcão de turismo. Passeios guiados em língua inglesa e espanhola. Entrada gratuita. Metrô: Ópera ou Sol.*

10 ★ **Convento de Corpus Christi ("Las Carboneras")**. Escondido logo na esquina da Plaza de la Villa, você precisa tomar a passagem estreita próxima à Torre de los Lujanes, para ver o maravilhoso convento que parece ter parado no tempo. Você pode entrar na silenciosa igreja para um momento de contemplação ou conseguir alguns doces caseiros das freiras se tocar a campainha. Em uma tradição antiga, os doces são dados por entre uma passadeira móvel onde você põe seu dinheiro. *20 min.* ☎ *93-476- 57-21. Os doces são vendidos entre 9h 30 às 13h e das 16 às 18 h 30. Metrô: Ópera.*

11 **Plaza del Conde de Miranda.** Esta pequena e encantadora praça é uma das mais velhas na cidade, ladeada pelo Convento de las Carboneras (veja o item 10 anterior) e a Basilica de San Andrés (veja o item 12 adiante). No verão, há um mercado de arte nos finais de semana. *10 min. Plaza del Conde de Miranda, 3. Metrô: Ópera.*

12 **Basilica de San Miguel**. Esta impressionante basílica do século XVIII está em um ponto antes ocupado por

Capilla del Obispo na Plaza del Paja.

uma igreja românica dedicada a Justo e a Pastor, duas crianças martirizadas pelos romanos. Apesar de ter passado a ser dedicada a San Miguel, a fachada ainda traz as gravações mostrando as crianças assassinadas. *20 min. Cl. de San Justo, 4. Entrada franca. De segunda à sábado, de 10h 30 à 12h 30 e de 19h às 20h 30. Aos domingos de 9h 45 às 13h 45 e de 18h 30 às 21h. Metrô: Ópera.*

13 **Puerta Cerrada**. A Puerta Cerrada tem seu curioso nome (porta fechada) por causa do portal medieval da cidade, que ficava neste ponto até o fim do século XVI, quando os antigos muros medievais foram demolidos. Ladrões, batedores de carteiras e delinquentes de todos os tipos costumavam espreitar nas sombras, prontos a fazer vítimas daqueles que entravam: como consequência o portão estava quase sempre fechado. Hoje a praça é um pouco mais que uma confluência de ruas, mas vários dos becos guardam bons restaurantes e bares. Seguindo para a Plaza Mayor, a **Calle de Cuchilleros** (rua dos cuteleiros) é sempre animada e movimentada e a **Cava Baja** (veja p.52), que leva para baixo, quase sempre tem mais bares de tapas por metro quadrado do que qualquer outro lugar na cidade. *10 min. Metrô: La Latina.*

14 ★★ **Cava Baja**. Pegue esta antiga rua, tomada por bares, para chegar à próxima parada no passeio. Para dicas sobre os bares, veja Saboreando as Tapas de Madri (p.52).

15 ★★ **Plaza del Humilladero.** Parada obrigatória após passar pelos bares da Rastro, esta praça é cercada de grandes bares de tapas. De acordo com a tradição local, é onde o santo padroeiro da cidade viveu (sua antiga casa é hoje o Museo Orígenes, veja p.66). Ao lado, a bela e barroca Capilla de San Isidro foi construída para guardar os restos aparentemente ilibados do santo (veja p.66). *40 min. Metro: La Latina.*

16 ★★ **Plaza del Paja.** Faça a curva pela parte de trás da Plaza del Humilladero para descobrir a Plaza del Paja, uma bela praça atualmente desfigurada por tapumes cercando a grande **Capilla del Obispo**. A renomada "Capela do Bispo" é uma das melhores igrejas renascentistas da cidade – mas está fechada por tanto tempo que nunca consegui ver seu interior. Quando a restauração estiver finalmente completa, visite os esplêndidos túmulos de mármore de Don Francisco de Vargas, conselheiro de Fernando, Isabella e sua família*. *30 min. Metro: La Latina.*

17 **La Musa Latina.** Este é o meu favorito na Plaza de la Paja. O visual das tapas são de dar água na boca e o público mais artístico é divertido e amigável. Eu prefiro ir no início da tarde: mais tarde fica cheio e o serviço pode ficar dolorosamente lento. *Costanilla de San Andrés, 12. ☎ 91-354-02-55. $$.*

* *Nota da edição brasileira: Após 40 anos fechada, a Capilla del Obispo foi reaberta em 2010.*

4 As Melhores Compras

Lojas de **Madri**

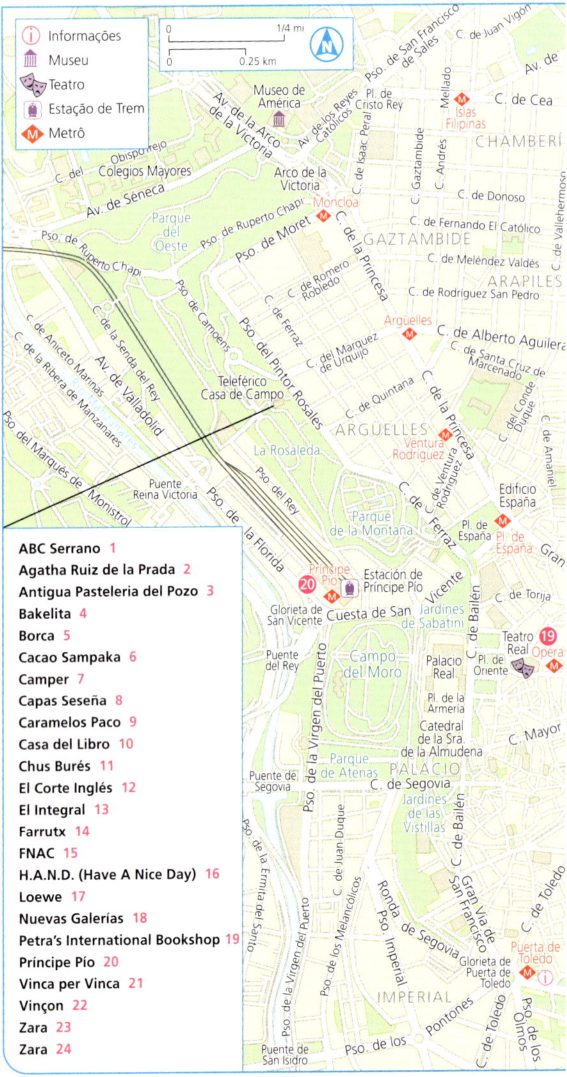

ABC Serrano 1
Agatha Ruiz de la Prada 2
Antigua Pasteleria del Pozo 3
Bakelita 4
Borca 5
Cacao Sampaka 6
Camper 7
Capas Seseña 8
Caramelos Paco 9
Casa del Libro 10
Chus Burés 11
El Corte Inglés 12
El Integral 13
Farrutx 14
FNAC 15
H.A.N.D. (Have A Nice Day) 16
Loewe 17
Nuevas Galerías 18
Petra's International Bookshop 19
Príncipe Pío 20
Vinca per Vinca 21
Vinçon 22
Zara 23
Zara 24

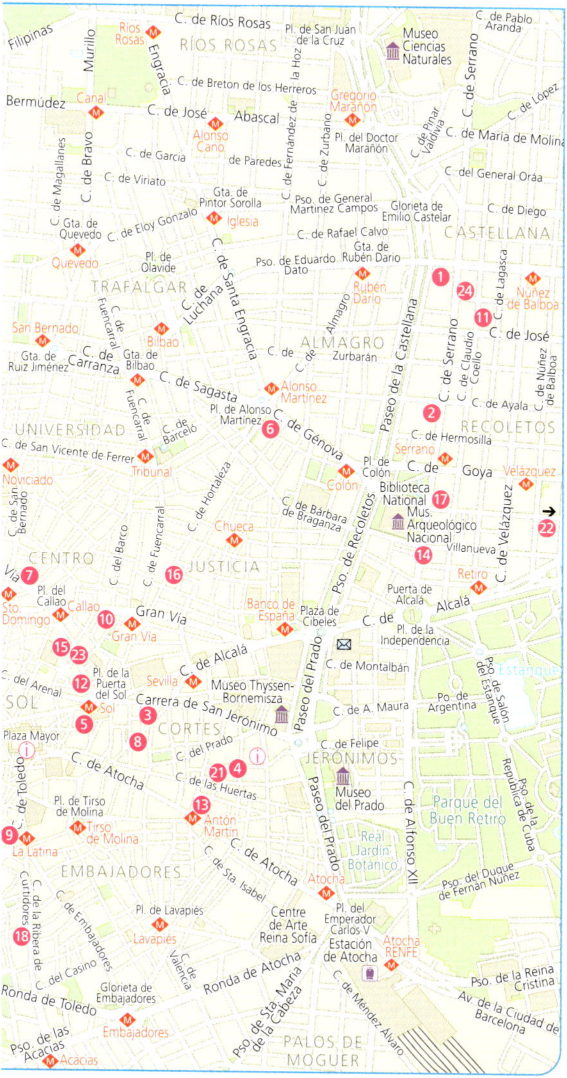
Filipinas
Murillo
Ríos Rosas
C. de Ríos Rosas
RÍOS ROSAS
Engracia
Pl. de San Juan de la Cruz
Museo Ciencias Naturales
C. de Pablo Aranda
C. de Serrano
C. de Breton de los Herreros
Bermúdez
Canal
C. de José
Abascal
Alonso Cano
C. de Fernández de la Hoz
C. de Zurbano
Gregorio Marañón
Pl. del Doctor Marañón
C. de Pinar
Valdivia
C. de López
C. de María de Molina
C. de Magallanes
C. de Bravo
C. de García
de Paredes
C. de Viriato
C. del General Oráa
Gta. de Pintor Sorolla
Pso. de General Martínez Campos
Glorieta de Emilio Castelar
C. de Diego
Gta. de Quevedo
C. de Eloy Gonzalo
Iglesia
C. de Rafael Calvo
CASTELLANA
Quevedo
Pl. de Olavide
Pso. de Eduardo Dato
Gta. de Rubén Darío
TRAFALGAR
C. de Luchana
C. de Santa Engracia
Rubén Darío
Almagro
C. de Lagasca
Núñez de Balboa
C. de Fuencarral
San Bernardo
Bilbao
C. de José
Gta. de Ruiz Jiménez
C. de Carranza
Gta. de Bilbao
ALMAGRO
Zurbarán
C. de
Paseo de la Castellana
C. de Serrano
C. de Claudio Coello
C. de Núñez de Balboa
C. de Sagasta
Alonso Martínez
C. de Fuencarral
Pl. de Alonso Martínez
C. de Ayala
C. de Barceló
UNIVERSIDAD
C. de Génova
C. de Hermosilla
RECOLETOS
C. de San Vicente de Ferrer
Tribunal
Serrano
Pl. de Colón
C. de Goya
Velázquez
Noviciado
C. de Hortaleza
Colón
Biblioteca National
C. de San Bernardo
C. de Bárbara de Braganza
Mus. Arqueológico Nacional
C. de Velázquez
Chueca
Pso. de Recoletos
Villanueva
CENTRO
C. del Barco
C. de Fuencarral
JUSTICIA
Retiro
Vía
Pl. del Callao
Callao
Sto. Domingo
Gran Vía
Banco de España
Plaza de Cibeles
Puerta de Alcalá
C. de Alcalá
Gran Vía
Pl. de la Independencia
C. de Alcalá
C. de Montalbán
C. del Arenal
Pl. de la Puerta del Sol
Sevilla
Museo Thyssen-Bornemisza
Paseo del Prado
Pso. de Salón del Estanque
Estanque
SOL
Sol
Carrera de San Jerónimo
C. de A. Maura
Po. de Argentina
CORTES
Plaza Mayor
C. del Prado
C. de Felipe
JERÓNIMOS
C. de Atocha
C. de las Huertas
Pso. de la República de Cuba
C. de Toledo
Pl. de Tirso de Molina
Museo del Prado
Paseo del Prado
C. de Alfonso XII
Parque del Buen Retiro
Antón Martín
Tirso de Molina
La Latina
C. de Atocha
Real Jardín Botánico
EMBAJADORES
C. de Sta. Isabel
Atocha
Pso. del Duque de Fernán Núñez
C. de la Ribera de Curtidores
C. de Embajadores
Pl. de Lavapiés
Centre de Arte Reina Sofía
Pl. del Emperador Carlos V
Lavapiés
Estación de Atocha
Atocha RENFE
C. del Casino
C. de Valencia
Ronda de Atocha
C. de Méndez Álvaro
Pso. de la Reina Cristina
Ronda de Toledo
Glorieta de Embajadores
Pso. de Sta. María de la Cabeza
Av. de la Ciudad de Barcelona
Embajadores
Pso. de las Acacias
Acacias
PALOS DE MOGUER

Nossas Dicas de Compras

O melhor lugar para **buscar por antiguidades**
★★ Nuevas Galerias, *Cl. Ribera de Curtidores, 12 (p.77)*

Melhor lugar para encontrar **roupas de design exclusivo a preços acessíveis**
★★ El Integral, *Cl. León, 25 (p.79)*

Melhor lugar para **compras por impulso que você não vai se arrepender de ter feito (especialmente para mulheres)**
★★ El Integral, *Cl. Hortaleza, 26 (p.79)*

Melhor loja para **artigos de luxo em couro**
★★ Loewe, *Cl. Serrano, 26 (p.79)*

Melhor loja para os **escravos do design**
★★ Vinçon, *Cl. Castelló, 18 (p.78)*

Melhor do **"vintage cool"**
★ Bakelita, *Cl. Cervantes, 26 (p.78)*

Melhor loja de **chocolates finos artesanais**
★ Cacao Sampaka, *Cl. Orellana, 4 (p.80)*

Melhor **loja de trajes tradicionais**
★ Capas Seseña, *Cl. de la Cruz, 23 (p.80)*

Melhor **sebo com nome de gato**
★★ Petra's International Bookshop, *Cl. Campomanes, 13 (p.77)*

Melhor **livraria da rua principal**
★ Casa del Libro, *Gran Via, 29 (p.77)*

Melhor **compras em uma só parada**
Principe Pio, *Paseo de La Florida, s/n (p.78)*

Melhor **"mercado de pulgas"**
El Rastro, *Cl. Ribera de Curtidores (p.67)*

A butique mais teatral
★ Agatha Ruiz de la Prada, *Cl. Serrano, 27 (p.78)*

Melhor **doceria desde o chão até o teto**
★★ Caramelos Paco, *Cl. Toledo, 53-55 (p.80)*

Melhor **joalheria das celebridades**
★★ Chus Burés, *Cl. Claudio Coello, 88 (p.80)*

Melhores **loja para encontrar sapatos pontudos**
★★ Farrutx, *Cl. Serrano, 7 (p.80)*

Robôs feitos de metal na El Integral.

Compras **em Madri de A a Z**

Antiguidades e Arte

★ **Nuevas Galerias** MADRI CENTRAL Esta rua é melhor conhecida pelo mercado de pulgas do Rastro, que acontece aqui todo domingo, mas também é lar de uma das melhores lojas de antiguidades da cidade. Várias estão agrupadas nas pitorescas Nuevas Galerias, onde 60 lojas únicas estão organizadas ao redor de um pátio interno. Há uma enorme variedade de antiguidades, quinquilharias e objetos de arte. *Cl. Ribera de Curtidores, 12* ☎ *91-520-56-53. Metrô: La Latina. Mapa p.74.*

Livros e Música

★ **Casa del Libro** MADRI CENTRAL Esta enorme livraria possui uma boa seção internacional, com uma grande seleção de guias de viagens e mapas para visitantes. *Gran Vía, 29.* ☎ *91-521-21-13. www.casaddellilibro.com. MC, V. Metro: Gran Vía. Mapa p.74.*

FNAC MADRI CENTRAL A megaloja FNAC traz mais livros e músicas populares, com uma seleção decente de música flamenca e outras músicas espanholas. Também vende artigos eletrônicos, de computadores a câmeras. *Cl. Preciados, 28.* ☎ *91-595-62-00. AE, DC, MC, V. Metrô: Gran Vía. Mapa p.74.*

Encontre livros em inglês de segunda mão no Petra's.

★★ **Petra's International Bookshop** MADRI CENTRAL Uma pequena porta leva a este maravilhoso sebo (nomeada assim em homenagem ao gato do dono, americano), com uma enorme seleção de livros em inglês e outras línguas. *Cl. Campomanes, 13* ☎ *91-541-72-91. Não aceita cartões de crédito. Metrô: Ópera ou Santo Domingo. Mapa p.74.*

Melhores Zonas para Compras

Para conhecer todas as melhores redes, ande devagar pela **Gran Via.** A **Calle Preciados**, rua de pedestres que liga a Gran Vía com a Puerta del Sol, possui a grande loja de departamentos El Corte Inglés e a gigantesca FNAC. O melhor bairro para compras é sem dúvida **Salamanca**, com Gucci, Chanel e outras agrupadas ao redor da **Calle Serrano**. Para moda mais moderna ou mais excêntrica, experimente Chueca, particularmente na **Calle Hortaleza**, e ainda mais nas pequenas ruas ao redor da **Plaza Santa Ana**. O mercado de pulgas dominical, **El Rastro**, tem sido uma tradição em Madri por centenas de anos.

Lojas de Departamento/Shopping Centers

★ **ABC Serrano** MADRI CENTRAL Este bom shopping center no bairro de Salamanca está instalado no prédio do antigo jornal ABC, cuja fachada é ricamente azulejada. As lojas são boas e há um ótimo restaurante no fabuloso terraço que o tornam popular no almoço entre as senhoras e entre os homens de negócios. *Cl. Serrano, 61 (Cl. Castellana, 34) ☎ 91-577-50-31. www.abcserrano.com. AE, DC, MC, V. Metrô: Núñez de Balboa, ou Serrano. Mapa p.74.*

★ **El Corte Inglés** MADRI CENTRAL A maior cadeia de lojas de departamentos da Espanha vende de tudo, desde vinho até móveis. Você também encontra um restaurante, uma agência de viagens e uma ótima mercearia. *Cl. Preciados, 3 ☎ 91-379-80-00. www.elcorteingles.es. AE, DC, MC, V. Metrô Callao. Mapa p.74.*

★ **Principe Pio** MADRI CENTRAL Eu normalmente não gosto de shoppings, mas este está estruturado em uma bela e antiga estação de trem do século XIX e é atrativamente iluminado e arejado. Todas as grandes cadeias populares de moda estão aqui (Zara, Mango, H&M) e várias boas lojas de calçados. Acredito que esse seja o meu favorito para compras em uma só parada. *Paseo de la Florida, s/n ☎ 91-758-00-40. www.ccprincipepio.com. Metrô: Principe Pio. Mapa p.74.*

Principe Pio está situado em uma estação de trem convertida do século XIX.

Artefatos de Design para Casa e Decoração

★ **Bakelita** MADRI CENTRAL Uma loja muito estilosa que vende artigos clássicos e vintage e *objets d'art* do século XX. Apesar de algumas peças terem etiquetas que vão fazer com que você se "engasgue", há alguns objetos mais em conta, que podem se tornar presentes muito especiais. *Cl. Cervantes, 26 ☎ 91-429-23-87. www.bakelita.com. AE, DC, MC, V. Metrô: Sol. Mapa p.74.*

★★ **Vinçon** MADRI CENTRAL Um magnífico empório de design contemporâneo que tem tudo desde peças de decoração até artigos de cozinha, incluindo iluminação, brinquedos e até mesmo os capacetes mais bacanas, em estilo retrô, da cidade. Os preços variam do modo "de cair o queixo" até ao surpreendentemente alcançáveis. *Cl. Castelló, 18. ☎ 91-578-05-20. www.vincon.com. AE, DC, MC, V. Metrô: Velázquez. Mapa p.74.*

★ **Zara** MADRI CENTRAL O fenômeno da moda, Zara, possui uma fabulosa variedade de design de interior acessível, com artigos para quarto, lâmpadas e pequenos itens de decoração. Esta é a maior Zara Home Store da cidade, com uma seção especial crianças, a Zara Kids Home. *Cl. Serrano, 88. ☎ 900-900-314. AE, DC, MC, V. Metro: Rubén Darío. Mapa p.74.*

Moda e Acessórios

★ **Agatha Ruiz de la Prada** SALAMANCA As criações brilhantes e arrojadas de Agatha Ruiz de la Prada se parecem com algo que uma criança criaria. Esta loja maluca, com suas cores

Estilosa mobília vintage na Bakelita.

berrantes e modelos contrastantes, possui um pouco de tudo, desde moda adulta a tecidos e artigos para casa. Eu prefiro as roupas para crianças, que são divertidas e originais. *Cl. Serrano, 27. ☎ 93-319- 05-51. AE, MC, V. Metrô: Serrano. Mapa p.74.*

★★ **El Integral** MADRI CENTRAL Esta divertida e pequena butique, em um local que já foi uma padaria, vende uma ótima seleção de moda retrô-chique e divertida, acessórios, roupas íntimas, joias históricas, artigos de escritório e objetos de decoração. Cores brilhantes e designs ótimos são a chave. Eu normalmente venho aqui para comprar presentes para meus amigos. *Cl. León, 25. ☎ 91-429-16-18. AE, MC, V. Metrô: Antón Martín. Mapa p.74.*

★★ **H.A.N.D. (Have a Nice Day)** MADRI CENTRAL Eu desafio qualquer um a sair com as mãos abanando desta loja butique descolada, descontraída – os vestidos, jaquetas e tops são praticamente irresistíveis. A atriz espanhola Paz Vega é uma das muitas fãs da H.A.N.D. *Cl. Hortaleza, 26. ☎ 91-429-16-18. AE, MC, V. Metrô: Antón Martín. Mapa p.74.*

★ **Loewe** SALAMANCA Esta é provavelmente a mais suntuosa das lojas de luxo espanholas. Começou com uma loja de artigos de couro – e os sapatos e bolsas ainda são maravilhosos e altamente desejáveis – mas se ramificou na alta costura mais recentemente. *Cl. Serrano, 26. ☎ 91-577-60- 56. www.loewe.es. AE, MC, V. Metrô: Serrano. Mapa p.74.*

★ **Zara** MADRI CENTRAL Zara é uma cadeia espanhola de moda bem sucedida internacionalmente, que oferece estilos de passarela para homens e mulheres conscientes de seu orçamento e para crianças. *Cl. Preciados, 18. ☎ 91-521-09-58. www.zara.es. AE, DC, MC, V. Metrô: Gran Vía. Mapa p.74.*

Flores

★★ **Vinca per Vinca** MADRI CENTRAL Uma pequena floricultura no bairro moderno de Santa Ana, com uma fachada em rosa berrante, plantas luxuriantes e perfumes lascivos arrumados em buquês originais. *Cl. Lope de Vega, 12. ☎ 91-156-82-23. MC, V. Metrô: Antón Martín. Mapa p.74.*

Bebida e Comida

★ **Antigua Pastelaria del Pozo** MADRI CENTRAL Esta esplêndida loja de doces abriu suas portas em 1830 e tem feito os doces tradicionais mais saborosos

A moderna butique H.A.N.D.

da cidade desde então. Os doces caseiros com creme são meus favoritos. As compras são computadas em uma antiga caixa registradora. *Cl. del Pozo, 8.* ☎ *91-522-38-94. MC, V. Metrô: Sevilla. Mapa p.74.*

★ **Cacao Sampaka** L'EIXAMPLE Estes ricos chocolates artesanais vem em sabores incomuns (experimente os que tem canela e pétalas de rosas) e são graciosamente embalados transformando-os em ótimos presentes. Há um café anexo, onde você pode afundar-se no espesso chocolate quente e nos doces de dar água na boca. *Cl. Orellana, 4.* ☎ *93-319-58-40. AE, DC, MC, V. Metrô: Alonso Martínez. Mapa p.74.*

★ **Caramelos Paco** L'EIXAMPLE É o sonho de todo garoto – e o pior pesadelo de seus pais. Esta deliciosa loja de doces à moda antiga foi instalada em 1936 e é um mundo mágico de doces desde o chão até o teto. As janelas, recheadas de bombons, se tornaram um ícone na cidade. *Cl. Toledo, 53–55.* ☎ *91-365-42-58. www.caramelospaco.com. MC, V. Metrô: Alonso Martínez. Mapa p.74.*

Presentes e Suvenires

★ **Borca** MADRI CENTRAL Esta loja se especializou em bordados manuais. As delicadas ***mantillas*** (o clássico xale com franjas espanhol) são belas e com melhor preço aqui do que nas lojas de presentes voltadas para turistas. Eles também tem toalhas de mesa bordadas a mão e uma linha de cama. Saber um pouco de espanhol irá ajudar muito nesta loja, portanto traga seu livro de frases. *Cl. del Marqués Viudo de Portejos, 2.* ☎ *91-523-61- 53. AE, DC, MC, V. Metrô: Sol. Mapa p.74.*

★ **Capas Seseña** MADRI CENTRAL É um clássico de Madri e vale uma visita mesmo que você queira apenas olhar. A Seseña se especializou na digna capa espanhola, disponível em vários estilos incluindo versões atualizadas do século XXI. Camilo José Cela usou uma capa desta loja quando recebeu o prêmio Nobel de literatura e as fotos na janela mostram grandes personalidades, como Hilary Clinton, envolvidas em cortes elegantes. *Cl. de la Cruz, 23.* ☎ *91-531-68-40. AE, MC, V. Metrô: Sol. Mapa p.74.*

Joalheria

★★ **Chus Burés** MADRI CENTRAL O designer de joias das estrelas, Chus Burés, cria peças extremamente originais, exibidas em seu showroom arrojado em vermelho e preto. É fantástico e curioso, mas os preços são bem pesados. *Cl. Claudio Coello, 88.* ☎ *91-576-39-01. www.chusbures.com. AE, DC, MC, V. Metrô: Núñez de Balboa. Mapa p.74.*

Sapatos

★ **Camper** EL RAVAL Os sapatos Camper, surgidos em Mallorca, são hoje famosos por todo o mundo. Os modelos peculiares e originais para homens e mulheres unem estilo e conforto e se tornaram muito conhecidos mais recentemente. Esta é apenas uma das várias filiais espalhadas pela cidade. *Gran Vía, 54.* ☎ *91-547-52-34. www.camper.es. AE, DC, MC, V. Metrô: Gran Vía. Mapa p.74.*

★ **Farrutx** MADRI CENTRAL Artefatos exclusivos de couro – sapatos, bolsas, carteiras, cintos – para sedutoras *it-girls* e homens estilosos. Os preços são bem razoáveis pela qualidade oferecida, mas eu ainda fujo para a loja promocional (na Calle Augusto Figueroa 18, em Chueca) para buscar pechinchas. *Cl. Serrano, 7.* ☎ *91- 576-94-93. www.farrutx.es. AE, DC, MC, V. Metrô: Retiro. Mapa p.74.*

5 O Melhor ao **Ar Livre**

Real Jardín Botánico de Madrid (Jardim Botânico)

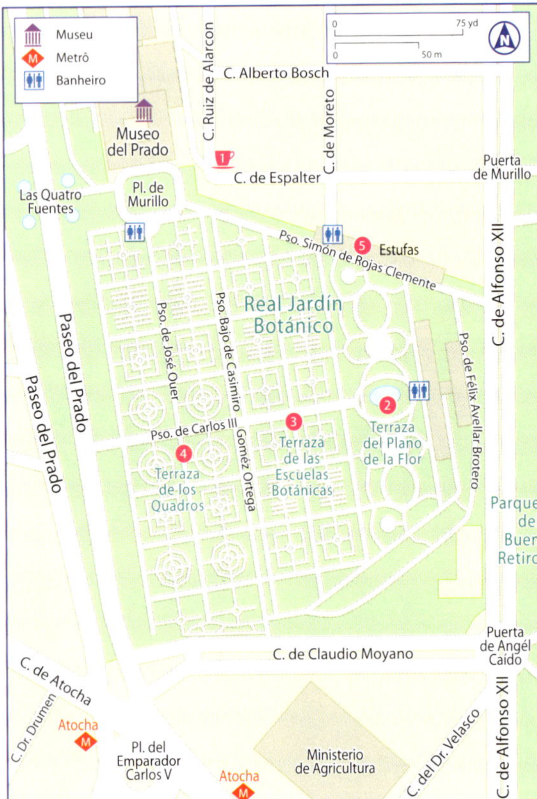

1. Café Botánico
2. Terraza del Plano de la Flor
3. Terraza de las Escuelas Botánicas
4. Terraza de los Cuadros
5. Estufas

Fuja do burburinho da cidade neste belo jardim botânico, onde o canto dos pássaros mantém o "zumzumzum" do trânsito longe. Fundado em 1755, os jardins estão dispostos em séries de elegantes pátios barrocos e são particularmente convidativos na primavera, quando as flores se abrem, e no outono, quando as folhas mudam de cor. PONTO DE PARTIDA: **Metrô para Banco de España.**

1 **Café Botánico**. Situada logo após a entrada do Jardim Botânico, este local à moda antiga é perfeito para tomar um cafezinho. *Cl. Ruiz de Alarcón, 27.* ☎ *91-420-23-42. $.*

2 ★ **Terraza del Plano de la Flor**. O pátio superior, próximo à entrada, recebe sombra de palmeiras e outras árvores, com a grama aveludada circundada por cercas e uma charmosa fonte.

3 ★ **Terraza de las Escuelas Botánicas.** Dividido em doze seções, delicadamente cercado e cuidadosamente arrumado em torno de uma dúzia de fontes de pedra, o segundo pátio lembra uma *parterre* barroca. Uma estonteante variação de plantas pode ser encontrada aqui, cuidadosamente agrupadas com suas famílias e etiquetadas de acordo com sua função original – ensinar botânica.

4 ★★ **Terraza de los Cuadros.** O pátio mais baixo é também o maior, com plantas ornamentais, um belo jardim de rosas (que florescem do final de maio até meados de junho) e – uma de minhas favoritas – uma seção dedicada a plantas medicinais. Esta parte do jardim é onde os madrilenhos vem se esconder para aproveitar um discreto piquenique.

O pacífico Real Jardín Botánico de Madri.

5 ★ **Estufas**. De volta ao pátio superior há três estufas principais. A mais velha é a graciosa **Pabellón Villanueva**, do século XVIII, usada para exposições temporárias. A **Estufa de Graells**, do século XIX, é quente, vaporosa e tem plantas tropicais e aquáticas, incluindo enormes vitórias-régias. O **Invernadero de Exhibition** é dedicada a plantas de três climas diferentes: tropical, temperado e desértico.

Questões Práticas: Jardim Botânico

Plaza de Murillo, 1. ☎ **91-420-30-17. www.rjb.csic.es. Ingressos:** 2€ adultos, 1€ estudantes, gratuito para menores de 10 anos. Metrô: Atocha.

Casa de Campo

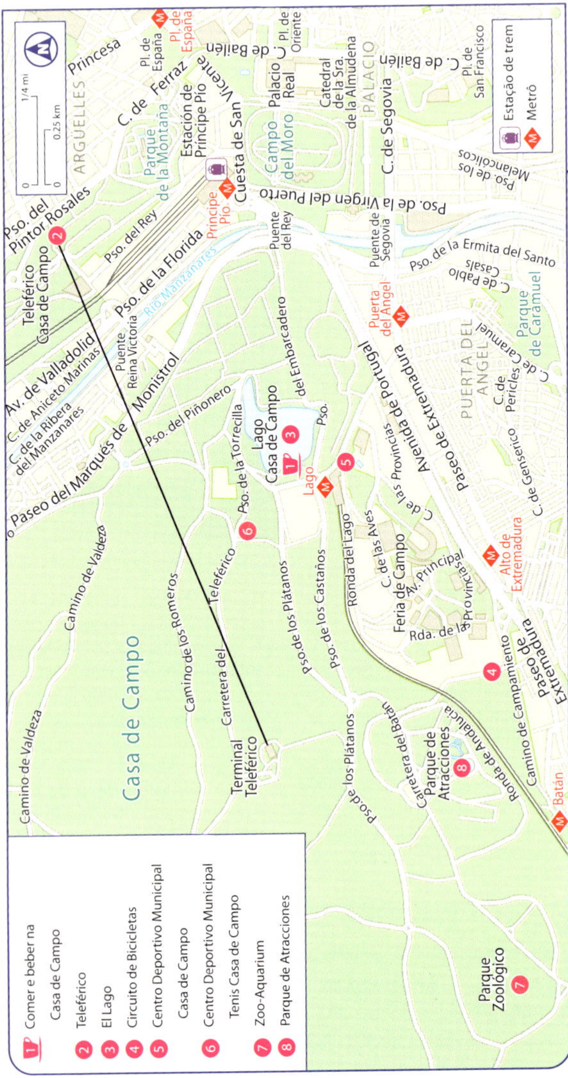

O maior parque público da cidade, a vasta Casa de Campo, já foi um território de caça real. Hoje é parcialmente selvagem e cheio de caminhos ensombreados, perfeitos para caminhadas silenciosas ou para andar de bicicleta. Também há um lago muito popular, com botes para aluguel para passeios, bem como um centro esportivo com piscina e quadras de tênis, o grande zoológico da cidade e um parque de diversões (Parque de Atracciones) repleto de atividades emocionantes. PONTO DE PARTIDA: **Teleférico do Parque del Oeste para Casa de Campo, depois 15 minutos de caminhada. Ou o metrô para Lago.**

1 **Comer e beber na Casa de Campo**. Há numerosas opções de *fast-food* na Casa de Campo, desde cachorros-quentes disponíveis na estação do teleférico até as lanchonetes no zoológico e no parque de diversões. Há restaurantes para refeições mais substanciais, agrupados próximo ao lago, mas em geral os preços são altos e a qualidade medíocre. Eu normalmente prefiro comprar algumas coisas para fazer piquenique – do mercado La Cebada se eu tiver tempo, ou se não, no conveniente supermercado em El Corte Inglés (há uma filial na Cl. de la Princesa 56, próximo à estação de metrô Argüelles).

2 ★★ crianças **Teleférico.** A forma mais divertida de se chegar à Casa de Campo é tomar o teleférico, que balança sobre os telhados até a extremidade oeste da cidade e deixa os visitantes no centro do parque. Tente ir num dia claro, quando o campo de visão se alonga até as Sierras distantes. É mais fácil, embora menos divertido, pegar o metrô para a estação Lago, se você quiser ir diretamente para o centro de informações do parque. Veja p.48, em Madri para Crianças.

3 ★ **El Lago**. Na parte sudoeste do parque está um grande lago recreativo e extremamente popular. Você pode localizá-lo a quilômetros de distância graças ao imenso jato de água da fonte no centro do lago, que se espalha alto no ar. Há um centro de informações aqui, muito útil, que oferece panfletos mostrando as rotas de ciclismo e caminhada, bem como informações sobre visitas guiadas (atualmente somente em Espanhol). O conselho da cidade tem planos extensos para melhorar os serviços oferecidos pelo parque (as

Pegue o teleférico para Casa de Campo.

A frondosa Casa de Campo.

ideias incluem um serviço gratuito de empréstimo de bicicletas para passeios). Também é uma boa ideia visitar o centro de informações para descobrir o que há de novo. *Centro de informações ☎ 91-479-60-02. Aberto de maio a 16 de setembro de 10h às 14h e de 17 às 20h e de 17 de setembro a abril de 9h às 14h e de 16 às 19h. Metrô: Lago.*

4 ★ **Circuito de Bicicletas**. Um circuito especial, especialmente sob medida para as necessidades dos ciclistas, existe dentro do parque. A rota começa na Puerta Dante próximo à estação Batán do metrô e passa por uma grande parte da zona descampada do parque. Ela se divide em duas rotas, mas ambas são conectadas. A rota está mal sinalizada e a superfície muda com frequência, de asfalto para terra, portanto vá devagar na primeira vez que experimentar. No entanto, é um dos poucos lugares para andar de bicicleta em Madri, que, surpreendentemente, não é muito amigável com os ciclistas. *Central de Informações ☎ 91-479-60-02. Para detalhes sobre horário de funcionamento veja o item 3 anterior.*

5 ★ **Centro Deportivo Municipal Casa de Campo.** Este centro municipal de esportes atrai uma grande multidão no verão, quando a piscina coberta está fechada e no lugar dela, as duas ao ar livre estão abertas. Também há uma piscina para crianças, fazendo deste lugar um dos favoritos entre as famílias madrilenhas. É vergonhoso que não haja mais grama e menos cimento, mas as piscinas são, apesar disso, uma benção no calor em brasa do verão. Outras instalações incluem uma sala de ginástica, uma sauna, outras atividades e

Toureiros na Casa de Campo

Se você perceber que está andando por alguns dos caminhos mais calmos da Casa de Campo, pode esbarrar com uma visão curiosa: um grupo de adolescentes girando lentos e muito sérios suas capas de mesmo modelo. São aprendizes de ***toreros*** (toureiros), alunos da prestigiada escola de touradas (Escuela Taurina de Madri), localizada na Casa de Campo. Apesar de a maioria dos alunos serem homens, uma pequena porcentagem (cerca de 10%) são mulheres. Mesmo se, como eu, você discordar das touradas, a visão dos movimentos suaves, como se fosse uma dança, é hipnotizante.

aulas especiais. *Paseo Puerta de Angel, 7. ☎ 91-463-00-50. Piscina coberta aberta no início de setembro a maio de segunda a sexta-feira de 9h 45 às 20h. No verão as piscinas ao livre abrem diariamente de 11h às 21h. Ingressos: 4,20€ para adultos e 2,55€ para menores de 18. Metrô: Lago ou Puerta del Ángel.*

6 **Centro Deportivo Municipal Tenis Casa de Campo.** Pratique seu *backhand* neste centro desportivo municipal, com 15 quadras ao ar livre. *Camino Príncipe, 2. ☎ 91-464-96-17. Horários variados; ligue antes. Ingressos: 5,40€ para adultos e 3,25€ para menores de 18. Metrô: Lago.*

7 **Zoo-Aquarium**. Há duas atrações pelo preço de uma no zoológico da cidade de Madri, que também inclui um aquário surpreendentemente grande. Todos os animais preferidos do público estão aqui, desde leões e tigres no zoológico a golfinhos e pinguins no aquário. As travessuras dos golfinhos apaixonados pelo público (pergunte pelos horários dos shows na entrada) são sempre muito divertidas – apesar de surpreendentemente curtos, com apenas 15 minutos. *Casa de Campo. ☎ 91-512-37-70. Ingressos: 17,90€ para adultos, 14,50€ para crianças de 3 a 7 anos e idosos, gratuito para menores de 3 anos. Os horários de abertura variam semanalmente, mas costumam ser diariamente de 11h às 18h no inverno, de 10h 30 às 19h no verão e um pouco mais tarde nos finais de semana. Verifique o site ou pergunte no balcão de informações turísticas antes da visita. Fechado em janeiro. Metrô: Casa de Campo ou teleférico e 15 minutos de caminhada.*

8 ★ **Parque de Atracciones.** Você pode ouvir os gritos de entusiasmo vindos de metade deste parque temático. Os caçadores de aventuras vão se deliciar com algumas das atrações mais assustadoras, que giram 360 graus ou avançam terrivelmente em direção ao chão, enquanto o mais jovens (e mais calmos) estarão bem servidos com uma série de alternativas agradáveis. *Casa de Campo ☎ 91-563-29-00. Ingressos (para atrações ilimitadas): 27,50€ para adultos, 18€ para crianças de 3 a 6 anos e idosos, gratuito para menores de 3 anos. Os horários de abertura variam semanalmente, mas costumam ser somente aos finais de semana de 12h às 19h no inverno e diariamente de 12h às 20h no verão, funcionando mais tarde aos finais de semana. Verifique o site ou pergunte no balcão de informações turísticas antes da visita. Metrô: Casa de Campo ou teleférico e 15 minutos de caminhada.*

Entrada para o Parque de Atracciones.

Parque del Oeste

1. Cuenllas
2. Plaza de España
3. Templo de Debod
4. Teleférico
5. Cementerio de las Víctimas Dos de Mayo
6. Parque de la Tinaja
7. La Rosaleda de Madrid
8. Paseo del Pintor Rosales
9. El Molino de los Porches

No início do século XX, um prefeito interessado pelo bem-estar geral supervisionou o desenvolvimento da paisagem ondulada e verde do Parque del Oeste, proporcionando aos agradecidos madrilenhos o primeiro espaço público construído com o propósito de relaxar. Ensombreado por árvores altas e folhosas, o parque é hoje, talvez, mais conhecido por seu magnífico jardim de rosas, La Rosaleda, um dos melhores da Espanha. Nas tardes de verão, os montes gramados ficam repletos de pessoas fazendo piqueniques, que vem curtir a visão do sol se pondo atrás das *Sierras* distantes. **PONTO DE PARTIDA: Plaza de España.**

1 **Cuenllas.** Se você está procurando por itens de piquenique para levar para o parque, a Cuenllas é a resposta. Ligada ao prestigiado restaurante (na mesma rua no número 5), a loja vende uma impressionante variedade de queijos, vinhos, óleos, pastas e todos os tipos de deliciosas comidas gourmet. *Cl. Ferraz, 3. ☎ 91-547-31-33. Metrô: Ventura Rodríguez. $$.*

2 **Plaza de España**. O metrô vai deixar você nesta grande, celebrada e extraordinariamente tediosa praça da cidade. Após uma olhada rápida nas estátuas de bronze de Dom Quixote e Sancho Pança vá em direção ao tremeluzente Templo de Debod, visível apenas em uma das pontas do Parque del Oeste. *Metro: Plaza España.*

3 ★ **Templo de Debod.** Este templo egípcio do século IV antes de Cristo já esteve às margens do Nilo e sua beleza serena marca um contraste contra o feio desenvolvimento moderno ao redor da próxima Plaza de España. Felizmente, os jardins nos quais ele está situado marcam a entrada para o Parque del Oeste, mantendo os monstruosos blocos de apartamentos a distância. A visão clássica do templo, com o grande céu de Madri se alongando por trás dele, é um dos espetáculos mais fantásticos da cidade. Para mais descrições, veja Os Museus Exóticos de Madri, p.44. *Cl. Ferraz, 1. ☎ 91-366-74-15. Entrada franca. De outubro a março, de terça a sexta, de 9h 45 às 13h 45 e de 16h 15 às 18h 15. Aos sábados e domingos, de 10h às 14h. De abril a setembro, de terça a sexta, de 10h às 14h e de 18h às 20h. Aos sábados e domingos, de 10h às 14h. Visitas guiadas gratuitas para famílias (em espanhol) no primeiro sábado de cada mês (exceto em agosto) às 11h 30 e 12h 30. Metrô: Plaza de España ou Ventura Rodríguez.*

4 ★★ crianças **Teleférico.** O divertido teleférico de Madri balança por toda a extremidade ocidental da cidade em

Templo de Debod.

Uma fonte no Parque del Oeste.

direção à enorme expansão do parque Casa de Campo, a partir da estação no centro do Parque del Oeste. Veja p.18, Explorando Madri em Três Dias.

5 ★ **Cementerio de las Victimas Dos de Mayo**. Este parque é muito pacífico hoje em dia, mas já teve uma história surpreendentemente dramática. Um arsenal estava localizado aqui durante a Guerra Civil Espanhola, onde os corajosos madrilenhos vinham coletar armas em defesa por sua cidade (que foi a última da Espanha a cair para os exércitos de Franco). Foi também aqui que 43 madrilenhos que haviam participado da revolta na cidade foram brutalmente torturados e depois fuzilados pelas tropas napoleônicas nas primeiras horas de 3 de maio de 1808. Seus corpos foram abandonados, mas monges os recolheram assim que tornou-se seguro e os enterraram próximo ao cemitério de La Florida, hoje conhecido como "Cemitério das Vítimas do 2 de Maio". Você irá descobri-lo na parte mais baixa do parque, descendo da estação do teleférico. O túmulo comum a todos está hoje marcado com um monumento de mármore e homenagens são

"El Capricho" de Osuna

O mais belo e romântico jardim de Madri está perdido em uma selva urbana de rotatórias barulhentas e galpões iluminados por neon nas extremidades orientais da cidade. El Capricho de Osuna é um palácio neoclássico encantador, construído como casa de veraneio pela Duquesa de Osuna no século XVIII e é cercada por gloriosos e extensos jardins. O formais canteiros franceses levam a um jardim inglês, com encantadoras folhagens espalhadas e um sinuoso rio que leva a um lago encantador para passear de barco. Os jardins estão a uma pequena viagem do centro da cidade (uma caminhada de 10 minutos a partir da estação de metrô Canillejas no final da Linha 5 ou de táxi), mas valem a distância percorrida. Ficam abertos somente aos finais de semana (até às 18h no inverno e às 21h no verão) e a entrada é franca. Não é permitido fazer piqueniques, mas se você for discreto e muito cuidadoso com a limpeza, é improvável que alguém o perturbe.

realizadas todos os anos no aniversário da insurreição (2 de maio). Se o cemitério estiver fechado, ainda é possível espiar através dos portões para apreciar a reprodução em azulejo da obra-prima de Goya retratando a execução.

6 Parque de la Tinaja. A Escola de Arte Cerâmica de Madri (Escuela de Arte Ceramica) está localizada dentro dos limites do Parque del Oeste. Seu território inclui o **Parque de la Tinaja**, uma atraente área verde que surpreendentemente é vista por poucos visitantes. Os terrenos são cobertos, curiosamente, com antigos equipamentos de trens doados pela RENFE (a empresa nacional de trens da Espanha), e são dominados por um enorme forno em forma de cone, construído originalmente no século XIX para a produção de vidro. *Metrô: Ventura Rodríguez.*

7 ★ La Rosaleda de Madrid. Sem dúvida a joia do Parque del Oeste, La Rosaleda é um grande e extraordinário jardim de rosas, com fontes refrescantes, cheio de arcos aromatizados e cantos secretos. Foi projetado em 1956 e anualmente recebe uma competição internacional importante com novas variedades de rosas. Grande parte dos madrilenhos preferem o divertido concurso, no qual eles votam na flor que eles consideram a mais bonita: o poder do povo encontra o poder das flores. *Paseo del Pintor Rosales. ☎ 91-455-01-29. Aberto de novembro a março, diariamente de 10h às 20h. De abril a outubro, de 9h às 21h. Metrô: Ventura Rodríguez.*

8 Paseo del Pintor Rosales. Correndo ao longo da borda oriental do parque, o Paseo del Pintor Rosales é cercado por cafés com áreas ao ar livre e restaurantes. Está sempre cheio até tarde da noite no verão, pois é um dos poucos lugares na cidade onde uma brisa refrescante ocasionalmente penetra o calor. *Metrô: Ventura Rodríguez.*

9 El Molino de los Porches. Este restaurante tem um dos mais desejados espaços ao ar livre da cidade. Experimente clássicos tradicionais como vegetais locais grelhados ou suculentos carneiros assados, enquanto aprecia a vista pitoresca além do Parque del Oeste e da Casa de Campo. *Paseo del Pintor Rosales, 1. ☎ 91-548-13-36. Metrô: Ventura Rodríguez. $$.*

Fonte do jardim de rosas Rosaleda.

Parque **del Retiro**

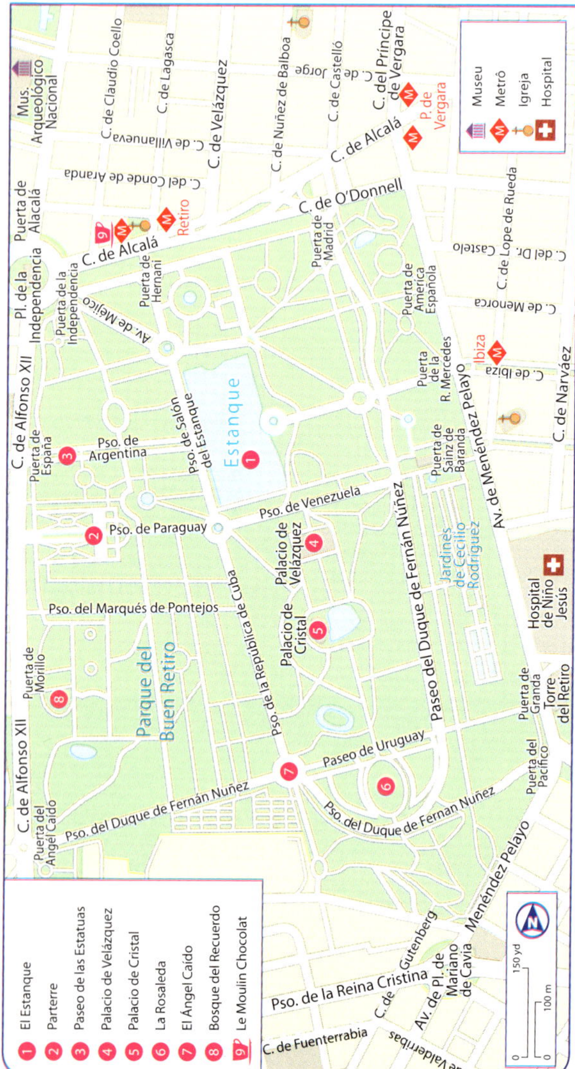

O esplêndido Parque del Retiro é um dos melhores parques urbanos do mundo – tão grande quanto o Hyde Park, em Londres e tão mágico quanto o Central Park de Nova York. Estes belos jardins são tudo o que sobreviveu do palácio barroco Buen Retiro, há muito demolido, mas são hoje o refúgio favorito aos finais de semana dos madrilenhos. **PONTO DE PARTIDA: Metrô para Retiro.**

1 ★★★ crianças **El Estanque**. A peça central do parque é este magnífico lago ornamental, dominado pelo grande Monumento a Alfonso XII, construído no século XIX. As delicadas balsas reais que aqui transitavam nas elaboradas festividades da corte do século XVIII deram lugar a botes a remo e ao brilho das douradas carpas koi perseguindo farelos de pão.

2 **Parterre**. A *parterre*, hoje ligeiramente empoeirada e negligenciada, é um dos poucos cantos sobreviventes dos jardins originais do palácio. Formais e elegantes, com sebes baixas e bem aparadas, é famosa por seus incomuns ciprestes com as copas grossas e aveludadas.

3 **Paseo de las Estatuas.** Um calçadão arrebatador, ladeado por fileiras de estátuas, este é oficialmente chamado de Paseo de la Argentina del Retiro, mas comumente conhecido como Paseo de las Estatuas (Calçada das Estátuas). As estátuas de todos os monarcas espanhóis foram encomendadas originalmente por Fernando VI para adornar o palácio real. Felizmente, ele foi convencido de desistir deste gesto exuberante, mas sem graça e as estátuas redundantes foram transferidas a vários parques municipais por toda a cidade.

4 **Palácio Velázquez**. Este belo pavilhão de tijolos vermelhos, ricamente decorado com ladrilhos pintados a mão, foi construído em 1883 para uma exposição especial. Foi projetado por Ricardo Velázquez Bosco e decorado pelo ceramista Daniel Zuloaga. É hoje usado pelo museu Reina Sofia para abrigar exposições temporárias. *Paseo Duque de Fernan Núñez (Parque del Retiro).* ☎ *91-573-62-45. www.museoreinasofia.mcu.es. Entrada franca. De maio a setembro, segunda-feira e de quarta a sábado de 11h às 20h. Aos domingos e feriados públicos de 11h às 18h. De outubro a abril, segunda-feira e de quarta a sábado de 10h às 18h. Aos domingos e feriados públicos de 10h às 16h.*

Lago ornamental no Parque del Retiro.

5 ★★ **Palacio de Cristal.** Um dos prédios mais fantásticos de Madri, o romântico *Palacio de Cristal* é um pavilhão de vidro próximo a um pequeno lago. Um dos pavilhões de exposições projetados por Ricardo Velázquez Bosco nos anos 1880, é tão delicadamente construído que parece flutuar. É o ponto perfeito para passar uma tarde fazendo um piquenique e lendo um livro. *Paseo Duque de Fernan Núñez (Parque del Retiro).* ☎ *91-574-66-14. www. museoreinasofia.mcu.es. Entrada franca. De maio a setembro, segunda-feira e de quarta a sábado, de 11h às 20h. Aos domingos e feriados públicos, de 11h às 18h. De outubro a abril, segunda-feira e de quarta a sábado, de 10h às 18h. Aos domingos e feriados públicos de 10h às 16h.*

6 ★ **La Rosaleda**. Venha em maio ou junho para curtir estes jardins de rosas em seu melhor período. Projetado em 1915, os jardins são hoje um dos locais mais tranquilos do Retiro. O barulho das fontes acrescenta um toque romântico.

7 **El Ángel Caido**. Madri tem orgulho de possuir o que a cidade afirma ser a única estátua do demônio em todo o mundo. A famosa estátua do Anjo Caído está no extremo sul dos jardins do Retiro e mostra a queda de Lúcifer do paraíso, como descrita por Milton em *O Paraíso Perdido (Paradise Lost)*. A estátua foi criada por Ricardo Bellver em 1877 e subsequentemente adquirida pelo governo Espanhol.

8 ★ **Bosque del Recuerdo**. Em 11 de março de 2004, 191 pessoas foram mortas por um bombardeio terrorista em Madri. Duas semanas depois, um agente especial foi morto por um bombardeio suicida enquanto tentava prender os terroristas. As 192 vítimas dos ataques são lembradas aqui nos Jardins do Retiro, próximo à Floresta da Lembrança. Oliveiras e árvores ciprestes, uma para cada vítima, foram plantadas em um jardim especialmente criado, que foi cercado por um pequeno rio, simbolizando a vida. Os habitantes locais ainda trazem flores para seus entes queridos.

9 **Le Moulin Chocolat.** Se você precisa de um suporte após um duro dia de caminhadas pelo parque Retiro, venha para esta *chocolatier* em estilo francês próxima à estação de metrô Retiro, e peça um croissant de chocolate recém-feito ou um éclair recheado com creme. *Cl Alcalá, 77.* ☎ *91-431-81-45. Metrô: Retiro. $.*

Palacio de Cristal.

6 A Melhor Gastronomia

Nossas Dicas de Restaurantes

Melhor **explosão gourmet**
★★★ Santceloni $$$$$ *Paseo de la Castellana, 577 (p.108)*

Melhor **café da moda**
★ Delic $$ *Plaza de la Paja, s/n (p.104)*

Melhores **tapas à moda antiga**
★ El Mollete $$ *Cl. de la Bola, 4 (p.104)*

Melhor **jantar com vistas panorâmicas**
★★★ La Mirador del Museo $$$$ *Paseo del Prado, 8 (p.106)*

Melhor **jantar ao ar livre**
★★ Bokado $$$$ *Avda Juan de Herrera, 2 (p.100)*

Melhor lugar para levar as **crianças**
★ Peggy Sue's American Diner $ *Cl. Amaniel, 20 (p.108)*

Melhor **chocolate com churros**
★★ Chocolatería San Ginés $ *Pasadizo de San Ginés, 11 (p. 104)*

Lugar **puro glamour**
★★ La Terraza del Casino $$$$$ *Cl. Alcalá, 15 (p.107)*

Melhor **cozinha da vovó**
★★ Casa Alberto $$ *Cl. Huertas, 18 (p.102)*

Melhor **vegetariano**
★ La Isla de Tesoro $$ *Cl. Manuela Malasaña, 18 (p.106)*

Melhor **hora do almoço** *Menú del dia*
★ Al Norte $$$ *Cl. San Nicolás, 8 (p.100)*

Melhores **tijolos informais**
★ Cerveceria Los Gatos $ *Cl. Jesús, 2 (p.103)*

Melhor **fast-food saudável**
★ Fast-Good $ *Cl. Juan Bravo, 3 (p.105)*

Chocolateria San Ginés.

Refeições no Centro de Madri

- **Al Norte** 1
- **Botín** 2
- **Café de los Austrias** 3
- **Café del Oriente** 4
- **Casa Alberto** 5
- **Casa Ciriaco** 6
- **Casa González** 7
- **Casa Manolo** 8
- **Cervecería Los Gatos** 9
- **Chocolatería San Ginés** 10
- **Delic** 11
- **El Estragón** 12
- **Inshala** 13
- **La Parpusa de Moratín** 14
- **La Terraza del Casino** 15
- **Mal de Amores** 16
- **Midnight Rose** 17
- **Naïa** 18
- **Pulpería Maceira** 19

Refeições em Madri

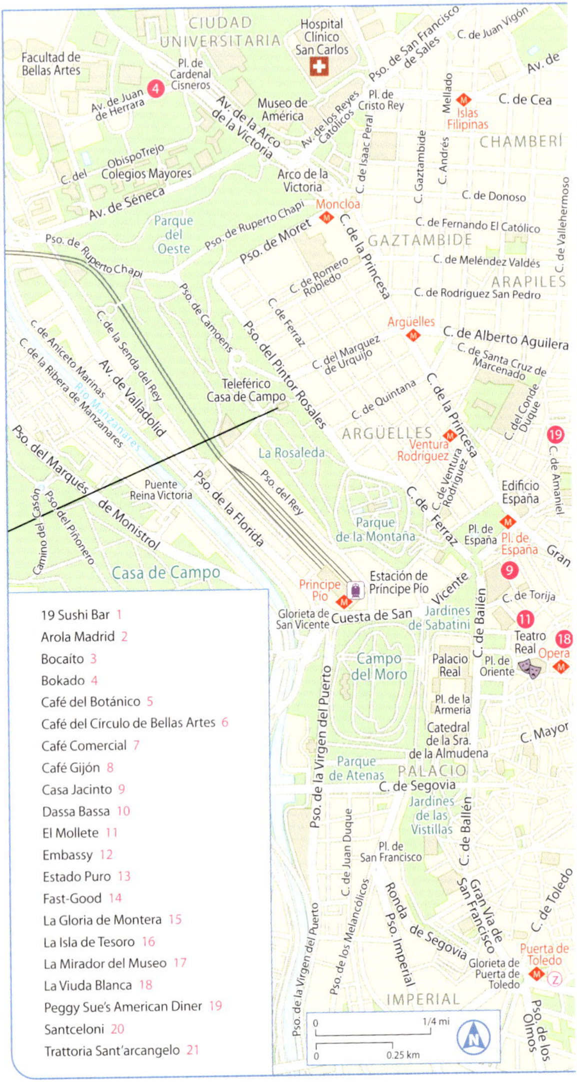

19 Sushi Bar 1
Arola Madrid 2
Bocaíto 3
Bokado 4
Café del Botánico 5
Café del Círculo de Bellas Artes 6
Café Comercial 7
Café Gijón 8
Casa Jacinto 9
Dassa Bassa 10
El Mollete 11
Embassy 12
Estado Puro 13
Fast-Good 14
La Gloria de Montera 15
La Isla de Tesoro 16
La Mirador del Museo 17
La Viuda Blanca 18
Peggy Sue's American Diner 19
Santceloni 20
Trattoria Sant'arcangelo 21

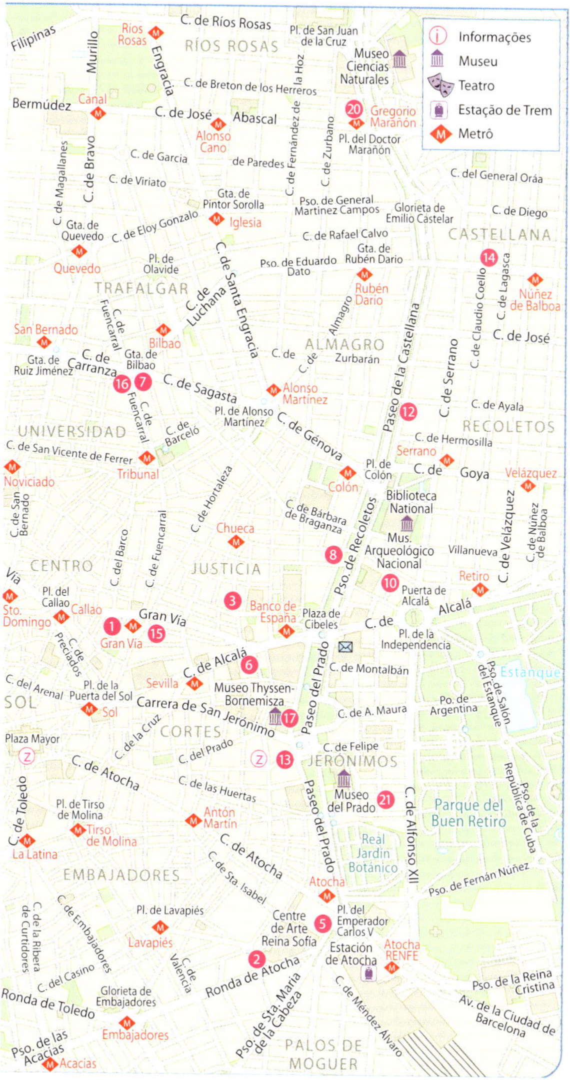
Informações
Museu
Teatro
Estação de Trem
Metrô
C. de Ríos Rosas
RÍOS ROSAS
Ríos Rosas
Filipinas
Murillo
Engracia
Pl. de San Juan de la Cruz
Museo Ciencias Naturales
C. de Breton de los Herreros
Bermúdez
Canal
C. de José
Abascal
Alonso Cano
C. de Fernández de la Hoz
C. de Zurbano
Gregorio Marañón
Pl. del Doctor Marañón
C. de Garcia
de Paredes
C. de Magallanes
C. de Bravo
C. de Viriato
Gta. de Pintor Sorolla
Pso. de General Martinez Campos
Glorieta de Emilio Castelar
C. del General Oráa
C. de Diego
Gta. de Quevedo
C. de Eloy Gonzalo
Iglesia
C. de Rafael Calvo
CASTELLANA
Quevedo
Pl. de Olavide
Pso. de Eduardo Dato
Gta. de Rubén Dario
Rubén Dario
TRAFALGAR
C. de Luchana
C. de Santa Engracia
Almagro
C. de Claudio Coello
C. de Lagasca
Núñez de Balboa
San Bernardo
C. de Fuencarral
Bilbao
ALMAGRO
C. de José
Gta. de Ruiz Jiménez
C. de Carranza
Gta. de Bilbao
C. de Zurbarán
Paseo de la Castellana
C. de Serrano
C. de Sagasta
Alonso Martínez
Pl. de Alonso Martínez
C. de Ayala
UNIVERSIDAD
C. de Barceló
C. de Génova
RECOLETOS
C. de Hermosilla
C. de San Vicente de Ferrer
Tribunal
Serrano
Noviciado
Pl. de Colón
C. de Goya
Velázquez
Colón
C. de San Bernardo
C. de Hortaleza
C. de Bárbara de Braganza
Biblioteca National
C. de Velázquez
C. de Núñez de Balboa
Chueca
Mus. Arqueológico Nacional
Villanueva
CENTRO
C. del Barco
JUSTICIA
Pso. de Recoletos
Retiro
Vía
Pl. del Callao
Callao
Puerta de Alcalá
Sto. Domingo
Gran Vía
Banco de España
Plaza de Cibeles
C. de Alcalá
Pl. de la Independencia
C. de Preciados
C. de Montalbán
C. del Arenal
Pl. de la Puerta del Sol
Sevilla
Museo Thyssen-Bornemisza
Pso. de Salón del Estanque
Estanque
SOL
Sol
Carrera de San Jerónimo
C. de A. Maura
Po. de Argentina
Paseo del Prado
CORTES
Plaza Mayor
C. de la Cruz
C. del Prado
C. de Felipe
JERÓNIMOS
C. de Atocha
C. de las Huertas
Museo del Prado
C. de Toledo
Pl. de Tirso de Molina
Tirso de Molina
Antón Martín
C. de Alfonso XII
Parque del Buen Retiro
Pso. de la República de Cuba
La Latina
Real Jardín Botánico
EMBAJADORES
C. de Sta. Isabel
Atocha
Pso. de Fernán Núñez
C. de la Ribera de Curtidores
C. de Embajadores
Pl. de Lavapiés
Centre de Arte Reina Sofía
Pl. del Emperador Carlos V
Lavapiés
Estación de Atocha
Atocha RENFE
C. de Valencia
C. del Casino
Ronda de Atocha
Pso. de la Reina Cristina
Ronda de Toledo
Glorieta de Embajadores
Pso. de Sta. Maria de la Cabeza
C. de Méndez Álvaro
Av. de la Ciudad de Barcelona
Embajadores
Pso. de las Acacias
Acacias
PALOS DE MOGUER
1
2
3
5
6
7
8
10
12
13
14
15
16
17
20
21

Restaurantes de Madri de A a Z

★ **19 Sushi Bar** MADRI CENTRAL *JAPONESA* Se suas papilas gustativas estão implorando por algo diferente na comida espanhola, experimente este *sushi bar* moderno, no centro. Iluminado e arejado, com uma decoração diretamente minimalista, serve uma grande variedade da cozinha japonesa, de tempurás a sushis e sashimis. Também serve um bife Kobe incrivelmente tentador. O tratamento é surpreendentemente criativo, apesar dos preços razoáveis e inclui um coquetel de tempurá de anêmonas do mar com ovos ou o rolinho de missô de atum com aspargos. O preço fixo para almoços (12€ a 20€) é ótimo. Gosto de passar aqui para uma refeição quando faço compras na Gran Via. *Cl. Salud, 19.* ☎ *91-524-05-71. Pratos principais de 11€ a 26€. MC, V. Almoço e jantar de domingo a sexta e jantar aos sábados. Fechado em agosto. Metrô: Gran Vía. Mapa p.98.*

★ **Al Norte** MADRI CENTRAL *NORTE-ESPANHOLA* A culinária do norte da Espanha, que normalmente é feita de maravilhosos pescados frescos, é considerada uma das melhores do país. Este restaurante chique, com sua mobília arrojada e minimalista, serve pratos deliciosos como as vieiras com garoupa vermelha ou carneiro recheado com camarão e pistaches. Normalmente venho aqui para curtir o ótimo preço fixo do almoço (15€) no encantador e compacto terraço. *Cl. San Nicolás, 8.* ☎ *91-547-22-22. Pratos principais 14,50€ a 20€. MC, V. Almoço e jantar de segunda à sábado, almoços aos domingos. Metrô: Ópera. Mapa p.97.*

★★ **Arola Madri** MADRI CENTRAL *ESPANHOLA CONTEMPORÂNEA* Sergi Arola, um dos melhores chefes da Espanha, dirige este restaurante fino localizado na maravilhosa extensão do museu Reina Sofia. As enormes e curvilíneas paredes de vermelho profundo e a decoração ultramoderna são um ótimo pano de fundo para a culinária contemporânea impecável. As refeições são servidas como parte de um menu fixo: a "Pica-Pica" a 45€ e "La Selección de Sergi" a 60€. Cada uma engloba uma seleção de pratos pequenos, que podem incluir *fritura andaluza* (uma travessa de peixes fritos) ou a *coca de cocochas de bacalao* (um tipo de pão, coberto com suculentos pedaços da parte inferior da cabeça do bacalhau). Este é definitivamente o lugar para ver e ser visto, então venha vestido para se misturar com os fashionistas. *Cl. Argumosa, 43 (dentro do museu Reina Sofia).* ☎ *91-467-02-02. Menus a 45€ e a 60€. AE, V. Almoço e jantar de terça à sábado, almoço às segundas. Metrô: Atocha. Mapa p.98.*

★ **Bocaíto** CHUECA *ESPANHOLA TRADICIONAL* Este restaurante muito popular e tradicional, com seus azulejos coloridos e as enredadas grades decorativas de ferro, mistura de forma atraente as decorações Castelhanas e Andaluzas. O menu é igualmente variado, com pratos desde a Espanha Central até a do Sul. As tapas são excelentes, mas você pode encontrar opções mais substanciais, incluindo carnes grelhadas, cozidos, pescado fresco e mais. Particularmente, eu amo as famosas *mejimetas* – moluscos com molho béchamel grelhados até que suas crostas criem bolhas. *Cl. Libertad, 6.* ☎ *91-532-12-19. Pratos principais, de 9,50 a 20€. AE, MC, V, DC. Almoço e jantar de segunda à sexta e jantar aos sábados. Fechado em agosto. Metrô: Chueca ou Banco de España. Mapa p.98.*

★★ **Bokado** NOROESTE DE MADRI *ESPANHOLA CONTEMPORÂNEA* Os jovens e dinâmicos irmãos Santamaría estão por trás deste restaurante da moda, maravilhosamente localizado no Museo del Traje (Museu da Moda). O interior em branco reluzente contrasta com a mobília preta e elegante, mas peça uma mesa na varanda, com vista para os jardins e suas agradáveis fontes. Experimente a merluza com mexilhões e o molho verde ao estilo Basco, servidos, como tudo aqui, de maneira tão bela que dá vergonha de mexer no prato. No verão, é preciso reservar uma mesa com bastante antecedência. Você também pode experimentar os delicados *pintxos* (tapas ao estilo Basco, feitas com fatias de pão francês e com coberturas exóticas) no café anexo. *Cl. Juan de Herrera, 2 (dentro do Museo del Traje). ☎ 91-549-00-41. Menus a 40€ e a 45€. AE, MC, V. Almoço e jantar de terça à sábado, almoço às segundas. Metrô: Argëles. Mapa p. 97.*

★ **Botin** MADRI CENTRAL *ESPANHOLA TRADICIONAL* Botín, o restaurante mais velho do mundo (fundado em 1725), está localizado no cavernoso porão anexo à Plaza Mayor. É constante na trilha dos turistas, mas mesmo os madrilenhos reconhecem que o prato estrela – o leitão (*cochinillo asado*) – é excelente. *Cl. Cuchilleros, 17. ☎ 91-366-42-17. Pratos principais 8,50€ a 26,50€. AE, DC, MC, V. Almoço e jantar diariamente. Metro: La Latina ou Ópera. Mapa p.97.*

Café del Círculo de Bellas Artes.

★★ **Café de los Austrias** MADRI CENTRAL *CAFÉ* Um clássico à moda antiga, secretamente escondido próximo ao Palácio Real, onde gosto de passar uma ou duas horas da manhã entre cafés e jornais. As colunas de mármore e os espelhos dourados gastos, dão ao lugar um charme um pouco antigo, particularmente no inverno. No verão, puxe uma cadeira na pequena varanda. Tapas simples são oferecidas e também há um *menú del dia* servido no almoço aos finais de semana. *Cl. Plaza de Ramales, 1. ☎ 91-559-84-36. AE, MC, V. Aberto de 9h à meia-noite, de domingo a quinta, de 9h às 2 h 30 às sextas e sábados. Mapa p.97.*

★ crianças **Café del Botánico** MADRI CENTRAL *CASTELHANA TRADICIONAL* Próximo ao Jardim Botânico e ao Prado, este charmoso café à moda antiga possui um *comedor* minúsculo (sala de jantar) onde você pode descobrir pratos tradicionais como feijões cozidos com *chorizo* (embutido de carne de porco, não é a mesma coisa que chouriço brasileiro) ou o *cocido* (o clássico cozido madrilenho). Também possui uma pequena varanda (apesar de que é preciso ter sorte para se conseguir um lugar ali). *Cl. Ruiz de Alarcón, 27. ☎ 91-420-23-42. Pratos a partir de 8€. AE, MC, V, DC. Aberto de 9h às 23h diariamente. Metrô: Banco de España. Mapa p.98.*

★★ crianças **Café del Círculo de Bellas Artes** MADRI CENTRAL *CAFÉ* Este elegante café no estilo dos anos 1920 pode ser encontrado em um prédio Art Decó, com linhas contínuas e janelas enormes. Você pode beliscar alguns sanduíches simples ou tapas ou partir para os bons preços do *menú del dia*. Gosto de vir aqui no meio da tarde, quando quase sempre pode ter o café só para você – "afunde" no sofá com um bom livro. Uma pequena tarifa de ingresso é cobrada (1€), por ser uma fundação privada de arte (veja p.117, O Melhor das Artes e do Entretenimento). *Cl. Marqués de Casa Riera, 2. ☎ 91-360-54-00. AE, DC, MC., V. Segundas e terças-feiras, de 8h às 13h, às sextas e sábados de 9h às 15h e aos domingos de 9h às 16h. Metrô: Banco de España. Mapa p.98.*

★★ **Café Comercial** CHUECA

CAFÉ Este café envelhecido e decorado à moda antiga abriu em 1887 e a porta de vai e vem original ainda funciona perfeitamente. Com seu interior preenchido por luminárias, mesas com tampo de mármore e cadeiras de madeira, está impregnado com o aspecto de uma outra época – algo que mesmo os pobres computadores oferecendo acesso inconstante à internet não conseguem dissipar. As *Tertulias* (os grupos de discussão que os madrilenhos tanto amam) normalmente são organizadas aqui. *Cl. Glorieta de Bilbao, 7. ☎ 91-521-56-55. MC, V. De segunda a quinta, de 7h 30 à meia-noite, sextas e sábados, de 9h à meia-noite e aos domingos de 9h à meia-noite. Metrô: Banco de España. Mapa p.98.*

★ **Café Gijón** MADRI CENTRAL

CAFÉ Fundado em 1888, este já foi o café literário mais famoso de Madri, frequentado por novelistas, poetas, filósofos e pensadores (Hemingway, que parecia topar com um banco de bar em praticamente qualquer lugar da cidade, torcia o nariz para o Gijón, pois o considerava "cheio de fanfarrões"). Hoje, é o preferido das velhas senhoras do bairro de Salamanca, homens de negócios em seus ternos e turistas em busca dos vestígios do romântico passado literário. Todos os artistas se foram e da decoração original do século XIX apenas um relógio sobreviveu. Ainda assim, o interior em veludo vermelho é um lugar luxuoso para uma xícara de café com bolo no meio da tarde, servido por garçons com longos aventais. *Cl. Paseo de Recoletos, 21. ☎ 91-521-54-25. MC, V. Diariamente 7h às 15h. Metrô: Banco de España ou Colón. Mapa p.98.*

★ crianças **Café del Oriente** MADRI CENTRAL

CAFÉ A enorme varanda, ignorando a Plaza de Oriente, oferece algumas das melhores vistas da cidade: o Palácio Real de um lado e o Teatro Real de outro. É melhor para tapas, tira-gostos e sorvetes, mas também é possível apreciar variedades mais substanciais (embora um tanto caras) nos salões elegantes e dourados. *Plaza de Oriente. ☎ 91- 548-46-20. Pratos principais de 12,50 a 26€. AE, DC, MC, V. Aberto diariamente de 8h às 14h, almoço e jantar diários no restaurante. Metrô: Ópera. Mapa p.97.*

★★ **Casa Alberto** MADRI CENTRAL

TAPAS TRADICIONAIS Com quase dois séculos de história, a Casa Alberto permanece firme na cena culinária de Madri. Este é o lugar onde os madrilenhos vem para reviver a comida de suas avós com receitas deliciosamente antigas. Escolha, desde as clássicas tapas

Churros com chocolate na Casa Manolo.

como as ***croquetas*** ou almôndegas (***albóndigas***) no bar ou cozidos substanciais e picadinhos no antigo ***comedor***. *Cl. Huertas, 18. ☎ 91-429-93-56. Tapas a partir de 3,50€, pratos principais 13,50€ a 16,50€. AE, DC, MC, V. De terça à sábado, de meio-dia às 13h, aos domingos, de meio-dia às 16h. Metrô: Antón Martín. Mapa p.97.*

★ **Casa Ciriaco** MADRI CENTRAL *ESPANHOLA TRADICIONAL* Uma instituição venerável, a Casa Ciriaco é uma das poucas lembranças sobreviventes da Era de Ouro das tavernas madrilenhas da virada dos século XX. Toureiros famosos, escritores e pintores já fizeram desta um segundo lar – quando você vir o belo interior azulejado e conhecer os garçons educados, você pode ficar tentado a fazer o mesmo. Este é o lugar para experimentar todos os clássicos madrilenhos, dos ***callos*** (tripas) ao ***cocido*** (o clássico cozido de porco, servido apenas às terças) e a excelente ***callina en pepitoria*** (uma caçarola de frango com alho e açafrão). *Cl. Mayor, 12. ☎ 91-429-56-18. MC, V. De segunda a quinta, de 9h à meia-noite e sextas e sábados de 9h às 13h. Metrô: Antón Martín. Mapa p.97.*

★ **Casa González** MADRI CENTRAL *TAPAS TRADICIONAIS* Um delicioso e antigo estabelecimento do bairro, a Casa González está em funcionamento desde 1931. É um cruzamento encantador entre uma delicatessen antiquada e um bar e é o lugar ideal para experimentar travessas com queijos espanhóis de gosto peculiar, presuntos, carnes defumadas, todos acompanhados de bons vinhos. Se você gostar do que provar, os produtos podem ser comprados em pacotes fechados a vácuo no balcão da delicatessen. *Cl. León, 12. ☎ 91-429-56-18. MC, V. De segunda a quinta, de 9h à meia-noite e sextas e sábados, de 9h às 1h. Metrô: Antón Martín. Mapa p.97.*

★ **Casa Jacinto** MADRI CENTRAL *ESPANHOLA TRADICIONAL* A vigorosa culinária Castelhana do centro da Espanha é o forte nesta taverna convidativa. A decoração inteiramente em estilo ***castizo*** (genuína) inclui uma grande cabeça de touro e outros itens que lembram as touradas. Bons ***callos*** (tripas), um clássico madrilenho, junto com carnes assadas, estão no menu, assim como uma pequena seleção de frutos do mar e saladas. Os cortes de carneiro, ***chuletas de lechal*** e os cozidos são especialmente saborosos. *Cl. Reloj, 20. ☎ 91-542-67-25. Pratos principais de 10€ a 19,50€. MC, V. Almoço e jantar de segunda à sábado. Metrô: Plaza España. Mapa p.98.*

★ **Casa Manolo** MADRI CENTRAL *TAPAS TRADICIONAIS* Algumas das melhores ***croquetas*** na cidade podem ser encontradas neste bar simples e arcaico. Está localizado por trás do parlamento e em frente ao Teatro de la Zarzuela, o que cria uma multidão interessante de políticos e artistas de rua. As deliciosas ***empanadas*** (pequenas tortas recheadas com carne ou atum) também são deliciosas. Se você estiver perto daqui na hora do café da manhã, experimente alguns ***churros com chocolate*** – tiras de massa frita mergulhadas em chocolate quente e grosso. *Cl. Jovellanos, 7. ☎ 91-521-45-16. MC, V. De terça à sábado, de 9 à meia-noite e segunda, de 9 às 17h. Metrô: Banco de España. Mapa p.97.*

★ **Cerveceria Los Gatos** MADRI CENTRAL *TAPAS TRADICIONAIS* Os velhos ladrilhos coloridos, a alegre decoração aleatória (que inclui camisas de basquete e posteres vintage) e a frequência convidativa de madrilenhos tornam esta uma parada obrigatória ao explorar o bairro de Santa Ana. Os canapés (pão francês com cobertura de queijos curados, presuntos ou salmão defumado) vão bem com os refrescantes chopes. *Cl. Jesús, 2. ☎ 91-429-30-67. MC, V. Diariamente de 11h às 2h. Metrô: Banco de España. Mapa p.97.*

★★ crianças **Chocolatería San Ginés** MADRI CENTRAL *CAFÉ* Possivelmente a mais famosa das chocolaterias de Madri, com uma reputação invejável por seus ***churros com chocolate***. Frescos e leves como o ar, estes bastões de massa fritos e longos são absolutamente deliciosos. Há algumas mesas do lado de fora ou você pode comer no interior tradicionalmente azulejado. *Cl. Pasadizo de San Ginés, 5. ☎ 91-365-65-46. Não aceita cartões de crédito. Aberto diariamente de 9h 30 às 7h. Metrô: Ópera ou Sol. Mapa p.97.*

★★ **Dassa Bassa** MADRI CENTRAL *ESPANHOLA CONTEMPORÂNEA* Darío Barrio, um chef popular na TV, está por trás deste restaurante moderno, escondido em um porão. Palidamente decorado com um minimalismo austero, as atenções ficam focadas totalmente nos pratos. A culinária ousada é baseada nos produtos mais frescos e o menu (que sempre tem cinco entradas, quatro pratos de carne e quatro pratos de peixe) muda regularmente de acordo com os produtos da temporada. Espere o inesperado: uma sopa de verão é servida com lascas de bacalhau e geleia de ***ginger ale*** (um tipo de cerveja temperada com gengibre) e o clássico ***rabo de toro*** (rabo de boi cozido) servido com vinho tinto e chocolate. *Cl. Villalar, 7. ☎ 91-576-73-97. Pratos principais de 20€ a 42€. AE, DC, MC, V. Almoço e jantar de terça à sábado. Fechado por três semanas em agosto. Metrô: Atocha. Mapa p.98.*

O café Delic, aberto durante o dia, se transforma num bar à noite.

★ crianças **Delic** MADRI CENTRAL *CAFÉ* Durante o dia um café tranquilo (embora sempre cheio) e à noite um tumultuado bar de coquetéis, o Delic é o mais estiloso dos numerosos cafés agrupados ao redor da adorável Plaza de la Paja. Prove os sanduíches, as saladas interessantes ou ataque os bolos (o bolo de cenoura é o melhor que já provei na Espanha). As crianças podem correr pela praça enquanto os pais cansados se refrescam na grande varanda. *Plaza de la Paja, s/n. ☎ 91-364-54-50. MC, V. Aberto de terça à sábado, de 11h às 20h e aos domingos de 11h à meia-noite. Às segundas-feiras, de 20h às 2h. Metrô: La Latina. Mapa p.97.*

★ **El Estragón** MADRI CENTRAL *VEGETARIANO* Este restaurante atraente tem vista para uma das praças centrais mais charmosas de Madri (apesar das atuais construções). As mesas estão espalhadas ao longo de ***três níveis*** e a decoração rústica é caseira e amigável. A comida é saudável e saborosa, embora falte um pouco de imaginação e o menu do almoço com preço fixo é uma pechincha por 10€. Curiosamente, não servem café aqui, mas há incontáveis cafés próximos para repor a cafeína. *Cl. Plaza de la Paja, 21. ☎ 91-365-89-82. Pratos de 6€ a 13,50€. AE, MC, V. Almoço e jantar diariamente. Metrô: La Latina. Mapa p.97.*

★ crianças **El Mollete** MADRI CENTRAL *ESPANHOLA MODERNA* Uma taverna agradavelmente antiga com decoração rústica e apenas algumas mesas, El Mollete serve uma variedade surpreendentemente ousada de tapas e ***raciones***. Junto com algumas ***croquetas*** e ***tortillas***, você pode encontrar a ***morcilla*** caramelizada (feito com sangue, similar

Experimente El Molete para uma aventureira variedade de tapas.

ao chouriço brasileiro) ou magret de pato com molho de tangerina. Meu favorito é o clássico ***huevo estrellados*** – um prato simples de batatas e ovos que é de alguma forma mais do que a soma de suas partes. Eles quase sempre tem alguma opção especial que não está no cardápio – não tenha medo de perguntar aos amigáveis donos por recomendações. Os preços são extremamente vantajosos e o lugar lota rapidamente com os jovens frequentadores habituais. *Cl. de la Bola, 4. ☎ 91-547-78-20. Tapas a partir de 2,50€. Não aceita cartões de crédito. Metrô: Ópera. Mapa p.98.*

★ **Embassy** MADRI CENTRAL *CAFÉ* Outro clássico entre os cafés tradicionais de Madri, este é o lugar para servir-se com um chá da tarde. A variedade de chás e chocolates quentes servidos com bolos, pequenos sanduíches elegantes e doces. Junte-se às imaculadas senhoras de Salamanca e seus "minúsculos" cães na esplêndida varanda de verão. *Paseo Castellana 12. ☎ 91-435-94-80. AE, DC, MC, V. Diariamente de 9h às 2h. Metrô: Serrano ou Colón. Mapa p.98.*

★ **Estado Puro** MADRI CENTRAL *TAPAS MODERNAS* Um dos mais novos bares de tapas da cidade, este resplandecente "point" é regido pelo chef celebridade Paco Roncero (o chef do La Terraza del Casino). O bar está instalado em um porão sobre o NH Hotel Paseo del Prado e é selvagemente decorado com irônicos afrescos retrôs e milhares de pentes flamencos tradicionais colados no teto arqueado. Também é possível ficar na varanda durante os meses de verão. Tapas tradicionais como as ***croquetas*** e ***callos*** (tripas) estão no cardápio, mas também há uma ou duas criações inventivas como a sublime e desconstruída ***Tortilla del siglo XXI*** (omelete à espanhola do século XXI). *Plaza Cánovas del Castillo, 4. ☎ 91-573-95-54. AE, DC, MC, V. Almoço e jantar de terça à sábado e almoço na segunda e no domingo. Metrô: Atocha. Mapa p.98.*

★ crianças **Fast-Good** MADRI CENTRAL *CAFÉ* O chef celebridade Ferran Adriá liderou o boom na culinária espanhola com suas criações extraordinárias no lendário restaurante El Bullí na Catalúnia. Seu projeto mais recente (em conjunto com os Hotéis NH) ataca a *fast food* e começou como uma pequena cadeia de restaurantes servindo hambúrgueres, saladas e sanduíches, que são preparados com ingredientes saborosos e saudáveis. No verão, eles também servem sorvetes artesanais, feito com produtos exclusivamente naturais. O entorno moderno, brilhantemente colorido, torna o lugar uma experiência agradável para o jantar. Esta filial cai bem se você estiver visitando os museus Sorolla ou Lazaro Galdiano. *Cl. Juan Bravo, 3. ☎ 91-577-65-41. Hambúrgueres a partir de 5,50€, sanduíches a partir de 4,50€. AE, DC, MC, V. Aberto diariamente de meio-dia às 2h. Metrô: Serrano ou Colón. Mapa p.98.*

★★ crianças **Inshala** MADRI CENTRAL *INTERNACIONAL* Um dos meus restaurantes favoritos no antigo coração de Madri, este é um restaurante informal e confortável com decoração norte-africana (lâmpadas, bancos estofados,

O restaurante do terraço no Museu Thyssen, La Mirador.

mesas de ladrilhos, telas). O cardápio oferece uma mistura interessante de culinária internacional – massas italianas, panquecas mexicanas, macarrões japoneses, cuscuz marroquino e a *paella* mediterrânea – apesar de a comida espanhola predominar. O menu para o almoço, com preço fixo, é uma pechincha por 14€. *Cl. Amnistía, 10.* ☎ *91-548- 26-32. Pratos de 8,95 a 14.50€. MC, V. Almoço e jantar de segunda à sábado. Metro: Ópera. Mapa p.97.*

★ crianças **La Gloria de Montera** MADRI CENTRAL *ESPANHOLA MODERNA* Parte de uma pequena cadeia, este restaurante oferece estilo em um orçamento e um cardápio de preços bem razoáveis, com a decente e moderna culinária mediterrânea. Embora você provavelmente não tenha a sua refeição mais memorável de Madri aqui, é relaxante, surpreendentemente estiloso e muito confortável. Isso o torna extremamente popular entre os jovens madrilenhos e as famílias que apreciam preços baixos. O restaurante não aceita reservas, então chegue cedo para garantir uma mesa. As filas são inevitáveis aos finais de semana. *Cl. Caballero de Gracia, 10.* ☎ *91-523-44-07. Pratos principais de 5,95€ a 8,95€. MC, V. Almoço e jantar. Metrô: Sol. Mapa p.98.*

★ crianças **La Isla de Tesoro** MALASAÑA *VEGAN* Um restaurante vegan encantador, com uma sala de jantar decorada como um bar da praia no Caribe, este oferece a melhor comida e mais imaginativa do que a maioria dos restaurantes vegetarianos de Madri. A cada dia, o menu oferece a culinária de um país diferente, então você pode encontrar um cuscuz de seitan (carne de glúten), um curry tailandês ou alguma massa com cogumelos selvagens. Os funcionários, amigáveis e encantadores, são a cereja do bolo. *Cl. Manuela Malasaña, 3.* ☎ *91-593-14-40. Pratos principais de 6,50€ a 14€. Almoço e jantar diariamente. Não aceita cartões de crédito. Metrô: Bilbao. Mapa p.98.*

★★ **La Mirador del Museo** MADRI CENTRAL *ESPANHOLA MODERNA* Muitos dos restaurantes de Madri fecham completamente durante o mês de agosto, mas este sublime restaurante de terraço, no topo do museu Thyssen, está aberto *exclusivamente* em julho e agosto. A comida – contemporânea mediterrânea, belamente preparada, apresentada e servida – mal se compara com as vistas extraordinárias que abrangem maior parte do antigo centro da cidade. É verdadeiramente de tirar o fôlego. Reserve com muita antecedência – este é o terraço mais procurado de Madri. *Paseo del Prado, 8.* ☎ *91-429-27-32. Pratos principais de 12,50€ a 26,50€. AE, MC, V. Jantar de terça à sábado. Metrô: Banco de España. Mapa p.98.*

★ **La Parpusa de Moratín** MADRI CENTRAL *ESPANHOLA TRADICIONAL* Este restaurante atraente, com paredes de tijolos expostas e decoração de madeira, servem os deliciosos pratos castelhanos favoritos a preços razoáveis. Comece com os corações de alface servidos com os peculiares queijos azuis Cabrales das Asturias e depois experimente um dos fortes cozidos. O serviço é amigável e eficiente. É bem prático se você estiver passeando pelo Prado. *Plaza de la Paja, 3.* ☎ *91-366-27-83. Pratos de 8,50€ a 12,50€. AE, MC, V. Almoço e jantar diariamente. Metrô: Sol. Mapa p.91.*

★★★ La Terraza del Casino MADRI CENTRAL *ESPANHOLA CONTEMPORÂNEA* Um restaurante caro no cassino histórico, este é o lugar mais glamouroso para se jantar em Madri. A maravilhosa decoração branca do século XXI é uma releitura da opulência barroca, com as gigantes janelas oferecendo vistas maravilhosas. O chef premiado, Paco Roncero, cria uma das culinárias mais excitantes da cidade, com uso abundante de espumas e pratos desconstruídos à maneira de seu professor, o lendário Ferran Adriá. Vista-se e prepare-se para ter suas papilas gustativas impressionadas. *Cl. Alcalá, 15. ☎ 91532-12-75. Pratos principais de 39€ a 68€. AE, MC, V. Almoço e jantar de segunda à sexta e jantar aos sábados. Fechado em agosto. Metrô: Sevilla. Mapa p.97.*

★ La Viuda Blanca MADRI CENTRAL *ESPANHOLA MODERNA* Um restaurante da moda e clube lounge para a igualmente requisitada Calle Campomanes, este é um lugar divertido para um jantar mais animado. Os Djs mantém o ambiente elevado, enquanto os frequentadores mergulham nos carpaccios, saladas e nas versões criativas de clássicos como a sopa de verão Salmorejo ou o arroz com cogumelos selvagens e lagostins. O clube anexo, La Viuda Negra, é um ótimo lugar para um coquetel após o jantar. *Cl. Campomanes, 6. ☎ 91-548-75-29. Pratos de 13,50€ a 20€. MC, V. Almoço e jantar de segunda à sábado. Metrô: Santo Domingo. Mapa p.98.*

★ Mal de Amores MADRI CENTRAL *ESPANHOLA MODERNA* Para um jantar romântico, considere este atraente e aconchegante restaurante em um dos locais mais bonitos de Madri. Há dois espaços para jantar: o porão iluminado por velas, com suas paredes antigas, é o mais romântico. O cardápio traz a moderna culinária espanhola com influências internacionais. Os pratos de massa são generosos e saborosos, mas deixe espaço para as sobremesas caseiras. *Cl. Don Pedro, 6. ☎ 91-366-55-00. Pratos de 12,50€ a 22,50€. AE, MC, V. Almoço e jantar de terça à sábado e jantar às segundas. Metrô: La Latina. Mapa p.97.*

★ Midnight Rose MADRI CENTRAL *CULINÁRIA FUSION* O extravagante bistrô no ultra moderno hotel Me by Meliá é um dos lugares mais interessantes para se comer na cidade. A decoração arrojada em preto e dourado polido dá um cenário brilhante para a turma da moda, que vem menos para apreciar a original culinária *fusion* do que para ver e ser visto. Experimente os croquetes de camarão e açafrão ou o ravioli de alcachofra com garoupa. A cozinha fica aberta até meia-noite, fazendo do local um ponto excelente

Midnight Rose bistro no hotel Me By Meliá.

para jantares tardios. *Plaza de Santa Ana, 14. ☎ 91-701-60-20. Pratos principais de 9€ a 26€. AE, MC, V. Almoço e jantar diariamente. Metrô: Sol. Mapa p.97.*

★ **Naïa** MADRI CENTRAL *ESPANHOLA MODERNA* Um tranquilo restaurante da moda em uma praça movimentada serve uma culinária imaginativa elegante, no estilo dos arredores de Nova York. Experimente especialidades como as anchovas Santoña servidas com cerejas e o tomate *pisto* ou o veado assado servido com aipo e purê de amoras, enquanto os Djs são responsáveis pela música ambiente. Termine com uma satisfatória torta de chocolate. Possuem um grande espaço na adorável praça e é no coração de uma das zonas mais cheias de energia da vida noturna do centro. *Plaza de la Paja, 3. ☎ 91-366-27-83. Pratos de 11€ a 17,50€. AE, MC, V. Almoço e jantar diariamente. Metrô: Sol. Mapa p.97.*

★ crianças **Peggy Sue's American Diner** MADRI CENTRAL *NORTE AMERICANA* Crianças de todas as idades vão adorar este salão rosa berrante, no estilo dos anos 1950. Com sua jukebox e o balcão cromado, é como uma divertida viagem no tempo. Os cachorros-quentes, hambúrgueres e milk-shakes são todos feitos na hora, na cozinha aberta. As batatas fritas, preparadas com a casca das batatas intacta, são até um pecado de tão deliciosas. Certifique-se de reservar com antecedência, porque é muito pequeno e há apenas algumas mesas. Há outra filial na Calle Eguilaz 1 (Metrô: Glorieta de Bilbao). *Cl. Amaniel, 20. ☎ 91-521-85-60. Pratos 4,45€–5,95€. MC, V. Jantar de segunda a sexta e almoço e jantar aos sábados e domingos. Metrô: Noviciado. Mapa p.98.*

★ **Pulpería Maceira** MADRI CENTRAL *TAPAS TRADICIONAIS* Esta pousada tradicional, atraentemente em ruínas, é especializada em pratos da Galícia, no noroeste da Espanha, que é muito celebrado por seus frutos do mar. O mais típico prato galego é o *pulpo* (polvo), servido aqui em estilo clássico, com tomate picante e molho de páprica. Outros pratos saborosos incluem os moluscos *marinera*, os cozidos de peixe e uma pequena seleção de pratos de carne. Na hora do almoço, eles oferecem o *plato del dia* por apenas 6€. Há uma boa variedade de vinhos regionais – eu amo os vinhos Galicianos Albariño, que são acompanhamentos perfeitos para frutos do mar. *Cl. Jesús, 7. ☎ 91-429-15-84. Tapas a partir de 2,50€, refeições a partir de 6,95€. AE, MC, V. Almoço e jantar de terça à sábado. Metrô: Antón Martín. Mapa p.97.*

★★★ **Santceloni** MADRI CENTRAL *ESPANHOLA CONTEMPORÂNEA* Santi Santamaría é sem dúvida um dos melhores chefs da Espanha e, se você quer um tratamento gastronômico para nunca mais esquecer, vá para este elegante restaurante no Hotel Hesperia. Este *maestro* catalão faz uma culinária mágica, criando pratos inovadores a partir de produtos da estação bem frescos. O cardápio muda regularmente, mas pode incluir alguns pratos como o carneiro, que é perfeitamente tenro, com berinjela, tomates e azeitonas ou a codorna assada com hortelã e trufas negras. Cada fatia é um pedaço do paraíso. Não economize nessa ocasião: avance para o *menú gastronomico* (132€) ou o *Gran Menú* (165€). *Paseo de la Castellana, 577. ☎ 91-210-88-40. Pratos de 39€ a 68€. AE, MC, V. Almoço e jantar de segunda à sexta e jantar aos sábados. Fechado em agosto. Metrô: Gregorio Marañón. Mapa p.98.*

★ **Trattoria Sant'arcangelo** MADRI CENTRAL *ITALIANA* Esta taberna atraente e iluminada é uma opção prática se você estiver na vizinhança do Prado. O comprido cardápio inclui todos os favoritos italianos, de massas a pizza assim como as saladas e carpaccios. É um bom lugar para trazer as crianças, com algo para manter até mesmo os mais alvoroçados comensais felizes. *Cl. Moreto, 15. ☎ 91-369-10-93. Pratos principais de 8.50 a 11.20€. MC, V. Almoço e jantar diariamente. Metrô: Gran Vía. Mapa p.98.*

7 O Melhor da Vida Noturna

A Noite de Madri

Aloque 1
Ananda 2
Anjelica Cinema Lounge Café 3
Areia 4
Bar Automático 5
Café Antic 6
Cervecería Alemana 7
El Perro de la Parte de Atrás del Coche 8
Flamingo 9
Fulanita de Tal 10
Glass Bar (Hotel Urban) 11
La Terraza (Hotel Urban) 12
La Vía Lactea 13
Le Cock 14
Macumba 15
Maluca 16
Matritum 17
Museo Chicote 18
Nunc est Bibendum 19
Ohm at Sala Bash 20
Oui Cocktail Club 21
Taberneros 22
The Penthouse (Me By Meliá) 23

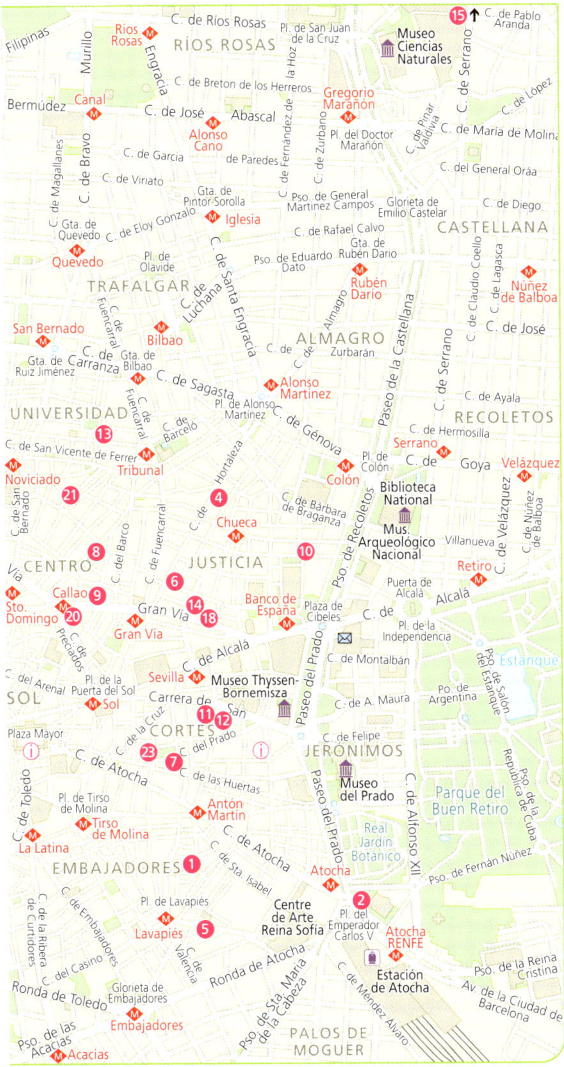
Filipinas
Murillo
Ríos Rosas
C. de Ríos Rosas
RÍOS ROSAS
Pl. de San Juan de la Cruz
Museo Ciencias Naturales
15
C. de Pablo Aranda
C. de Serrano
Engracia
C. de Breton de los Herreros
C. de Fernández de la Hoz
Gregorio Marañón
C. de López
Bermúdez
Canal
C. de José
Abascal
Alonso Cano
Pl. del Doctor Marañón
C. de Pinar
Valdivia
C. de María de Molina
C. de Magallanes
C. de Bravo
C. de Garcia
de Paredes
C. de Zurbano
C. del General Oráa
C. de Viriato
Gta. de Pintor Sorolla
Pso. de General Martínez Campos
Glorieta de Emilio Castelar
C. de Diego
Gta. de Quevedo
C. de Eloy Gonzalo
Iglesia
C. de Rafael Calvo
CASTELLANA
Quevedo
Pl. de Olavide
C. de Santa Engracia
Pso. de Eduardo Dato
Gta. de Rubén Darío
C. de Claudio Coello
C. de Lagasca
TRAFALGAR
C. de Luchana
Rubén Darío
Núñez de Balboa
C. de Fuencarral
Almagro
San Bernado
Bilbao
ALMAGRO
C. de José
Gta. de Ruiz Jiménez
C. de Carranza
Gta. de Bilbao
C. de Zurbarán
Paseo de la Castellana
C. de Serrano
C. de Sagasta
Alonso Martínez
C. de Ayala
UNIVERSIDAD
Pl. de Alonso Martínez
C. de Génova
RECOLETOS
C. de Barceló
13
C. de Hermosilla
C. de San Vicente de Ferrer
Tribunal
Serrano
Pl. de Colón
C. de Goya
Velázquez
Noviciado
C. de Hortaleza
Colón
Biblioteca National
21
4
C. de Bárbara de Braganza
C. de San Bernado
Chueca
Mus. Arqueológico Nacional
Villanueva
C. de Velázquez
C. de Núñez de Balboa
8
C. del Barco
10
Pso. de Recoletos
CENTRO
JUSTICIA
Retiro
6
Puerta de Alcalá
Vía
Callao
9
14
Banco de España
Plaza de Cibeles
C. de Alcalá
Sto. Domingo
20
Gran Vía
18
Pl. de la Independencia
C. de Preciados
Paseo del Prado
C. de Montalbán
Estanque
Pso. de Salón del Estanque
C. del Arenal
Sevilla
Museo Thyssen-Bornemisza
Pl. de la Puerta del Sol
Po. de Argentina
SOL
Sol
Carrera de San
C. de A. Maura
11
12
C. de la Cruz
CORTES
C. de Felipe
Plaza Mayor
C. del Prado
23
7
JERÓNIMOS
C. de Atocha
Museo del Prado
C. de las Huertas
C. de Alfonso XII
Parque del Buen Retiro
Pso. de la República de Cuba
C. de Toledo
Pl. de Tirso de Molina
Antón Martín
Tirso de Molina
Real Jardín Botánico
La Latina
C. de Sta. Isabel
EMBAJADORES
1
Atocha
Pso. de Fernán Núñez
2
Pl. de Lavapiés
Centre de Arte Reina Sofía
Pl. del Emperador Carlos V
Atocha RENFE
C. de Embajadores
C. de la Ribera de Curtidores
Lavapiés
5
C. de Valencia
C. del Casino
Ronda de Atocha
Estación de Atocha
Pso. de la Reina Cristina
Ronda de Toledo
Glorieta de Embajadores
C. de Méndez Álvaro
Av. de la Ciudad de Barcelona
Pso. de Sta. María de la Cabeza
Embajadores
Pso. de las Acacias
PALOS DE MOGUER
Acacias

Nossas Dicas para Aproveitar a Noite em Madri

Melhor clima do velho mundo
★ Cervecería Alemana, *Plaza Santa Ana, 6 (p.113)*

Melhor lugar para encontrar o próximo Pedro Almodóvar
★ Anjelica Cinema Lounge Café, *Cl. Cava Baja, 24 (p.113)*

Melhor vista dos telhados da cidade
★ La Terraza (Hotel Urban), *Carrera de San Jerónimo, 24 (p.115)*

Melhor lugar para ver e ser visto
★ The Penthouse (A Cobertura – Me by Meliá), *Plaza de Santa Ana, 14 (p.116)*

Melhor lugar para provar vinhos
★★ Aloque, *Cl. Torrecilla del Leal, 20 (p.116)*

Melhores coquetéis clássicos
★ Museo Chicote, *Gran Via, 12 (p.116)*.

Melhores ostras e champanhe
★★★ Glass Bar (Bar de Vidro – Hotel Urban), *Carrera de San Jerónimo, 34 (p.115)*.

Melhor lugar para beber uma cerveja gelada em um dia quente
★★ Bar Automático, *Cl. Argumosa, 17 (p.113)*.

Melhor lugar para relaxar
★ Areia, *Cl. Hortaleza, 92 (p.113)*.

Melhor casa noturna
★★ Macumba, *Plaza de la Estación de Charmartin, s/n (p.114)*

Melhor clube de dança ao ar livre
★★ Ananda, *Avda de la Ciudad de Barcelona, s/n (p.114)*

Melhor lembrança da Movida Madrileña
★★★ La Via Lactea, *Cl. Velarde, 19 (p.113)*

Melhor lugar com nome estranho
★★ El Perro de la Parte de Atrás del Coche (O cão da parte de trás da carroça/do carro), *Cl. Puebla, 15 (p.114)*

Melhor noite Gay
★ Ohm na Sala Bash, *Cl. Numáncia, 179 (p.115)*

Melhor Disco bar para músicas Eletropop
★ Oui Cocktail Club, *Cl. Marqués Santa Ana, 11 (p. 114)*

Melhor after party (pós festa)
★ "Space of Sound" (no Macumba), *Cl. Plaza de la Estación de Chamartin, s/n (p.114)*

Melhores vinhos e tapas
★ Taberneros, *Cl. Santiago, s/n (p.116)*

The Penthouse é um ótimo lugar para ver pessoas.

Vida Noturna em Madri de A a Z

A secular Cerveceria Alemana.

Bares e Pubs

★ **Anjelica Cinema Lounge Café** MADRI CENTRAL Este bar boêmio e tranquilo anexo a um pequeno cinema de arte, serve tapas, petiscos e coquetéis até tarde da noite. Junte-se aos jovens intelectuais de Madri e participe dos debates e discussões organizados. *Cl. Cava Baja, 24. ☎ 91-366-04-94. Tapas a partir de 1,50€. De domingo à quarta, de meio-dia à 1h e de quinta à sábado, de meio-dia às 2h 30. Metrô: Latina. Mapa p.110.*

★ **Areia** MADRI CENTRAL Esparrame-se em um dos sofás baixos com almofadas empilhadas e aprecie a iluminação suave, as cortinas de seda, a música eletrônica tranquila, o lounge e a música mundial com os Djs convidados. Nas tardes de sábado e domingo, há um ótimo almoço (de 12h às 17h) – perfeito para curar ressacas. *Cl. Hortaleza, 92. ☎ 91-310-03-07. Metrô: Antón Martín. Mapa p.110.*

★ **Bar Automático** MADRI CENTRAL Um lugar descontraído, preferido entre os estudantes na popular Calle Argumosa, repleta de bares, este é o lugar para começar a noite. No verão, a festa se espalha por toda a rua, ladeada por varandas. *Cl. Argumosa, 17. ☎ 91-530-99-21. Metrô: Atocha ou Lavapies. Mapa p.110.*

★ **Cervecería Alemana** MADRI CENTRAL Esta taverna secular, revestida em madeira, não mudou nada desde que Hemingway deu apoio financeiro ao bar. Animados garçons com seus longos aventais brancos trazem ótimas cervejas acompanhadas por boas tapas. É bastante frequentado por turistas, mas há uma clientela local muito fiel também. *Plaza de Santa Ana, 6. ☎ 91-429-70-33. Metrô: Sol. Mapa p.110.*

★ **La Via Lactea** MADRI CENTRAL Um veterano da *Movida Madrileña* de 1980, este é um dos pontos mais antigos da cidade. Uma nova geração com interesses artísticos e outros tipos alternativos, circula sob os tetos abobadados, completamente cobertos por antigos posteres de teatro, cinema e concertos. *Cl. Velarde, 19. ☎ 91-446-75-81. Metrô: Bilbao ou Tribunal. Mapa p.110.*

★ **Le Cock** MADRI CENTRAL Um bar tranquilo, acima da média, onde você pode recostar-se nos sofás e experimentar um coquetel bem misturado. Confortável, sem ser tão cheio e popular, mas não tão da moda, é merecidamente um dos bares mais amados. Durante o início da tarde, é um ótimo lugar para passar o tempo por uma ou duas horas. Mais tarde e nos finais de semana, a música e a clientela se animam ainda mais. *Cl. de la Reina, 16. ☎ 91-532-28-26. Metrô: Gran Vía ou Sevilla. Mapa p.110.*

★ **Maluca** MADRI CENTRAL Não há muitos lugares em Madri que podem se orgulhar de servir um ***daiquiri*** com morangos frescos, mas o estiloso Maluca sempre consegue. É um dos menores bares nesta rua tomada e repleta de bares e é um dos meus favoritos para começar uma longa noitada em Madri. *Cl. Calatrava, 16. ☎ 91-356-09-96. Metrô: La Latina. Mapa p.110.*

Boates

★★ **Ananda** MADRI CENTRAL Um estacionamento próximo à estação de trem de Atocha pode não parecer o melhor local para o maior clube ao ar livre da cidade, mas uma rápida olhada na inspiração asiática da decoração do Ananda vai tranquilizar os ***clubbers*** exigentes. Talvez o ponto mais popular no verão de Madri, sua vasta varanda com sofás de vime, esculturas Hindus e lamparinas fica lotada todo final de semana. *Avda de la Ciudad de Barcelona, s/n. ☎ 91-506-02-56. Metrô: Atocha. Mapa p.110.*

★ **El Perro de la Parte de Atrás del Coche** MADRI CENTRAL Além do nome mais estranho (O cão da parte de trás da carroça/ do carro), este porão é um dos lugares com música ao vivo mais animados da cidade, com frequentadores alternativos e elegantes. Sons ecléticos do soul e funk ao eletrônico vão fazer você dançar até o amanhecer. *Cl. Puebla, 15. ☎ 91-521-03-25. Couvert artístico de 8€, inclui um drinque. Metrô: Callao. Mapa p.110.*

★★ **Flamingo** MADRI CENTRAL O clube gigantesco e emblemático no centro da cidade, a Sala Flamingo abriga três noites muito populares. O Reggae reina às terças com o Island Sound System, na sexta-feira é a massa jovem do Ocho y Medio e aos sábados os fãs de música alternativa e os góticos se juntam para o Deep Hole. *Cl. Mesonero Romanos, 13. ☎ 91-541-35-00. Couvert artístico de 6€ a 10€, inclui um drinque. Metrô: Gran Vía. Mapa p.110.*

★★ **Macumba** NORTE DE MADRI Provavelmente o melhor local aqui, esta enorme boate tem o melhor sistema de som da cidade e recebe várias noitadas "top". A Danzoo, nas noites de sábado, atrai os melhores Djs internacionais e é atualmente a melhor noite da cidade. Nas manhãs de domingo, um "after party", Space of Sound, é lendário. *Plaza de la Estación de Chamartín, s/n. ☎ 91-506-02-56. Couvert artístico de 10€ a 20€ normalmente inclui um drinque. Metrô: Chamartín. Mapa p.110.*

★ **Oui Cocktail Club** MADRI CENTRAL Este estiloso disco bar tem "passeado" pela cidade em busca de um lar permanente, mas definitivamente

Glass Bar no Hotel Urban.

La Terraza no Hotel Urban.

veio para ficar. Djs talentosos mantém a multidão jovem e descolada dançando ao som do melhor eletropop. *Cl. Marqués de Santa Ana, 11. ☎ 91-532-28-26. Normalmente não há couvert artístico. Metrô: Tribunal ou Noviciado. Mapa p.110.*

Bares/Clubes Gays e Lésbicos

Café Antic MADRI CENTRAL Um clássico em Chueca, o principal bairro gay do centro de Madri, este belo bar de coquetéis, com sua decoração barroca exagerada, cantos silenciosos e a romântica iluminação à velas, é perfeito para encontros românticos ou apenas uma conversa. A clientela é amplamente gay, mas não exclusivamente. *Cl. Hortaleza, 4. sem telefone. Sem couvert artístico. Metrô: Gran Vía. Mapa p.110.*

Fulanita de Tal MADRI CENTRAL Um dos locais lésbicos mais populares em Chueca, este simpático disco bar possui dois andares e recebe tanto desfiles de moda quanto música ao vivo. Gays e heterossexuais são bem-vindos e o lugar é bem popular com os tipos criativos. *Cl. Conde de Xiquena, 2. ☎ 91-531-01-32. Sem couvert artístico. Metrô: Chueca. Mapa p.110.*

★ Ohm na Sala Bash MADRI CENTRAL Sala Bash é um enorme clube mítico do centro da cidade. A maior festa é a Ohm, às sextas e sábados, que, apesar de ser ostensivamente gay, atrai uma frequência mista. A Ohm já foi lendária, mas nos últimos anos deixou de ser um destaque. Mesmo assim, ainda não possui competidores à altura. *Plaza Callao, 4. ☎ 91- 531-01-32. Couvert arstístico de 10€ a 15€ inclui um drinque. Metrô: Callao. Mapa p.110.*

Lounges e bares de coquetel

★ Glass Bar (Hotel Urban) MADRI CENTRAL Não dá para ser mais estiloso do que isso: o bar de ostras do ultraelegante Hotel Urban é feito inteiramente de vidro, desde as grandes janelas até as mesas e cadeiras. Não é o melhor local para os tímidos. Ver gente bonita e ter boa aparência são focos. Tire aqueles Manolos da mala para a ocasião. *Carrera de San Jerónimo, 34. ☎ 91-787-77-70. Metrô: Sevilla. Mapa p.110.*

★ La Terraza (Hotel Urban) MADRI CENTRAL O bar no terraço do Hotel Urban é o lugar para se estar quando o verão chega. Beba um coquetel sobre as estrelas, enquanto os Djs tocam músicas suaves. Aqui há tantas pessoas se exibindo quanto no Glass Bar no andar de baixo (veja no tópico acima), mas transmite uma sensação mais descontraída. *Carrera de San Jerónimo, 34. ☎ 91-787-77-70. Metrô: Sevilla. Mapa p.110.*

★ **Museo Chicote** MADRI CENTRAL Incontáveis ícones do século XX, incluindo Ava Gardner e Frank Sinatra, passaram pelas portas do Chicote, o primeiro e mais celebrado bar de coquetéis de Madri. Sua decoração Art Déco elegantemente preservada torna o local um ponto especial para um drinque. Djs diferentes a cada noite aumentam o som com diversos estilos de música lounge mais tarde, quando o lugar recebe os mais jovens. *Gran Vía, 12. ☎ 91-532-67-37. Metrô: Gran Vía. Mapa p.110.*

★ **The Penthouse (Me by Meliá)** MADRI CENTRAL Amado pelos fashionistas madrilenhos, o bar na cobertura do ultraestiloso hotel Me By Meliá é um dos pontos favoritos da cidade. Suba no elevador privativo para se juntar à ***gente guapa*** (gente bonita) para coquetéis, música e a incrível vista sobre a cidade velha. Há um ótimo almoço de domingo e você ainda pode ver alguma celebridade ocasionalmente. *Plaza de Santa Ana, 14. ☎ 91-701-60-00. Metrô: Sol. Mapa p.110.*

Bares de Vinho

★ **Aloque** MADRI CENTRAL Este pequeno bar tem uma grande reputação por causa de sua incrível seleção de vinhos: há mais de 1.000 na lista. Excepcionalmente, também são oferecidos alguns bons vinhos vendidos por taça (a seleção muda regularmente). Eventos para degustação de vinhos e cursos também podem ser programados. Os tapas e as ***raciones*** são excelentes e os preços são extremamente vantajosos, então chegue cedo para conseguir uma mesa. *Cl. Torrecilla del Leal, 20. ☎ 91-528-36-62. Metrô: Lavapiés ou Antón Martín. Mapa p.110.*

★ **Matritum** MADRI CENTRAL Pequeno, estiloso e extremamente popular, o Matritum oferece uma grande e bem escolhida variedade de vinhos acompanhados por tapas gourmets. É um bom lugar para experimentar os vinhos das vinícolas mais sofisticadas da Espanha. Normalmente os funcionários ficam contentes em dar dicas, mas é preciso chegar pontualmente às 20h 30, se quiser conseguir um lugar. *Cl. Cava Alta, 16. ☎ 91-528-36-62. Metrô: Lavapiés ou Antón Martín. Mapa p.110.*

★ **Nunc est Bibendum** MADRI CENTRAL Você não pode deixar de passar por esta taberna, com um um desenho estilo "Bonequinho da Michelin" na fachada. Dentro, é espaçoso e estiloso, com um bar semicircular e uma área de jantar com mesas e cadeiras de madeira. A carta de vinhos possui cerca de 50 itens, a maioria das mais conhecidas adegas espanholas e as tapas são saborosas e criativas. Pode ser desconfortavelmente cheio, particularmente na confusão pós-Rastro dos domingos, por isso eu prefiro vir aqui no meio da semana. *Cl. Cava Alta, 13. ☎ 91-366-52-10. Metrô: La Latina. Mapa p.110.*

★★ **Taberneros** MADRI CENTRAL Esta taberna moderna e atraente é outra opção segura para bons vinhos e tapas excelentes. Vale a pena chegar cedo para assegurar uma mesa. A carta de vinhos é extensa, os funcionários experientes ficam contentes em fazer recomendações e os preços bem razoáveis tornam o lugar uma escolha segura. *Cl. Santiago, 9. ☎ 91-542-21-60. Metrô: Ópera. Mapa p.110.*

8 O Melhor das Artes e do Entretenimento

Artes e Entretenimento em Madri

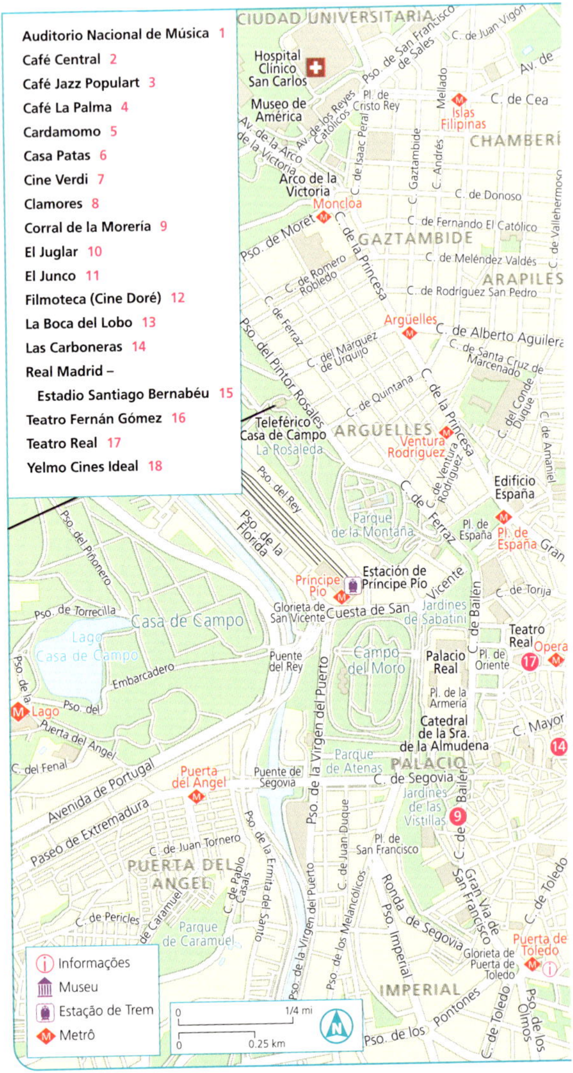

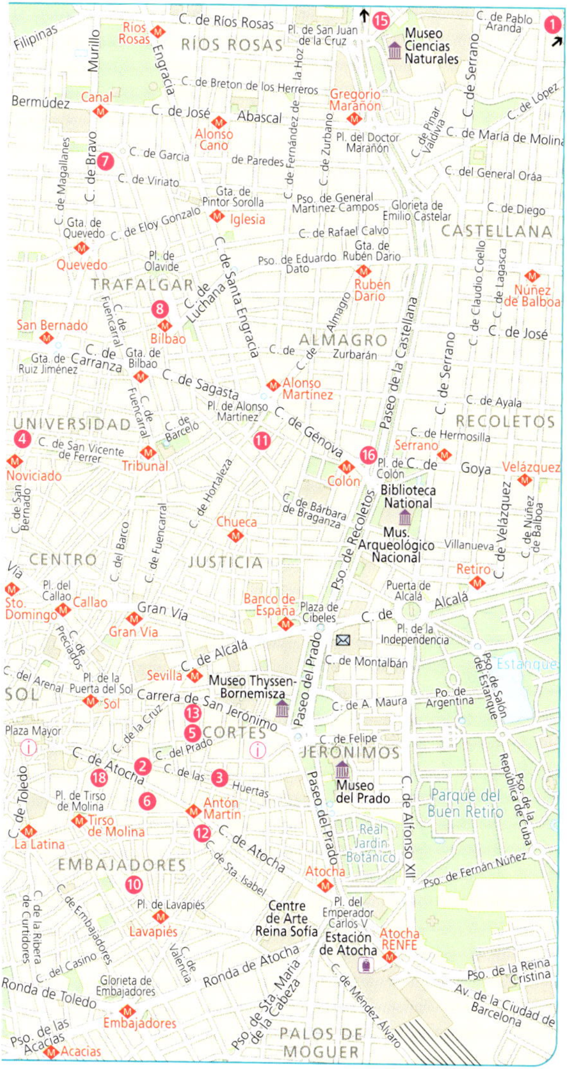
Filipinas
Murillo
Ríos Rosas
C. de Ríos Rosas
RÍOS ROSAS
Engracia
Pl. de San Juan de la Cruz
15
1
Museo Ciencias Naturales
C. de Pablo Aranda
la Hoz
C. de Serrano
C. de Breton de los Herreros
Bermúdez
Canal
C. de José
Abascal
Alonso Cano
Gregorio Marañón
C. de López
C. de Fernández de
C. de Zurbano
Pl. del Doctor Marañón
C. de Pinar
Valdivia
C. de María de Molina
C. de Magallanes
C. de Bravo
7
C. de Garcia
de Paredes
C. del General Oráa
C. de Viriato
Gta. de Pintor Sorolla
Pso. de General Martinez Campos
Glorieta de Emilio Castelar
C. de Diego
Gta. de Quevedo
C. de Eloy Gonzalo
Iglesia
C. de Rafael Calvo
CASTELLANA
Quevedo
Pl. de Olavide
Pso. de Eduardo Dato
Gta. de Rubén Dario
TRAFALGAR
C. de Luchana
C. de Santa Engracia
Rubén Darío
C. de Claudio Coello
C. de Lagasca
Núñez de Balboa
C. de Fuencarral
8
Almagro
Paseo de la Castellana
San Bernado
Bilbao
C. de José
ALMAGRO
C. de Zurbarán
C. de Serrano
Gta. de Ruiz Jiménez
C. de Carranza
Gta. de Bilbao
C. de Sagasta
Alonso Martínez
C. de Fuencarral
Pl. de Alonso Martínez
C. de Ayala
UNIVERSIDAD
C. de Barceló
C. de Génova
RECOLETOS
4
C. de San Vicente de Ferrer
11
C. de Hermosilla
Serrano
16
Pl. de Colón
C. de Goya
Velázquez
Noviciado
Tribunal
Colón
C. de San Bernardo
C. de Hortaleza
C. de Bárbara de Braganza
Biblioteca National
C. de Velázquez
C. de Núñez de Balboa
Chueca
Pso. de Recoletos
Mus. Arqueológico Nacional
Villanueva
C. del Barco
C. de Fuencarral
CENTRO
JUSTICIA
Retiro
Vía
Pl. del Callao
Banco de España
Puerta de Alcalá
Sto. Domingo
Callao
Gran Vía
Plaza de Cibeles
C. de Alcalá
Gran Vía
Pl. de la Independencia
C. de Preciados
C. de Alcalá
C. de Montalbán
Estanque
C. del Arenal
Pl. de la Puerta del Sol
Sevilla
Museo Thyssen-Bornemisza
Paseo del Prado
Pso. de Salón del Estanque
SOL
Sol
Carrera de San Jerónimo
C. de A. Maura
Po. de Argentina
13
Plaza Mayor
C. de la Cruz
5
CORTES
C. de Felipe
JERÓNIMOS
C. de Atocha
C. del Prado
2
C. de las Huertas
3
Museo del Prado
C. de Alfonso XII
República de Cuba
Pso. de la
C. de Toledo
18
Pl. de Tirso de Molina
6
Parque del Buen Retiro
Antón Martin
Tirso de Molina
12
C. de Atocha
Paseo del Prado
Real Jardín Botánico
La Latina
C. de Sta. Isabel
EMBAJADORES
Atocha
Pso. de Fernán Núñez
10
C. de la Ribera de Curtidores
C. de Embajadores
Pl. de Lavapiés
Centre de Arte Reina Sofía
Pl. del Emperador Carlos V
Lavapiés
Estación de Atocha
Atocha RENFE
C. del Casino
C. de Valencia
Ronda de Atocha
C. de Méndez Álvaro
Pso. de la Reina Cristina
Ronda de Toledo
Glorieta de Embajadores
Pso. de Sta. María de la Cabeza
Av. de la Ciudad de Barcelona
Embajadores
Pso. de las Acacias
Acacias
PALOS DE MOGUER

Nossas Dicas de Diversão

Melhores **concertos acústicos**
★★ Auditorio Nacional de Música, *Cl. Príncipe de Vergara, 146 (p.121)*

Melhor **clube romântico de jazz**
★★ Café Central, *Plaza del Ángel, 10 (p.122)*

Melhor **clube de jazz no porão**
★★ El Junco, *Plaza de Santa Bárbara, 10 (p.123)*

Melhores **dança flamenca, vestidos exuberantes e mais**
★★ Casa Patas, *Cl. Cañizares, 10 (p.122)*

Melhor **casa de ópera**
★★★ Teatro Real, *Plaza Isabel II, s/n (p.123)*

Melhor **festival de artes performáticas de verão**
★★★ Los Veranos de la Villa *(p.123)*

Melhor **evento esportivo**
★★ Real Madrid, *Estadio Santiago Bernabéu, Paseo de la Castellana (p.124)*

Melhores **performances teatrais**
★ Teatro Fernán Gomez, *Plaza de Colón (p.124)*

Melhor **lugar para música original ao vivo**
★★ El Juglar, *Cl. Lavapiés, 7 (p.124)*

Melhores **shows de música ao vivo**
★ La Boca del Lobo, *Cl. Echergaray, 11 (p.124)*

Melhor lugar para apreciar o **flamenco informal**
★ Cardamomo, *Cl. Echegaray, 15 (p.122)*

Melhor **cinema em Art Nouveau**
★★★ Filmoteca (Cine Doré), *Cl. Santa Isabel I, 3 (p.121)*

Melhor **cinema com filmes legendados**
★★ Cine Verdi, *Cl. Bravo Murillo, 28 (p.121)*

Melhor **festival de rock alternativo**
Festimad *(p.123)*

A melhor casa de Ópera: Teatro Real.

Artes e Entretenimento de A a Z

Locais para ouvir música clássica e concertos

★★★ Auditorio Nacional de Música ARREDORES O principal lugar da música clássica em Madri curiosamente está localizado nos arredores da cidade. O auditório é o lar da Orquestra Nacional da Espanha e é a primeira parada para todas as maiores orquestras internacionais que estão em turnê. Assim como a música clássica, também oferece jazz, tango, flamenco, música internacional e praticamente qualquer gênero imaginável. *Cl. Príncipe de Vergara, 146. ☎ 91-337-01-41. Ingressos de 18€ a 60€. www.auditorionacional.mcu.es. Metrô: Cruz del Rayo ou Prosperidad. Mapa p.118.*

★★★ Teatro Real MADRI CENTRAL A magnífica casa de ópera (veja p.123) também apresenta música clássica. É o lar da Orquestra Sinfônica de Madri. *Plaza Isabel II, s/n. ☎ 91-516-06-60. Ingressos de 7,60€ a 262€. www.teatro-real.com. Metrô: Ópera. Mapa p.118.*

Filmes

★★ Cine Verdi NORTE DE MADRI Um posto avançado do popular cinema artístico de Barcelona, o Verdi possui uma boa mistura dos melhores filmes de Hollywood, clássicos não habituais, cinema mundial e temporadas interessantes. Todos os filmes são exibidos sem dublagem e com legendas em espanhol. *Cl. Bravo Murillo, 28. ☎ 91-447-39-30. Ingressos a 6,80€. www.cines-verdi.com. Metrô: Antón Martín. Mapa p.118.*

★★★ Filmoteca (Cine Doré) MADRI CENTRAL Este é um dos meus locais favoritos. O cinema nacional da Espanha está abrigado em seu cinema mais antigo, o belo Cine Doré, em estilo Art Nouveau (construído em 1922).

O Cine Doré em estilo Art Nouveau.

As sessões são incrivelmente baratas e trazem clássicos cult, retrospectivas de atores e diretores e sessões especiais. Há um bom café e uma livraria também. *Cl. Santa Isabel, 3. ☎ 91-369-11-25. www.mcu.es. Ingresso a 2,50€. Metrô: Antón Martín. Mapa p.118.*

Yelmo Cines Ideal MADRI CENTRAL O mais central dos novos *multiplex*, com nove salas mostrando filmes não-dublados em sua versão original. É aqui que você vai encontrar os filmes mais recentes em língua original com legendas em espanhol. *Cl. Dr Cortezo, 36. ☎ 91-436-25-18. Ingressos a 7,10€. Metrô: Antón Martín. Mapa p.118.*

Flamenco

Las Carboneras MADRI CENTRAL

Este *tablao* popular oferece jantar e/ou drinques com um show flamenco. A comida é bem comum, mas os shows, com ótimos artistas, são arrebatadores. É interessante, pois também oferece cursos e palestras (em inglês e espanhol) sobre temas relacionados a cultura flamenca. *Cl. Plaza Conde de Miranda, 1. ☎ 91-542-86-77. Shows às 22 h 30 às segundas*

Ingressos Antecipados e Listas

Para saber sobre o concerto mais atual, o teatro ou mesmo listas de eventos, pegue uma cópia do semanal ***Guía del Ocio***, um guia para tudo o que há de entretenimento de Madri. Está disponível nas bancas de jornais, escrito em Espanhol, mas bem compreensível mesmo para os que não falam espanhol, e com uma pequena seção em inglês na parte de trás. Você também pode tentar o **In Madri**, uma revista gratuita, em inglês, encontrada nos cafés e bares ou ver o site www.tbsmagazine.com.

Ingressos antecipados podem ser comprados em **El Corte Inglés** (várias filiais, incluindo Cl. Preciados, 3, 902-40-02-22, www.elcorteingles.es). Outros serviços de ingressos incluem: **Tel-Entrada** (☎ 902-10-12-12, www.telentrada.com), **ServiCaixa** (☎ 902-33-22-11, www.servicaixa.com) e **Tick Tack Ticket** (☎ 902-15-00-25, www.ticktackticket.com).

e de terça à sábado. Show extra às 20 h 30 às sextas e sábados. www.tablaolascarboneras.com. Metrô: Ópera. Mapa p.118.

★ **Cardamomo** MADRI CENTRAL Jovens locais e forasteiros em busca de *duende* (emoção e autenticidade nas artes) lotam este bar flamenco, onde os shows acontecem no pequeno palco, todas as noites entre terça e sexta. É o tipo de lugar onde qualquer um pode pegar um violão, enquanto outro começa um ritmo com as mãos e subitamente todos estão envolvidos na performance improvisada. *Cl. Echegaray, 15. ☎ 91-369-05-57. www.cardamomo.net. Metrô: Sevilla ou Sol. Mapa p.118.*

★★ **Casa Patas** MADRI CENTRAL Um velho amigo, dançarino prestigiado com uma longa carreira, me recomendou este show flamenco acima de qualquer outro da cidade. Há um restaurante anexo, mas os shows acontecem em salas separadas, mais íntimas, onde você pode sentir o suor das dançarinas. *Cl. Cañizares, 10. ☎ 91-369- 04-96. Metrô: Antón Martín ou Tirso de Molina. Mapa p.118.*

Corral de la Morería MADRI CENTRAL Este local se autodenomina como "o melhor *tablao* de flamenco do mundo". É certamente um dos mais velhos e mais prestigiados em Madri e atrai alguns dos melhores dançarinos de flamenco do mundo. *Cl. Morería, 17. ☎ 91-365-84-46. Metrô: Ópera ou Sol. Mapa p.118.*

Jazz e Cabaré

★★ **Café Central** MADRI CENTRAL Eu amo este bar de jazz, de baixa iluminação, romântico e ocupa um antigo e belo local que já foi uma fábrica de espelhos do século XX, decorado com balcões de madeira lustrosa e vidro polido. Os artistas, altamente talentosos, vieram dos vários estilos de jazz e há um grupo diferente toda semana. Este lugar é muito pequeno e rapidamente fica lotado, então chegue cedo para conseguir uma mesa. *Plaza del Ángel, 10. ☎ 91-369- 41-43. www.cafecentralmadrid.com. Couvert artístico de 9€ a 12€. Metrô: Sevilla ou Sol. Mapa p.118.*

O Café Central é um lugar para ouvir jazz de qualidade.

★ **Café Jazz Populart** MADRI CENTRAL É sempre apertado neste clássico clube de jazz no agitado bairro de Santa Ana, que atrai frequentadores mais jovens e boêmios. Normalmente há dois shows por noite, um às 23h e outro à meia-noite e meia, com artistas vindos do mundo todo. *Cl. Huertas, 29. ☎ 91-429-84-07. www.salajuglar.com. Entrada franca. Metrô: Antón Martín. Mapa p.118.*

★ **Clamores** MADRI CENTRAL Este pequeno e muito adorado "porão do jazz" recebe muitos estilos musicais, incluindo o pop, o rock e a world music, mas suas raízes estão firmemente presas no jazz e no blues. Assim como muitos dos melhores lugares da cidade, o Clamores também faz parte do grupo La Noche En Vivo: veja o site para descobrir o que há em www.lanocheenvivo.com. *Cl. Alburquerque, 14. ☎ 91-445-79-38. www.salaclamores.com. O couvert artístico varia, normalmente em torno de 9€. Metrô: Bilbao. Mapa p.118.*

★★ **El Junco** MADRI CENTRAL El Junco é um jovem pretensioso para os padrões da maioria das casas de jazz de Madri, mas já conseguiu lugar no coração de cada entusiasta do gênero musical. Possui todos os ingredientes certos para um mergulho musical, com luzes vermelhas baixas, parede de tijolos expostos e grandes murais em preto e branco. Há shows diariamente e *jam sessions* aos domingos e terças-feiras.

A opulenta casa de ópera de Madrid, o Teatro Real.

Plaza de Santa Bárbara, 10. ☎ 91-319-20-81. www.eljunco.com. Couvert artístico de 9€ a 12€. Metrô: Alonso Martínez. Mapa p.118.

Ópera

★★★ **Teatro Real** MADRI CENTRAL A luxuosa casa de ópera de Madri é considerada uma das melhores do mundo. Foi inaugurada em 1850 e é um turbilhão inebriante de mármore e dourado. Uma apresentação aqui é um evento inesquecível – e surpreendentemente barato em comparação a outras casas de ópera na Europa. *Plaza Isabel II, s/n. ☎ 91-516-06-60. Ingressos de 7,60 a 262€. www.teatro-real.com. Metrô: Ópera. Mapa p 118.*

Festivais de Música de Madri

Madri abriga vários festivais de música popular ao longo do verão. **Los Veranos de la Villa** (informações em www.esmadrid.es) é um dos festivais de verão de maior prestígio, com música, teatro, circo, dança e mais. **Summercase** (www.summercase.com) é outro festival de 2 dias com excelentes artistas como PJ Harvey, Kaiser Chiefs e Interpol. O **Festimad** oferece 48 horas de música alternativa, sem parar, com nomes como Linkin Park e Metallica (**Metrô: Casa del Reloj,** www.festimad.es).

Estadio Santiago Bernabéu.

Pop & Rock

★ La Boca del Lobo MADRI CENTRAL Na confusa e barulhenta Calle Echegaray, cheia de bares, este se destaca por sua programação de eventos original e variada, incluindo apresentações de Djs, exibições de filmes, exposições de arte e lançamentos de livros. As apresentações ao vivo podem ser de qualquer coisa, desde o rock até o cabaré. *Cl. Echegaray, 11. ☎ 91-429-70-13. www.labocadellobo.com. As entradas variam desde gratuita a 10€. Metrô: Sevilla. Mapa p.118.*

★ Café La Palma MADRI CENTRAL Este pequeno labirinto, um dos locais favoritos dos estudantes é um café, bar, espaço de exposições e palco para apresentações de música ao vivo ao mesmo tempo. Logo no início da tarde, é tranquilo e calmo para um drinque relaxante, mas as coisas se aquecem à medida em que a noite avança. Há shows ao vivo de pequenas bandas de terça a sábado. *Cl. La Palma, 62. ☎ 91-522-50-31. Ingressos para os concertos a 6€. Metrô: Noviciado. Mapa p.118.*

★ El Juglar MADRI CENTRAL Este é um ótimo espaço multifuncional no coração da multicultural Lavapiés, com um bar tranquilo, shows ao vivo com artistas locais (pop, rock e uma noite semanal de flamenco) e apresentações de Djs. *Cl. Lavapiés, 37. ☎ 91-528-43-81. www.salajuglar.com. Ingressos normalmente a 5€. Metrô: La Latina. Mapa p.118.*

Esportes

★★ Real Madrid (Estadio Santiago Bernabéu) MADRI CENTRAL O futebol é imensamente popular em Madri e o Real Madrid – que permanece como um dos melhores da Europa – joga no estádio Santiago Bernabéu. Os ingressos para as partidas contra o arquirrival FC Barcelona são difíceis de conseguir, mas você pode conseguir para outras partidas. Para informações sobre o Museu Real Madri, veja a p.47, Os Museus Exóticos de Madri. *Estadio Santiago Bernabéu, Paseo de la Castellana. ☎ 91-398-43-70 ou ☎ 902-30-17-09. www.realmadrid.es. Ingressos a partir de 20€. Metrô: Santiago Bernabéu. Mapa p.118.*

Teatro

★ Teatro Fernán Gomez (antigo Centro Cultural de la Villa) MADRI CENTRAL Este espaço multifuncional tem um abrangente programa incluindo teatro e concertos de todos os gêneros musicais. O drama predomina, no entanto. *Plaza de Colón. ☎ 91-575-60-80. Ingressos de 18€ a 60€. Metrô: Cruz del Rayo ou Prosperidad. Mapa p.118.*

9 As Melhores Hospedagens

Nossas Dicas **de Hotéis**

Melhor para passar **as tardes no parque**
★★ AC Palacio del Retiro $$$$ *Cl. Alfonso XII, 14 (p.130)*

Melhor para **aspirantes a aristocratas**
★★★ Ritz $$$$$ *Plaza de la Lealtad, 5 (p.140)*

Melhor **hotel para negócios**
★★ Hesperia Madrid $$$$ *Paseo de la Castellana, 57 (p.133)*

Melhor **hospedagem charmosa e excêntrica**
★★★ Hostal Fonda Horizonte $$ *Cl. Atocha, 28 (p.135)*

Melhor **design inovador**
★★★ Hotel Silken Puerta América $$$$$ *Avenida de América, 41 (p.138)*

Melhor para **os fashionistas**
★★★ Hotel Urban $$$$ *Carrera de San Jerónimo, 41 (p.138)*

Melhor para **ver puro glamour**
★★★ Me by Meliá $$$$$ *Plaza Santa Ana, 14 (p.139)*

Room Mate Alicia.

Melhor **localização na cidade velha**
★★★ Hotel Plaza Mayor $$ *Cl. Atocha, 3 (p.137)*

Melhor **para viciados em compras**
★ Adler $$$$$ *Cl. Velázquez, 14 (p.130)*

Melhor para **tratamentos em spa**
★★ Hospes Madrid $$$$ *Plaza de la Independencia, 3 (p.133)*

Melhor **hotel butique**
★★★ Las Meninas $$$ *Cl. Campomanes, 7 (p.139)*

Melhor **design com preço razoável**
★★ Room Mate Alicia $$$ *Cl. Prado, 2 (p.140)*

Melhores **vistas da cidade**
★★★ De Las Letras H & R $$$$ *Gran Via, 11 (p.132);* e * Vincci SoMa $$$ *Cl. Goya, 79 (p.141)*

Melhor para **famílias**
★★ Los Jerónimos Aparthotel $$$ *Cl. Moreto, 9 (p.139)*

Melhor **piscina no terraço**
★ Hotel Emperador $$$ *Gran Via, 53 (p.136)*

Melhor **pousada gerenciada por uma família**
★★ Hostal Barrera $ *Cl. Atocha, 95 (p.134)*

Melhor **esconderijo de luxo**
★★ Casa de Madrid $$$$$ *Cl. Arrieta, 2 (p.131)*

O mais **suntuoso hotel**
★★★ Westin Palace $$$$ *Plaza de las Cortes, 7 (p.142)*

Melhor **hotel de aeroporto**
★★ Clement Barajas Hotel $$$ *Avenida General, 43 (p.132) **

Acomodações na Velha Madri

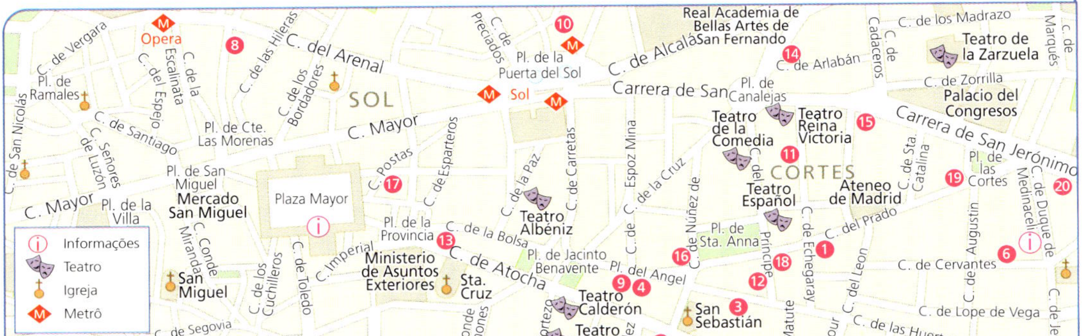

Catalonia Las Cortes 1	Hotel Inglés 11
Cat's Hostel 2	Hotel Miau 12
Chic & Basic Colors 3	Hotel Plaza Mayor 13
Hostal Adriano 4	Hotel Quo Puerta del Sol 14
Hostal Barrera 5	Hotel Urban 15
Hostal Dulcinea 6	Me by Meliá 16
Hostal Fonda Horizonte 7	Petit Palace La Posada del Peine 17
Hostal Luz 8	Room Mate Alicia 18
Hostal Persal 9	Villa Real 19
Hotel Europa 10	Westin Palace 20

**Nota da edição brasileira: Muitas informações constantes nesse guia são da época em que o mesmo foi escrito, portanto, hotéis que estavam em reforma ou que passariam por outras transformações, podem estar em novas condições atualmente. Portanto, verifique nos sites dos mesmos, antes de efetuar as reservas.*

Acomodações no **Centro de Madri**

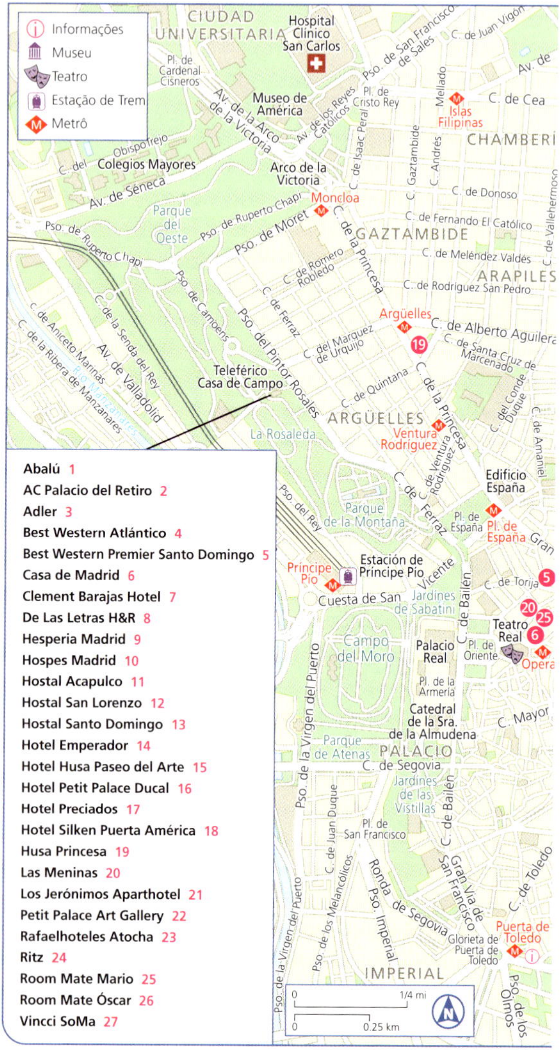

Abalú 1
AC Palacio del Retiro 2
Adler 3
Best Western Atlántico 4
Best Western Premier Santo Domingo 5
Casa de Madrid 6
Clement Barajas Hotel 7
De Las Letras H&R 8
Hesperia Madrid 9
Hospes Madrid 10
Hostal Acapulco 11
Hostal San Lorenzo 12
Hostal Santo Domingo 13
Hotel Emperador 14
Hotel Husa Paseo del Arte 15
Hotel Petit Palace Ducal 16
Hotel Preciados 17
Hotel Silken Puerta América 18
Husa Princesa 19
Las Meninas 20
Los Jerónimos Aparthotel 21
Petit Palace Art Gallery 22
Rafaelhoteles Atocha 23
Ritz 24
Room Mate Mario 25
Room Mate Óscar 26
Vincci SoMa 27

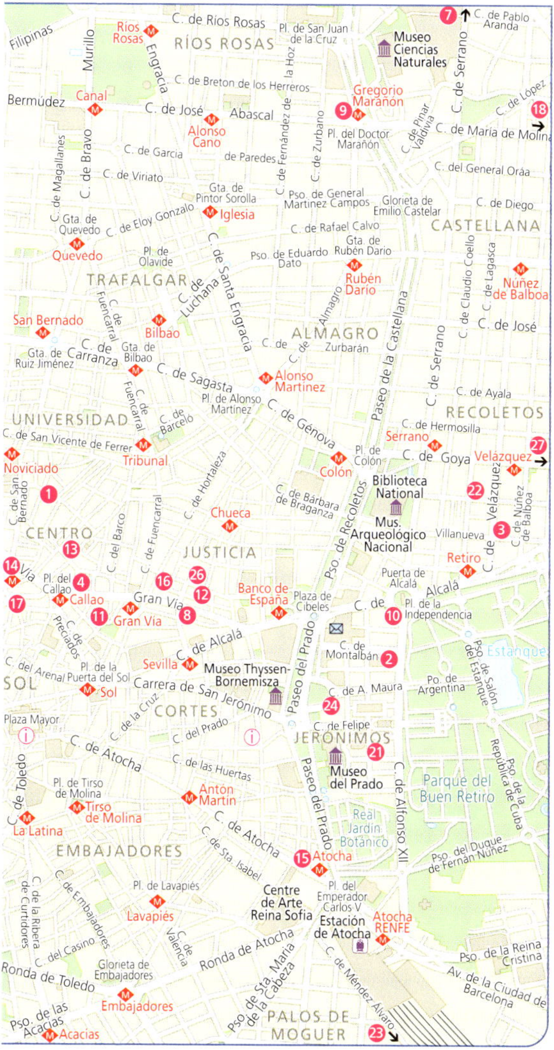
C. de Ríos Rosas
Filipinas
Ríos Rosas
RÍOS ROSAS
Pl. de San Juan de la Cruz
Museo Ciencias Naturales
C. de Pablo Aranda
Murillo
Engracia
C. de Breton de los Herreros
Bermúdez
Canal
C. de José
Abascal
Alonso Cano
Gregorio Marañón
C. de Serrano
C. de López
C. de María de Molina
C. de Magallanes
C. de Bravo
C. de Garcia
de Paredes
C. de Fernández de la Hoz
C. de Zurbano
Pl. del Doctor Marañón
C. de Pinar Valdivia
C. del General Oráa
C. de Viriato
Gta. de Pintor Sorolla
Pso. de General Martínez Campos
Glorieta de Emilio Castelar
C. de Diego
Gta. de Quevedo
C. de Eloy Gonzalo
Iglesia
C. de Rafael Calvo
CASTELLANA
Quevedo
Pl. de Olavide
Pso. de Eduardo Dato
Gta. de Rubén Darío
C. de Claudio Coello
C. de Lagasca
TRAFALGAR
C. de Luchana
C. de Santa Engracia
Rubén Darío
Núñez de Balboa
San Bernado
C. de Fuencarral
Bilbao
Almagro
Paseo de la Castellana
C. de José
ALMAGRO
C. de Zurbarán
Gta. de Ruiz Jiménez
C. de Carranza
Gta. de Bilbao
C. de Sagasta
Alonso Martínez
C. de Serrano
C. de Ayala
Pl. de Alonso Martínez
UNIVERSIDAD
C. de Barcelo
C. de Génova
RECOLETOS
C. de Hermosilla
C. de San Vicente de Ferrer
Tribunal
Serrano
Pl. de Colón
C. de Goya
Velázquez
Noviciado
Colón
Biblioteca National
C. de San Bernado
C. de Hortaleza
C. de Bárbara de Braganza
Velázquez
C. de Núñez de Balboa
Chueca
Pso. de Recoletos
Mus. Arqueológico Nacional
Villanueva
CENTRO
C. del Barco
C. de Fuencarral
JUSTICIA
Retiro
Puerta de Alcalá
Gran Vía
Pl. del Callao
Banco de España
Plaza de Cibeles
C. de Alcalá
Pl. de la Independencia
Callao
Gran Vía
C. de Preciados
C. de Montalbán
Estanque
C. del Arenal
Pl. de la Puerta del Sol
Sevilla
Museo Thyssen-Bornemisza
Paseo del Prado
Pso. del Estanque
Pso. de Salón
SOL
Sol
Carrera de San Jerónimo
C. de A. Maura
Po. de Argentina
Plaza Mayor
C. de la Cruz
CORTES
C. del Prado
C. de Felipe
JERÓNIMOS
C. de Atocha
C. de las Huertas
Museo del Prado
C. de Alfonso XII
Pso. de la República de Cuba
C. de Toledo
Pl. de Tirso de Molina
Tirso de Molina
Antón Martín
Parque del Buen Retiro
La Latina
C. de Atocha
Real Jardín Botánico
C. de Sta. Isabel
EMBAJADORES
Atocha
Pso. del Duque de Fernán Núñez
C. de la Ribera de Curtidores
C. de Embajadores
Pl. de Lavapiés
Centre de Arte Reina Sofia
Pl. del Emperador Carlos V
Lavapiés
Estación de Atocha
Atocha RENFE
C. del Casino
C. de Valencia
Ronda de Atocha
Glorieta de Embajadores
Pso. de la Reina Cristina
Ronda de Toledo
Pso. de Sta. María de la Cabeza
C. de Méndez Álvaro
Av. de la Ciudad de Barcelona
Embajadores
Pso. de las Acacias
PALOS DE MOGUER
Acacias

Hotéis de Madri de A a Z

★ **Abalú** MADRI CENTRAL Uma ótima opção para jovens casais que gostam de moda, este hotel oferece quartos estilosos com uma simpática recepção em uma zona de animada vida noturna, um pouco fora da Gran Vía. Os quartos superiores valem o preço cobrado, pois os quartos padrão ficam no lado menor. Promoções na internet fazem desta hospedagem um bom negócio. Tenha em mente que a rua é um pouco abandonada, por isso, tenha cuidado com suas malas a todo momento (como em qualquer cidade grande). E as obras em andamento dentro do hotel podem resultar em barulhos indesejáveis: pergunte antes de reservar. *Cl. Pez, 19. ☎ 91-531-47-44. www.hotelabalu.com. 15 quartos. A partir de 75€ a 350€. AE, MC, V. Metrô: Noviciado. Mapa p.128.*

★★ crianças **AC Palacio del Retiro** MADRI CENTRAL Com uma localização privilegiada sobre os verdejantes Jardins do Retiro e a uma curta distância do Prado, os antigos donos deste elegante palácio do século XX costumavam exercitar seus cavalos no terraço, levando-os através de um elevador. Hoje em dia foi convertido em um hotel elegante e contemporâneo e as *amenities* (comodidades, cortesias) luxuosas incluem um agradável spa na parte mais baixa do hotel e um ótimo restaurante. Há um serviço de babá (pedido com antecedência) onde pais e mães ficarão satisfeitos com as áreas infantis dos Jardins Retiro, do outro lado da rua. Quartos conectados estão disponíveis. *Cl. Alfonso XII, 14. ☎ 91-523-74-60. www.ac-hoteles.com. 51 quartos. A partir de 236€ a 464€. AE, DC, MC, V. Metrô: Retiro. Mapa p.128.*

★ **Adler** MADRI CENTRAL Se o minimalismo severo não é para você, considere este luxuoso hotel, clássico e elegante, no bairro Salamanca. As melhores (e mais caras) compras estão à porta e as visitas ao centro histórico estão a apenas uma estação do metrô de distância. Assim como a maioria dos hotéis de Madri, é melhor trocar o bufê caro no café da manhã por um café fresco e doces em uma das cafeterias próximas. Promoções na internet podem reduzir a tarifa do quarto em até mais da metade. *Cl. Velázquez, 14. ☎ 91-426-32-20. www.adlermadrid.com. 43 quartos. A partir de 473€ a 665. AE, DC, MC, V. Metrô: Velázquez. Mapa p.128.*

★ **Best Western Atlántico** MADRI CENTRAL Um belo prédio do século XIX bem no coração da Gran Via, esta

Suíte Romana, na Casa de Madrid.

Chic & Basic Colors.

é uma localização fantástica. Todas as grandes atrações estão à distância de uma pequena caminhada, junto com restaurantes e lojas. Os quartos variam em tamanho e conforto, mas os mais bacanas possuem varandas. Há vistas interessantes do bar do 9° andar, que é também um lugar calmo para ler e relaxar durante as tardes. *Gran Vía, 38. ☎ 91-522- 64-80. www. bestwesternhotelatlantico.com. 109 quartos. A partir de 144€ a 185€. AE, DC, MC, V. Metrô: Gran Vía. Mapa p.128.*

★ **Best Western Premier Santo Domingo** MADRI CENTRAL Com uma ótima localização perto da Gran Vía, um prédio histórico, com um interior elegante em que tudo combina para fazer deste uma ótima escolha, também é central. Possui um agradável charme *vintage* e os halls são repletos de pinturas antigas e esculturas. Ideal para uma clientela mais madura. *Plaza Santo Domingo, 13. ☎ 91-547-98-00. www. hotelsantodomingo.com. 119 quartos. A partir de 157€ a 235€. AE, DC, MC, V. Metrô: Santo Domingo. Mapa p.128.*

★★ **Casa de Madrid** MADRI CENTRAL Imagine estar com um antepassado aristocrata, em um aposento do século XVIII repleto de antiguidades e velhas pinturas e você terá uma ideia de como este B&B (bed and breakfast – "cama e café da manhã") é exclusivo. O café é servido em bandejas de prata e as bebidas são providenciadas por um "honesty bar" (bares no hotel onde o próprio cliente se serve e depois comunica o que consumiu) no salão. Apenas uma pequena placa acima do sino indica a entrada da Casa de Madrid, então considere usar o serviço do hotel de transporte para o aeroporto (uma tarifa será cobrada). *Cl. Arrieta, 2 (segundo andar). ☎ 91-559-57-91. www.casademadrid.com. 7 quartos. A partir de 256€ a 417€ com café da manhã. AE, DC, MC, V. Metrô: Ópera. Mapa p.128.*

★ crianças **Catalonia Las Cortes** MADRI CENTRAL Um palacete do século XVIII foi reformado para abrigar este hotel. Dois dos quartos (sem dúvida, os melhores) ainda contêm os afrescos originais, mas o restante, apesar de confortáveis, são típicos das redes de hotéis, comuns. Dê uma olhada nos quartos diferentes, se você puder, antes de tomar sua decisão e não tenha medo de pedir para mudar. Muito perto do Prado e da vida noturna do bairro de Santa Ana, também oferece ótimas promoções pela internet, que normalmente reduzem os preços para 99€. Quartos triplos estão disponíveis, assim como os serviços de babás (pedidos com antecedência). *Cl. Prado, 6 ☎ 91-389-60-51. www.hotelescatalonia.com. 65 quartos. A partir de 99€ a 385€. AE, DC, MC, V. Metrô: Sevilla. Mapa p.127.*

Cat's Hostel MADRI CENTRAL Os mochileiros adoram este albergue básico, que oferece acomodações com bons preços, assim como quartos duplos com banheiros. A localização é útil para a estação de trem de Atocha e os três grandes museus de arte. O albergue encontra-se em um atraente palacete do século XVIII, com um pátio interior ladrilhado e as festas noturnas no popular bar do primeiro piso são sempre um grande evento. Se você planeja dormir, traga seus protetores de ouvido. *Cl. Cañizares (saindo da Calle Atocha). ☎ 91-523-81-27 www.catshostel.com. 15 quartos. A partir de 18€ a 75€. Metrô: Atocha. Mapa p.127.*

★★ **Chic & Basic Colors** MADRI CENTRAL Neste hotel estiloso localizado muito próximo à Puerta del Sol, cada quarto é individualmente e arrojadamente decorado com um esquema diferente de cores. Os quartos são pequenos, mas alguns extras inesperados incluem televisões de plasma e uma sala de estar com instalações básicas de uma cozinha. Se você preferir mais espaço, considere um dos igualmente atraentes quartos de apart-hotel (em um outro prédio na mesma rua). *Cl. Huertas, 14. ☎ 91-429-69-35. www.chicandbasic.com. 10 quartos. A partir de 82€ a 103€. MC, V. Metrô: Sol. Mapa p.127.*

★★ **Clement Barajas Hotel** MADRI CENTRAL Uma ótima opção se seu voo chega muito cedo ou muito tarde. É um hotel moderno e elegante, com quartos caprichados, decorados em tons frios de creme e bege. Está localizado em um pequeno subúrbio com muitos cafés, lojas e restaurantes, se você escolher não comer no restaurante e bar próprio do hotel. Há um traslado regular para o aeroporto, funcionando 24 horas (a viagem dura 5 minutos), e nos banheiros estão à disposição loções, cremes, roupões de banho e chinelos. Você não precisa nem desfazer as malas. A conexão Wi-Fi gratuita e o frigobar são toques especiais. *Avenida General, 43. ☎ 91-746-03-30. www.clementhoteles.com. 72 quartos. A partir de 110€ a 220€. MC, V. Metrô: Barajas, seguido pelo traslado. Mapa p.128.*

★★★ **De Las Letras H&R** MADRI CENTRAL Um fabuloso edifício de 1917, foi simpaticamente convertido em um elegante e convidativo hotel. Muitos detalhes originais, incluindo o maravilhoso trabalho com azulejos, foram preservados, mas algumas comodidades do século XXI, incluindo o maravilhoso bar no terraço com suas vistas impressionantes, dão ao lugar um ar contemporâneo. Cada quarto é dedicado a um escritor diferente, com citações inscritas nas paredes. Eu amo especialmente as suítes, que ocupam as partes mais altas do hotel. *Gran Vía, 11. ☎ 91-523-79-80. www.hoteldelasletras.*

Clement Barajas Hotel.

Hospes Madrid.

com. 103 quartos. A partir de 275€ a 450€. AE, DC, MC, V. Metro: Sevilla or Gran Vía. Mapa p.128.

★★ **Hesperia Madrid** MADRI CENTRAL Um moderno e sofisticado hotel, está localizado no distrito de negócios ao noroeste de Madri. É uma pequena viagem de metrô para as atrações, mas pode ser que você não queira sair da fantástica (embora pequena) Sky Gym, com equipamento de última geração e uma incrível vista da cidade. O restaurante Santceloni é esplêndido (veja p.108), o serviço é excelente, e todos os quartos são à prova de som. Um bônus são as compras na próxima Calle Serrano – a rua mais glamourosa de Madri. *Paseo Castellana, 57.* ☎ *91-210-80-00. www.hesperia.com. 170 quartos. A partir de 176€ a 363€. AE, DC, MC, V. Metrô: Gregorio Marañón. Mapa p.128.*

★ **Hospes Madrid** MADRI CENTRAL Uma fusão muito agradável entre a arquitetura clássica e o design de interiores chiques, este novo hotel está num local perfeito, na entrada dos Jardins Retiro. Os quartos estão entre os mais quietos da cidade (definitivamente um bônus em Madri), e são belamente mobiliados com banheiros impressionantes, recheados de produtos. O spa tem uma pequena piscina e uma gama de tratamentos luxuosos. Os fashionistas vão adorar o espaço *chillout* (que toca vários estilos, o termo também usado para relaxar, em inglês) e os amantes da boa mesa não vão querer perder o excelente restaurante. *Plaza de la Independencia, 3.* ☎ *91-432-29-11. www.hospes.es. 41 quartos. A partir de 245€ a 720€. AE, DC, MC, V. Metrô: Retiro. Mapa p.128.*

★ crianças **Hostal Acapulco** MADRI CENTRAL Acessível, simpático e centralizado, o Hostal Acapulco não é tão luxuoso, mas tem muito charme rústico. Um pequeno e antigo elevador leva você aos quartos, onde tecidos coloridos e flores secas o esperam. Há

Hostal Acapulco.

Hostal Barrera.

quartos maiores, triplos e quádruplos, que são particularmente bons para famílias viajando com orçamento apertado. É bem localizado, central, com todas as principais atrações a pequenas caminhadas de distância. *Cl. Salud, 13 (4º andar), Plaza del Carmen. ☎ 91-531-19-45. www.hostalacapulco.com. 16 quartos. A partir de 54€ a 89€. MC, V. Metrô: Gran Vía. Mapa p.128.*

★ crianças **Hostal Adriano** MADRI CENTRAL Com quartos brilhantes e individualmente decorados e uma ótima localização próximo à Puerta del Sol, no coração da cidade, e os preços incrivelmente baixos, fazem deste hotel um vencedor. Os quartos agradáveis são

Hostal Fonda Horizonte.

pequenos e os banheiros ainda menores, mas todos possuem ar condicionado, TV por satélite com canais internacionais e Wi-Fi gratuita. Se você não se importar de ficar um pouco apertado, alguns quartos podem ser adaptados para quatro pessoas, fazendo do lugar uma opção para famílias com pequeno orçamento. A vida noturna frenética da Plaza Santa Ana está à porta, então o barulho pode ser um problema (e normalmente é, mesmo em hotéis melhores também). *Plaza del Ángel, 12. ☎ 91-369-46-43. www.adrianohostall.com. 15 quartos. A partir de 65€ a 95€. MC, V. Metrô: Sol. Mapa p.127.*

★★★ crianças **Hostal Barrera** MADRI CENTRAL Os quartos simples e pequenos – modestamente mobiliados, mas todos bem equipados com banheiros muito limpos e ar condicionado – são perfeitamente adequados nesta pousada gerenciada por uma família, mas o melhor neste hotel são os serviços. Nada é problema e eles vão até mesmo marcar em seu mapa os melhores lugares para se ver, comer e beber. *Cl. Atocha, 95 (segundo andar). ☎ 91-527-53-81. www.hostalbarrera.com. 14 quartos. A partir de 195€ a 385€. AE, DC, MC, V. Metrô: Antón Martín. Mapa p.127.*

★ **Hostal Dulcinea** MADRI CENTRAL Esta é uma ótima base para viajantes com orçamento apertado, que querem as melhores atrações de Madri à porta, mas não querem pagar pelos extras. Todos os quartos são pequenos com mobiliário funcional, mas são impecavelmente limpos e alguns tem pequenas varandas sobre a rua quieta (no centro de Madri). Há vários cafés próximos para tomar um café da manhã (sugiro andar até a Plaza Santa Ana). *Cl. Cervantes, 19 (segundo andar). ☎ 91-429-93-09. www.hostaldulcinea.com. 15 quartos. A partir de 36€ a 65€. DC, MC, V. Metrô: Antón Martín. Mapa p.127.*

★ **Hostal Fonda Horizonte** MADRI CENTRAL Uma pequena pousada familiar, com seu jovem e entusiasmado gerente multilíngue, oferece alguns quartos excêntricos e, ocasionalmente, exuberantes. Os mais bonitos possuem varandas com flores sobre a rua. Nem todos possuem banheiros, e o barulho pode ser um problema, portanto traga os protetores. *Cl. Atocha, 28. ☎ 91-369-09-96. www.hostalhorizonte.com. 65 quartos. A partir de 35€ a 85€. Metrô: Antón Martín. Mapa p.127.*

★ **Hostal Luz** MADRI CENTRAL Por sua localização, limpeza e os preços incrivelmente baixos, o Hostel Luz é dificilmente vencido. Recentemente restaurado, vale gastar alguns euros a mais nos quartos mais novos no Hostal Luz 2 e os visitantes que já o conheciam vão suspirar de alívio com a grande novidade da construção do elevador. Os quartos são cheios de cortinas de franjas e colchas. Não há espaços públicos para jantar ou café da manhã, mas você encontrará muitos cafés, bares e lojas nos arredores. *Cl. de las Fuentes, 10. ☎ 91-542-07-59. www.hostalluz.com. 12 quartos. A partir de 50€ a 99€. Metrô: Ópera. Mapa p.127.*

★★ crianças **Hostal Persal** MADRI CENTRAL Com vista para uma pequena praça de pedestres ligada à barulhenta Plaza Santa Ana, esta pousada antiga é uma pechincha no centro, se você quiser

Hostal Persal.

apenas uma cama barata. Os quartos (simples, duplos, triplos e quádruplos) são planejadamente mobiliados e a decoração é meio antiga, mas todos possuem um pequeno banheiro, aquecimento e – essencial no verão – ar-condicionado. Há um pátio pequeno e alguns extras inesperados, como Wi-Fi gratuita e descontos no centro de bem-estar Spa Excellence, que fica próximo. O café da manhã está incluso, mas experimente comer em um dos tentadores cafés da vizinhança. Assim como em muitos ***hostales*** do centro, aqueles protetores de ouvido vão cair bem. *Plaza del Ángel, 12. ☎ 91-369-46-43. www.hostalpersal.com. 80 quartos. A partir de 65€ a 110€. MC, V. Metrô: Sol. Mapa p.127.*

★ **Hostal San Lorenzo** MADRI CENTRAL Um hotel bem simples, próximo da Gran Via e mesmo assim, oferece quartos limpos com banheiros decentes, recepção 24 horas, um bufê de café da manhã (por um pequeno extra) e acesso gratuito à internet. Os quartos são mobiliados em pálidos tons pastéis e alguns deles têm varandas sobre a praça ao lado. O barulho pode ser um problema por aqui. *Cl. Clavel, 8. ☎ 91-521-30-57. www.hotel-sanlorenzo.com. 45 quartos. A partir de 60€ a 102€. AE, DC, MC, V. Metrô: Gran Vía. Mapa p.128.*

A piscina do Hotel Emperador localiza-se na cobertura.

★★ **Hostal Santo Domingo** MADRI CENTRAL Após uma remodelagem completa em 2007, o hotel, que existe há muito tempo, entrou no século XXI inteiramente novo. Está estabelecido em um prédio antigo, mas não se perturbe com a entrada e as escadarias, que ainda precisam de renovação. Os quartos são compactos, mas agradavelmente decorados em tons brilhantes e modernos, que contrastam belamente com os azulejos originais e as varandas em ferro. Os banheiros possuem chuveiros e até mesmo Jacuzzis em alguns quartos. Os funcionários, amigáveis e falando inglês, estão sempre prontos para fazer recomendações. *Cl. de las Fuentes, 10.* ☎ *91-531-32-90. www.hostalsantodomingo.es. 185 quartos. A partir de 195€ a 385€. AE, DC, MC, V. Metrô: Callao. Mapa p.128.*

★ crianças **Hotel Emperador** MADRI CENTRAL Este hotel grande e moderno recebe muitos viajantes de negócios, o que significa ótimos preços nos finais de semana e durante o verão (verifique pela internet). Os quartos são menores e decorados naquele estilo anônimo das cadeias de hotéis, mas são impecáveis e bem equipados. O melhor de tudo é a piscina no terraço, uma das poucas na cidade. É o lugar perfeito para um mergulho após um longo dia de passeios. O hotel está bem posicionado na Gran Via, com muitas lojas e restaurantes próximos, e a maioria dos pontos turísticos centrais estão a poucos minutos de caminhada. *Gran Vía, 53.* ☎ *91-547-28-00. www.emperadorhotel.com. 232 quartos. A partir de 85€ a 160€. MC, V. Metrô: Santo Domingo. Mapa p.128.*

★ **Hotel Europa** MADRI CENTRAL Construído em 1917, este hotel histórico não é mais o retiro luxuoso que já foi há um século atrás, mas os vestígios do mármore e da grande escadaria ainda mostram um pouco de sua antiga glória. Hoje um hotel modesto, está imbativelmente localizado com vista para a Puerta del Sol. Os impecáveis quartos são mobiliados agradavelmente, embora de maneira impessoal, e todos tem banheiros modernos e alguns possuem uma pequena sacada com vista para a praça. As portas são duplas, mas aqueles com sono mais leve podem pedir um quarto na parte interna do prédio. Os funcionários são amigáveis, falam inglês e são uma ótima fonte de informações locais. *Cl. del Carmen, 4.* ☎ *91-521-29-00. www.hoteleuropa.es. 99 quartos. A partir de 90€ a 175€. AE, DC, MC, V. Metrô: Sol. Mapa p.127.*

★ **Hotel Husa Paseo del Arte** MADRI CENTRAL Pense em em ótima localização. Os fãs de arte vão amar esse hotel, que está próximo ao museu de arte contemporânea Reina Sofia e a apenas cinco minutos de caminhada do

Thyssen e do Prado. Erguido em 2006, os quartos são simples e modernos e alguns possuem janelas que vão do chão ao teto com vistas de tirar o fôlego. Há promoções de internet regularmente, que baixam os valores a 110€, o que é um bom preço. *Cl. Atocha, 123. ☎ 91-298-48- 00. www. hotelhusapaseodelarte.com 260 quartos. A partir de 110€ a 160€. MC, V. Metrô: Atocha. Mapa p.128.*

★ **Hotel Inglés** MADRI CENTRAL Criado em 1886, este é um dos hotéis mais antigos de Madri e emana o charme do passado. Os quartos são funcionais e parados no tempo (nos anos 1960), mas todos impecavelmente limpos e equipados com TV via satélite e banheiros. A rua é uma das mais agitadas zonas noturnas da região, então venha preparado para o barulho ou peça um quarto mais interno. É bem central e é um bom ponto de partida para visitação turística, especialmente se você achar algumas promoções na internet. *Cl. Echegaray, 8. ☎ 91-787-77-70. www. hotel-ingles.net. 58 quartos. A partir de 120€ a 130€. MC, V. Metrô: Sol. Mapa p.127.*

★ **Hotel Miau** MADRI CENTRAL O Miau está agradavelmente localizado com vista para a viva Plaza Santa Ana, no coração da noite mais agitada da cidade. Os quartos internos, sem vista, são mais silenciosos, mas os melhores, na minha opinião, ainda são aqueles com vista para o burburinho colorido da praça. Há um básico café da manhã incluído no preço. *Cl. Principe, 26. ☎ 91- 369-71-20. www. hotelmiau.com. 75 quartos. A partir de 195€ a 315€. AE, DC, MC, V. Metrô: Sol. Mapa p.127.*

Hotel Miau.

★ **Hotel Petit Palace Ducal** MADRI CENTRAL Parte de uma rede relativamente pequena, este modesto hotel está situado em um prédio que foi do século XIX. É próximo à Gran Vía, com uma grande variedade de lojas e vida noturna bem à sua porta. Os quartos, espalhados ao longo de seis andares, são pequenos mas de acabamento inteligente, com colchas limpas e modernas e comodidades do século XXI como Wi-Fi e internet gratuita. Peça um dos quartos dos andares mais altos, que são um pouco mais silenciosos. As tarifas padrão são altas, mas as promoções na internet o tornam bem acessível. *Cl. Hortaleza, 3. ☎ 91- 421-10-43. www.hthoteles.com. 60 quartos. A partir de 90€ a 340€. AE, DC, MC, V. Metrô: Gran Vía. Mapa p.128.*

★★★ **Hotel Plaza Mayor** MADRI CENTRAL A localização deste hotel familiar, logo na entrada da icônica Plaza Mayor, não poderia ser melhor. Apenas um passo para fora da porta e você estará no coração histórico da Madri dos Habsburga. Os quartos são modestos, mas limpos e convidativos, os funcionários são amigáveis e encantadores. A suíte Palomar, um sótão ensolarado com seu próprio terraço e uma vista fantástica, vale muito o pequeno custo extra. Reserve com uma boa antecedência – este é um dos hotéis baratos mais populares. *Cl. Atocha, 3. ☎ 91-360-06-06. www.h-plazamayor.com. 34 quartos. A partir de 85€ a 107€. MC, V. Metro: Sol. Mapa p.127.*

★★ crianças **Hotel Preciados** MADRI CENTRAL Este hotel simples e moderno está localizado de forma excelente na

Hotel Silken Puerta América.

principal rua de pedestres da cidade, com todas as mais importantes atrações próximas. Os quartos são confortáveis e foram renovados em 2008. O melhor de tudo: este é o único lugar da rua em que o ruído raramente entra, assegurando uma boa noite de sono! Os funcionários são eficientes e amigáveis e os extras interessantes incluem chocolates na chegada e o consumo do frigobar gratuito. As suítes são boas se você estiver viajando com crianças. *Cl. Preciados, 37. ☎ 91-454-44-00. www.preciadoshotel.com. 73 quartos. A partir de 160€ a 290€. AE, DC, MC, V. Metrô: Callao. Mapa p.128.*

★ crianças **Hotel Quo Puerta del Sol** MADRI CENTRAL Mobiliado em vermelho, branco e preto, este hotel está muito bem localizado no coração da cidade. As crianças são bem-vindas, camas portáteis e babás podem ser conseguidas. Quartos superiores, com terraços privativos, fazem valer o extra. As promoções de internet normalmente diminuem o preço para cerca de 100€. *Cl. Sevilla, 4. ☎ 91-532-90-49. www.quopuertadelsolhotel.com. 62 quartos. A partir de 150€ a 290€. AE, DC, MC, V. Metrô: Sol. Mapa p.127.*

★★ **Hotel Silken Puerta América** MADRI CENTRAL Uau! Este não é apenas um hotel, é uma experiência. Cada andar foi projetado por um arquiteto renomado mundialmente, em homenagem a diferentes designs contemporâneos: as cores malucas de Javier Mariscal, a paz zen de Isozaki e (o meu favorito) as esculturas brancas surreais de Zaha Hadid. Também estão incluídos uma sala de ginástica e um spa, uma impressionante piscina de aço inox, um jardim e um andar inteiro com serviços para área de negócios. Está, no entanto, localizado em uma área morta à margem da cidade. Para ir ao centro, pode ser necessário ir de metrô ou pagar uma corrida de táxi. O hotel também está localizado na rota do aeroporto. *Avenida de América, 41. ☎ 91-744-54-00. www.hotelessilken.com. 342 quartos. A partir de 450€ a 4500€. AE, DC, MC, V. Metrô: Cartagena ou Avenida de América. Mapa p.128.*

★★★ **Hotel Urban** MADRI CENTRAL Os fashionistas se sentirão em casa aqui. O hotel mais legal da cidade, traz uma decoração contemporânea em vidro e todas as *amenities* e luxos imagináveis. É um dos poucos hotéis na cidade com sua própria piscina (pequena, é verdade, mas ainda um alívio no calor do verão), o glamouroso restaurante e os bares do terraço são o refúgio dos famosos. É repleto de arte, incluindo um pequeno museu com antiguidades egípcias. *Carrera de San Jerónimo, 34. ☎ 91-787-77-70. www.derbyhotels.com. 75 quartos. A partir de 195€ a 385€. AE, DC, MC, V. Metrô: Sevilla. Mapa p.127.*

★ crianças **Husa Princesa** MADRI CENTRAL Grande, confortável e conveniente, está bem localizado em uma popular rua de compras no coração da cidade próximo a todos os principais pontos turísticos. A decoração impessoal, embora ordeira e brilhante, reflete a visão dos donos do hotel, uma grande cadeia, voltada para viajantes a negócios. No entanto, oferece uma ótima relação custo-benefício através daquelas promoções via internet. A pequena academia com a minúscula piscina coberta é uma dádiva de Deus durante o verão. *Cl. Princesa, 40. ☎ 91-542- 21-00. www.hotel-husaprincesa.com. 257 quartos. A partir de 160€ a 375€. AE, DC, MC, V. Metrô: Sol. Mapa p.128.*

★★ **Las Meninas** MADRI CENTRAL Uma localização perfeita próxima ao Palácio Real e ao centro histórico e quartos elegantes com boa mobília em tons de creme e cinza fazem deste uma opção ideal com preços médios. Quartos triplos estão disponíveis para famílias e há numerosos restaurantes, cafés e bares na vizinhança. Extras interessantes incluem aparelhos de DVD nos quartos e uma pequena videoteca. *Cl. Campomanes, 7. ☎ 91-541-28-05. www.hotelmeninas.es. 37 quartos. A partir de 109€ a 195€. MC, V. Metrô: Ópera. Mapa p.128.*

★★ crianças **Los Jerónimos Aparthotel** MADRI CENTRAL Quando viajo com os mais jovens, prefiro ficar em instalações em que eu mesma possa preparar as refeições. Este apart-hotel tem apartamentos simples e bem acabados (duplos, triplos e quádruplos), limpos diariamente, mas as quitinetes bem equipadas permitem fazer uma refeição rapidamente se quiser ficar por lá (embora haja cafés e restaurantes próximos). As crianças adoram a pequena piscina e o terraço. E está brilhantemente situado atrás do Prado, com os Jardins do Retiro (com grande espaço na grama e parques para brincar e os botes no lago para passeios) perto. *Cl. Moreto, 9. ☎ 91-420-02-11. www.apartamentos-losjeronimos.com 20 quartos. A partir de 120€ a 240€. MC, V. Metrô: Banco de España ou Atocha. Mapa p.128.*

★★ **Me by Meliá** MADRI CENTRAL O novo hotel de luxo mais ostentoso da cidade, ocupa um grande prédio estilo "bolo de noiva" construído no início do século XX. Dentro, a decoração em branco e dourado é esfuziante, com modelos e Djs descansando languidamente nos enormes sofás. Os quartos são equipados com iPods e bares de martíni e as *amenities* dos banheiros são sempre com loções de marca. O andar chamado The Level traz as suítes mais luxuosas de Madri, incluindo um duplex no prédio mais alto, com vistas

Recepção do Hotel Urban.

Me by Meliá.

panorâmicas sobre a cidade. O bar no terraço é o lugar para se estar no verão. *Plaza Santa Ana, 14. ☎ 91-701-60-20. www.mebymelia.com. 192 quartos. A partir de 155€ a 2255€. AE, DC, MC, V. Metrô: Sol. Mapa p.127.*

★ crianças Petit Palace Art Gallery MADRI CENTRAL Um luxuoso e chique no bom bairro de Salamanca, renomado por suas abundantes lojas, está repleto de arte contemporânea e possui uma decoração minimalista. Há quartos para famílias, com camas ou os divertidos beliches, e os parques de diversões dos Jardins do Retiro estão a apenas duas quadras de distância. Também há um um pequeno jardim no terraço. *Cl. Jorge Juan, 17. ☎ 91-435-54-11. www.hthotelesl.com. 61 quartos. A partir de 107€ a 400€. AE, DC, MC, V. Metrô: Serrano ou Velázquez. Mapa p.128.*

★ Petit Palace La Posada del Peine MADRI CENTRAL Ocupando o prédio que já abrigou o mais antigo hotel de Madri, este fica numa rua calçada à direita do portal para a magnífica Plaza Mayor. Foi remodelado para abrigar um hotel moderno, porém modesto, com quartos chiques, embora pequenos, e alguns detalhes originais para manter o aconchego. Todos os principais pontos turísticos estão a poucos minutos de caminhada. *Cl. Postas, 17. ☎ 91-523-81-51. www.hthoteles. com. 75 quartos. A partir de 190€ a 215€. AE, DC, MC, V. Metrô: Sol. Mapa p.127.*

★ Rafaelhoteles Atocha MADRI CENTRAL Esta grande rede de hotéis possui quartos promocionais e uma boa localização, próximo aos três maiores museus de arte e a estação de trens de Atocha, assim como o principal terminal de ônibus da parte sul (bom para chegadas e partidas tarde da noite ou de manhã cedo). As promoções pela internet normalmente reduzem os preços até 100€. Peça por um dos quartos novos, com mobiliário moderno e elegante, em tons de creme e marrom escuro. O lugar não emana personalidade, então é melhor para aqueles em busca de um lugar limpo e com bom preço. *Cl. Méndez Álvaro, 30. ☎ 91-468-81-20. www. rafaelhoteles. com. 245 quartos. A partir de 99€ a 328€ AE, DC, MC, V. Metrô: Atocha. Mapa p. 128.*

★★★ Ritz MADRI CENTRAL A grande dama dos hotéis de Madri, o Ritz é enorme, com sua estrutura em estilo Belle Époque e localizado maravilhosamente próximo ao Prado. Alfonso XIII encomendou a conversão do palácio original em um hotel e ele permanece como um dos favoritos entre os aristocratas que visitam a cidade (que normalmente escolhem a espetacular Royal Suite). Suntuoso, classicamente decorado (não há minimalismo aqui), com delicadas ***amenities*** e um serviço atencioso que fazem deste um lugar muito especial para se ficar. *Plaza de la Lealtad, 5. ☎ 91- 420-37-67. www. ritzmadrid.com. 165 quartos. A partir de 510€ a 4650€. AE, DC, MC, V. Metrô: Banco de España. Mapa p.128.*

★★ Room Mate Alicia MADRI CENTRAL Parte de uma rede inovadora e pequena (mas sempre expandindo), o Alicia oferece estilo a preços módicos na pitoresca vida noturna da Plaza Santa Ana. O branco predomina na decoração elegante, com alguns pontos de cores arrojadas para acrescentar um pouco de calor. No verão, considere reservar um dos quartos superiores com varanda privativa e tire um cochilo na espreguiçadeira ensolarada. Centenas de bares, restaurantes e bares de tapas estão logo na porta. Os quartos são à prova de som, mas invista em protetores de ouvido se você tiver o sono leve. *Cl. Prado, 2. ☎ 91-389-85-48. www.room-matehotels.com. 34 quartos. A partir de 100€ a 170€. AE, MC, V. Metrô: Sol. Mapa p.127.*

★★ crianças **Room Mate Mario** MADRI CENTRAL O hotel Room Mate original ainda é um dos meus grandes favoritos. Esta rua é uma das mais legais da cidade, formada por uma curva elegante alinhada com árvores frondosas. A decoração arrojada e contemporânea, com quartos compactos, mas bem equipados e o serviço amigável são as marcas desta empresa. Os funcionários são extremamente atenciosos e os extras incluem internet Wi-Fi gratuita e um café da manhã simples, que o tornam uma proposta interessante. *Cl. Campomanes, 4. ☎ 91-548-85-48. www.room-matehotels.com. 54 quartos. A partir de 85€ a 160€. MC, V. Metrô: Ópera. Mapa p.127.*

★★ crianças **Room Mate Óscar** MADRI CENTRAL Outra opção da ótima rede Room Mate. Apesar de estes hotéis serem amplamente padronizados por jovens cosmopolitas urbanos, o Óscar é uma boa escolha para famílias com adolescentes, graças à pequena piscina do terraço (mas note que mesmo os hóspedes precisam reservar com antecedência o uso da piscina e há uma pequena taxa, exceto durante as tardes). Todos os pontos turísticos estão a apenas uma caminhada de distância e está localizado no coração do bairro gay Chueca, com suas lojas e bares da moda. O café está incluso. *Plaza Vázquez de Mella, 12. ☎ 91-701-11-73. www.room-matehotels.com. 75 quartos. A partir de 105€ a 185€. AE, DC, MC, V. Metrô: Chueca. Mapa p.128.*

★★ **Villa Real** MADRI CENTRAL O refinamento e o luxo andam lado a lado neste elegante palacete, localizado do lado oposto ao parlamento Espanhol e a uma curta distância do Prado. Os interiores bem iluminados misturam a elegância clássica com a arte e a mobília contemporâneas e há uma impressionante coleção de mosaicos romanos e outras antiguidades. Não é tão legal quanto o Urban (da mesma rede e bem próximo), mas ainda assim emana um estilo espontâneo. As tarifas de verão, particularmente em agosto, podem ser uma pechincha. *Plaza de las Cortes, 10. ☎ 91-420-37-67. www.derbyhoteles.com. 113 quartos. A partir de 171€ a 436€. AE, DC, MC, V. Metrô: Banco de España. Mapa p.127.*

★ crianças **Vincci SoMa** MADRI CENTRAL A maioria dos quartos de hotel madrilenhos podem ser educadamente descritos como "compactos". Aqui, no entanto, a maioria dos quartos é comparativamente mais espaçosa, muitos oferecendo maravilhosas sacadas com espaço para

O Hotel Ritz.

espreguiçadeiras. Apesar de não estar no centro, está próximo dos Jardins do Retiro e do bairro de Salamanca. Os principais pontos turísticos são facilmente acessíveis de metrô. Drinques no terraço oferecem vistas inesquecíveis da cidade e há um bom restaurante mediterrâneo no térreo. Apartamentos triplos e plenamente equipados também estão disponíveis, fazendo deste hotel uma boa escolha para famílias. *Cl. Goya, 79.* ☎ *91-435-75-45. www.vinccihoteles.com. 61 quartos. A partir de 135€ a 350€. AE, DC, MC, V. Metrô: Goya. Mapa p.128.*

★★ crianças **Westin Palace** MADRI CENTRAL Este hotel Belle Époque é uma chique instituição em Madri, oferecendo luxos de palácio e serviço para estrelas. O hotel está atualmente passando por uma restauração, então procure reservar um quarto modernizado. O restaurante, apesar de bom, é um pouco caro. Veja na vizinhança, pois encontrará melhores, por menos. O Prado é do outro lado da rua e todos os principais pontos turísticos estão a uma caminhada de distância. Sala de ginástica, cabeleireiro e mesmo um clube infantil (o Westin Kids Club) estão entre as facilidades do hotel. *Plaza de los Cortes 7.* ☎ *91-360-80-00. www.westinpalacemadrid.com 468 quartos. A partir de 85€ a 160€. MC, V. Metrô: Banco de España. Mapa p. 127.*

O hotel em estilo Belle Époque, Westin Palace.

10 Os Melhores Passeios e Excursões

Aranjuez

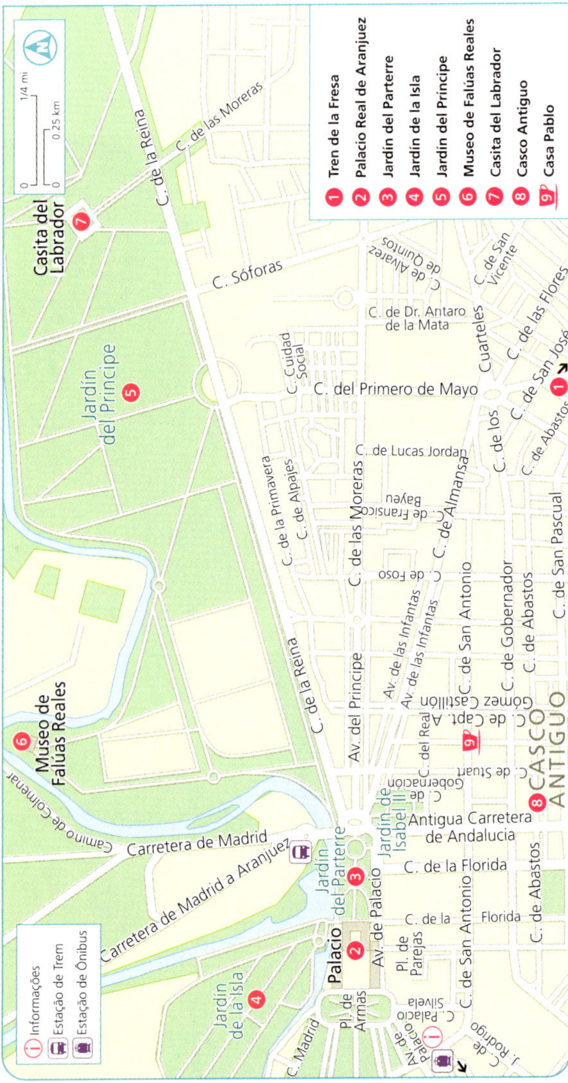
1 Tren de la Fresa
2 Palacio Real de Aranjuez
3 Jardín del Parterre
4 Jardín de la Isla
5 Jardín del Príncipe
6 Museo de Falúas Reales
7 Casita del Labrador
8 Casco Antiguo
9 Casa Pablo
Informações
Estação de Trem
Estação de Ônibus
0 1/4 mi
0 0.25 km
Casita del Labrador
Jardín del Príncipe
Museo de Falúas Reales
Jardín del Parterre
Jardín de la Isla
Palacio
Pl. de Armas
Jardín de Isabel II
CASCO ANTIGUO
C. de la Reina
C. de las Moreras
C. Sóforas
C. del Primero de Mayo
C. de Lucas Jordan
Av. del Príncipe
Av. de Palacio
Carretera de Madrid
Carretera de Madrid a Aranjuez
Camino de Colmenar
Antigua Carretera de Andalucia
C. de la Florida
C. de San Antonio
C. de Gobernador
C. de Abastos
C. de San Pascual
C. de San José
C. de las Flores
C. de Almansa
C. de Dr. Antaro de la Mata
Av. de las Infantas
Pl. de Parejas

Aranjuez, belamente construída ao longo das curvas lentas do Rio Tajo, tem sido um retiro real por vários séculos. Os Bourbons construíram o rico palácio de verão, do século XVIII, nas margens verdejantes do rio e o puseram entre jardins arborizados celestiais. A bela cidadezinha, que cresceu ao redor da corte, é uma delícia de explorar – um antídoto tranquilo para a capital energética. PONTO DE PARTIDA: **42 minutos de trem a partir da Estação de Atocha em Madri.**

1 ★★ crianças **Tren de la Fresa.** Os trens e os ônibus padrão normalmente partem para Aranjuez, mas nada se compara ao romântico Tren de la Fresa. No começo do verão o "Trem de Morango" vem jogando fumaça até aqui, puxando um conjunto de vagões de madeira. Aranjuez é famosa por seus morangos e as garotas usando vestidos medievais os entregam aos passageiros do trem. Os fãs de Harry Potter vão se sentir no Expresso de Hogwarts. *1 hora. Reservas ☎ 902 24 02 02. Os trens normalmente funcionam aos finais de semana desde o início de maio até meados de julho, mas verifique os itinerários antecipadamente em www.renfe.es ou no balcão de atendimento ao turista. Custa 25€ para adultos, 17€ para crianças de 4 a 12 anos e gratuito para menores de 4 anos. Os preços incluem uma visita guiada ao Palacio Real, traslado de ônibus e ingresso ao Museu das Balsas Reais.*

2 ★★ **Palacio Real de Aranjuez** Felipe II encomendou a primeira localização do Palácio Real às margens do rio em 1561. Ele foi subsequentemente transformado pelos frívolos Bourbons Espanhóis, que pensaram em imitar a corte francesa de Versailles. A maior parte do que sobreviveu data dos séculos XVIII e XIX, suave e ornado enquanto que o palácio original era restrito e austero. Os destaques do rico interior incluem a **Sala das Porcelanas**, em estilo rococó, repleta de porcelana com temas chineses e o **Gabinete Árabe**, inspirado por Alhambra em Granada. Qualquer um que se interesse pelos trajes reais vai se fascinar com a exposição dos vestidos de noiva usados pela atual rainha, suas filhas e sua nora, a popular Leticia. *1 hora e 30 min. Plaza de Parejas. ☎ 91-891-03-05. www.patrimonionacional.es. De outubro a março, de 10h às 17h 15 e de abril a setembro, de 10 às 18h 15.*

Palacio Real de Aranjuez.

Estátua e fonte no jardim do palácio real.

Custa 5€ para adultos com visita guiada, 4,50€ para adultos sem visita guiada, 4€ para a faixa etária de 5 a 16 anos e gratuito para menores de 5. Palácio mais visita guiada aos salões privados são 7€ para adultos, 5€ para a faixa etária de 5 a 16 anos e gratuito para menores de 5. Ingressos combinados para o palácio e o Museu de Balsas Reais: 8€ para adultos, 7€ para a faixa etária de 5 a 16 anos, gratuito para menores de 5 anos.

3 ★ **Jardín del Parterre** O palácio é meramente um aquecimento para os jardins, que são a real beleza da verdejante Aranjuez. Os simétricos jardins Parterre ladeiam a fachada leste do palácio e são graciosamente projetados ao famoso estilo francês do século XVII. *20 min. De outubro a março, diariamente de 8h às 18h 30 e de abril a setembro, diariamente de 8h às 20h 30.*

4 ★ **Jardín de la Isla** Estes charmosos jardins, logo depois dos Parterre, são cercados pelas suaves ondulações do Rio Tajo. É um dos poucos sobreviventes de uma antiga mansão que já houve aqui e que foi usada por Fernando e Isabel como retiro de verão antes da construção do Palácio Real. Há várias belas fontes, todas com temas clássicos, de uma sedutora Vênus até um Baco brincalhão. *20 min. De outubro a março, diariamente 8h às 18h 30 e de abril a setembro, diariamente de 8h às 20h 30.*

5 **Jardín del Príncipe** O oásis verde e ensombreado é o maior dos jardins reais em Aranjuez e puro deleite quando explorado a pé. Foi encomendado pelo futuro Carlos IV, na época Príncipe das Astúrias (daí seu nome "O Jardim do Príncipe") e projetado entre 1772 e 1804. Enormes árvores – incluindo carvalhos, ciprestes e magnólias – são elegantemente distribuídas aparentemente sem cuidado ao redor de belas trilhas. Fontes e estátuas são cobertas em alguns pontos por trepadeiras, onde os pavões circulam e se agitam. *1 hora. Aberto de outubro a março, diariamente de 8h às 18h 30 e de abril a setembro, diariamente de 8h às 20h 30.*

6 Museo de Falúas Reales A lânguida realeza costumava navegar pelo rio em seus grandes barcos de lazer e estes foram agrupados no fascinante Museo de Falúas (Museu de Balsas Reais). Minha favorita é uma adorável gôndola veneziana do século XVII com ninfas douradas e flores. *45 min. Cl. de la Reina, dentro do Jardín del Príncipe. ☎ 91-891-03-05. De abril a setembro, de terça a domingo e feriados públicos, de 10h às 18h 15 e de outubro a março, de 10h às 17h 15. Ingressos: 3€ para adultos, 2€ para a faixa etária de 5 a 16 e idosos e gratuito para menores de 5. Ingressos combinados para o palácio e o Museu de Balsas Reais são 8€ para adultos, 7€ para a faixa etária de 5 a 16, gratuito para menores de 5. Gratuito às quartas-feiras para cidadãos da União Europeia portando documento com foto.*

7 Casita del Labrador A "Cabana do Trabalhador" foi construída entre 1791 e 1803. Apesar do nome, não tem nenhuma semelhança com uma cabana e sua função foi inteiramente relacionada com a busca pelo prazer. Um grande e elegante pavilhão de verão, está recheado com uma vastidão de porcelanas, estátuas, pinturas, tapeçarias, relógios e outros trabalhos de arte, todos minuciosamente descritos (o que é um pouco chato) no passeio guiado (obrigatório). *45 min. Plaza de Parejas. ☎ 91-891- 03-05. www.patrimonionacional.es. De outubro a março, de terça a domingo, de 10h às 17h. De abril a setembro, de 10h às 18h. Custa 5€ para adultos com visita guiada obrigatória, 4€ para a faixa etária de 5 a 16 anos e gratuito para menores de 5. Para o palácio mais visita guiada aos salões privativos são 7€ para adultos, 5€ para a faixa etária de 5 a 16 anos e gratuito para menores de 5 anos.*

8 ★ Casco Antiguo O elegante Casco Antiguo (velho quarteirão) de Aranjuez é caracterizado por seus amplos bulevares e praças expansivas. Diferente das outras cidades, que cresceram naturalmente, Aranjuez foi cuidadosamente planejada e projetada nos anos 1740. Numerosas residências reais e igrejas barrocas estão incorporadas ao delicado projeto. *45 min.*

9 Casa Pablo Uma bela taverna à moda antiga estabelecida em 1941, serve a culinária clássica castelhana, assim como os doces morangos e os gordos aspargos brancos pelos quais a cidade é famosa. *Cl. Almibar, 42. ☎ 91-892-11-48. $.*

Questões Práticas: Aranjuez

O maravilhoso Tren de la Fresa (veja p.145) é a maneira mais romântica de se chegar a Aranjuez, mas só funciona durante alguns finais de semana no início do verão. Os trens da estação de Atocha, em Madri, (levam 42 minutos, 3,90€ em um sentido) são a maneira mais conveniente de se chegar à cidade. Um serviço de ônibus operado pela Continental, ☎ 902-33-04-00, parte do terminal Méndez Álvaro (1 hora, 4,25€). O **Balcão de Informações Turísticas** fica na Plaza de San Antonio, 9, ☎ 91-891-04-27, www.aranjuez.es.

El Escorial

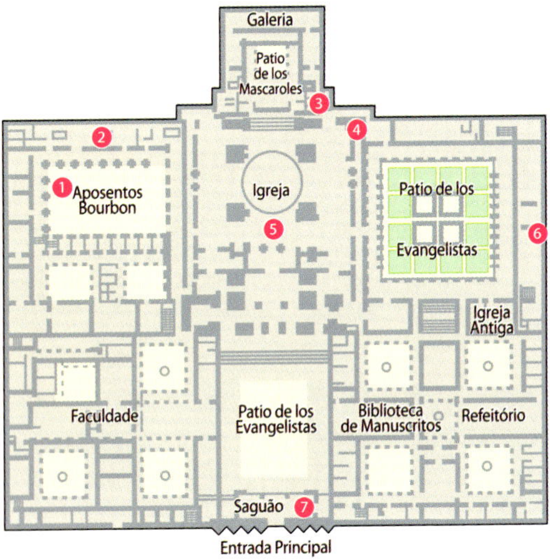

1 Aposentos dos Bourbon
2 Pinacoteca e Museo de Arqueologia
3 Aposentos dos Habsburgos
4 Panteón de los Reyes
5 Real Basílica
6 Salas Capitulares (Acervo de Pinturas)
7 Biblioteca
8 San Lorenzo de El Escorial
9 Babel Café

Surgindo austeramente das Sierras ao norte de Madri, o vasto Palácio Real e o Monastério El Escorial foram construídos no final do século XVI pelo Rei Felipe II (1527-1598). Construído em escala verdadeiramente colossal, o palácio-monastério também inclui um convento, uma escola, uma biblioteca e o panteão real: os monarcas espanhóis ainda são sepultados aqui. Foi desta fortaleza nas montanhas que o rei fanático religioso governou seu grande império, abafando zelosamente qualquer tipo de heresia. **PONTO DE PARTIDA: Uma hora de trem a partir da estação de Atocha em Madri.**

1 ★★ Aposentos dos Bourbons Os divertidos Bourbons não gostavam do sombrio El Escorial, mas fizeram o seu melhor para abrilhantar um pouco os aposentos que usavam. Decorados com tapeçarias atraentes, são, com certeza, a seção mais agradável do palácio. Entre os cômodos também há a **Sala de las Batallas**, um hall abobadado com um enorme afresco descrevendo as grandes vitórias militares da Espanha. *30 min.*

2 ★ Pinacoteca e Museo de Arqueologia As galerias anexas aos aposentos dos Habsburgos contêm dois museus acrescentados: a **Pinacoteca**, com uma bela coleção de pinturas (incluindo trabalhos de Bosch, que era muito querido por Felipe II) e o **Museu Arqueológico**, com sua exposição fascinante descrevendo a mecânica da construção do palácio. *40 min.*

3 ★ Aposentos dos Habsburgos Os aposentos dos Habsburgos são os que foram criados por Felipe II. São surpreendentemente humildes e deliciosamente íntimos, com os fascinantes ladrilhos em azul e branco e belas vistas sobre as florestas e as montanhas. Nestes quartos encantadores, Felipe II e seus conselheiros ouviram as terríveis notícias da falha da Armada Espanhola e da falência do país, quando Felipe II prosseguia em sua guerra vingativa contra os Holandeses Protestantes e os Otomanos Muçulmanos. É um pensamento assustador. Os cômodos de Felipe foram construídos sobre a Basílica

O Palácio Real e Monastério El Escorial.

Estátua na parede do monastério.

e o seu leito de morte ainda é próximo à abertura pela qual ele ouvia a missa. *30 min.*

4 ★ **Panteón de los Reyes** Quando Felipe II concebeu este novo monastério do palácio, ele pensava em encontrar um lugar adequado para enterrar seus pais, Carlos V (Carlos I de Espanha) e Isabel de Portugal. O **Panteão dos Reis**, espetacularmente construído em mármore e ouro, contém 26 sepulcros de mármore, onde estão os restos de praticamente todos os monarcas espanhóis desde o século XVI em diante. De acordo com uma antiga tradição, as rainhas só são enterradas aqui se forem mães de reis. Rainhas que não geraram um rei, assim como príncipes e princesas são enterrados no anexo em forma de labirinto, o **Panteão dos Príncipes**, acrescido no século XIX, a mando de Isabel II. Em um ritual repulsivo, os restos dos monarcas mortos são deixados no *pudridero* (Sala de Putrefação) por 50 anos antes de serem movidos para o Panteão. Os pais do rei atual, Juan Carlos I, estão no *pudridero*, esperando sua remoção para o último sepulcro vazio e ainda está por ser decidido onde serão enterrados os atuais membros vivos da Família Real, após o falecimento. *30 min.*

5 ★ **Real Basilica** A Basílica Real era a alma do complexo El Escorial. Foi projetada, como o restante do palácio, por Juan Bautista de Toledo e seu pupilo Juan de Herrera, e foi claramente influenciado por outro grande monumento à Contra-Reforma: a Basílica de São Pedro, em Roma. O domo, enorme e alto, que lembra a de São Pedro, é ainda mais impressionante por ser quase simples. O altar-mor, no entanto, é um incrível turbilhão de cores e ouro. O elegante altar menor está ladeado por estátuas de bronze dourado em tamanho real mostrando Carlos V (Carlos I de Espanha), Felipe II e suas famílias. Há 43 altares, então várias missas podem acontecer simultaneamente. Alguns contêm partes da enorme coleção de relicários de Felipe II, à qual o rei era muito ligado. Supõe-se que haja mais de 7 mil e quinhentas arcas contendo os ossos, cabelo e unhas dos santos, espalhados pelo complexo. *30 min.*

6 ★ Salas Capitulares (Acervo de Pinturas) A Sacristia e a Casa dos Capelões contém a mais da vasta coleção de pinturas do El Escorial, a maioria com temas religiosos, e estão reunidas sob os elaborados afrescos do teto. O melhor, no entanto, foi guardado para inclusão na Pinacoteca (veja anteriormente). *20 min.*

7 ★ Biblioteca A bela biblioteca é feita com um elaborado forro de madeira lustrosa brilhante e afrescos. Foi construída para abrigar a enorme coleção de livros de Felipe II, com mais de quarenta mil volumes. Ironicamente, apesar do ávido apoio de Felipe à inquisição, que destruiu inúmeros trabalhos "hereges", esta biblioteca, cuidada por Benito Arias Montano, contém manuscritos gregos, latinos, hebraicos e árabes, que foram resgatados das chamas. *20 min.*

8 San Lorenzo de El Escorial A dimensão da escala do El Escorial é impressionante, mas a pequena e tranquila cidade de San Lorenzo de El Escorial, com o pano de fundo montanhoso, é um ótimo lugar para se recuperar. O *casco histórico* (quarteirão antigo) é chamativo, com suas ruas com arcos e praças encantadoras. Um par de cafés ao ar livre espalham suas mesas na agradável Plaza de la Constituición – perfeita para se aquecer ao sol depois do frio sombrio do grande palácio-monastério. *30 min.*

9 Babel Café Um café amigável e boêmio, este é um ótimo lugar para se alegrar após o palácio sombrio. Música ao vivo e uma pequena, mas adorável terraço de verão. *Cl. San Juan de Austria, 7. ☎ 91-896- 05-22. $.*

Questões Práticas: San Lorenzo de El Escorial

Trens (1 hora e 05 minutos; ☎ 902-24-02-02; www.renfe.es) fazem partidas frequentes da estação de trem de Atocha, em Madri, para San Lorenzo de El Escorial, mas você precisa pegar um ônibus local da estação até o centro da cidade. Os ônibus (números 661 ou 664) partem da Intercambiador de Montcloa, em Madri, e chegam no terminal de ônibus na beira da cidade. De carro, pegue a rodovia A6 (com pedágio) ou a M505, a partir de Madri. O **Balcão de Informações ao Turista** (☎ 91-890-03-13; www.sanlorenzoturismo.com) fica na Cl. Grimaldi, 4.

O Palácio Real e o Monastério de El Escorial: Cl. Juan de Borbón y Battemberg, s/n. ☎ 91-890-59-02. www.patrimonionacional.es. Aberto: de outubro a março, de terça a Domingo, de 10h às 17h. De abril a setembro, de terça a domingo, de 10h às 18h. Ingressos: 10€ para adultos com visitas guiadas, 8€ para adultos sem guias. De 3,5€ a 4€ para cidadãos idosos e para a faixa etária de 5 a 16 anos. Ingresso gratuito para menores de 5 anos. A entrada é gratuita se a visitação for somente na Basílica.

Toledo

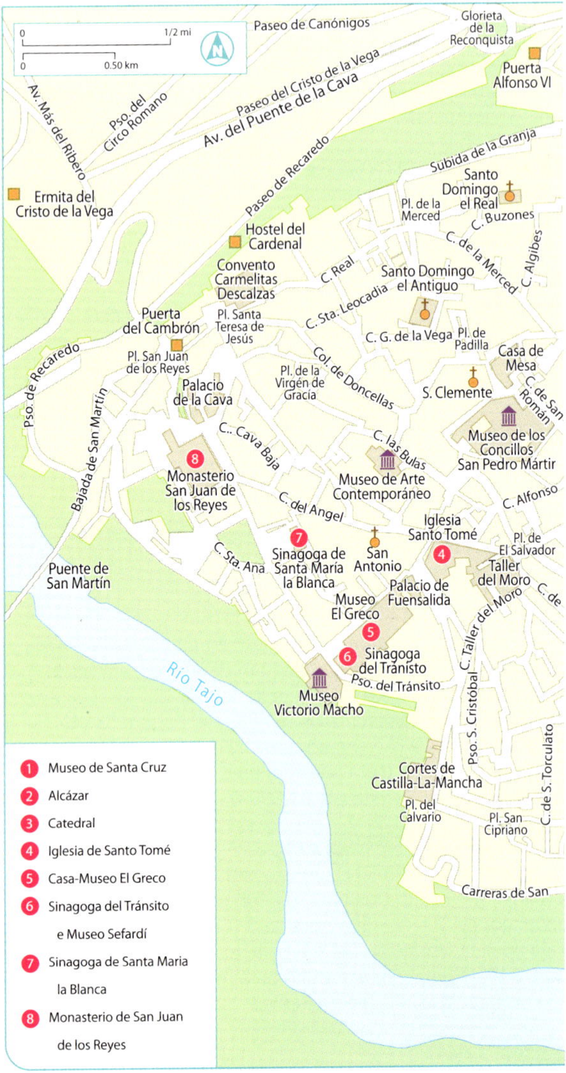
0
1/2 mi
0
0.50 km
Paseo de Canónigos
Glorieta de la Reconquista
Puerta Alfonso VI
Av. Más del Ribero
Pso. del Circo Romano
Paseo del Cristo de la Vega
Av. del Puente de la Cava
Subida de la Granja
Paseo de Recaredo
Ermita del Cristo de la Vega
Santo Domingo el Real
Pl. de la Merced
C. Buzones
Hostel del Cardenal
C. de la Merced
C. Algibes
Convento Carmelitas Descalzas
C. Real
Santo Domingo el Antiguo
C. Sta. Leocadia
Puerta del Cambrón
Pl. Santa Teresa de Jesús
C. G. de la Vega
Pl. de Padilla
Casa de Mesa
Pso. de Recaredo
Pl. San Juan de los Reyes
Col. de Doncellas
Pl. de la Virgén de Gracia
S. Clemente
C. de San Román
Palacio de la Cava
Bajada de San Martín
C.. Cava Baja
Museo de los Concillos San Pedro Mártir
C. las Bulas
Monasterio San Juan de los Reyes
Museo de Arte Contemporáneo
C. Alfonso
C. del Angel
Iglesia Santo Tomé
Pl. de El Salvador
C. Sta. Ana
Sinagoga de Santa María la Blanca
San Antonio
Taller del Moro
Puente de San Martín
Palacio de Fuensalida
C. de
Museo El Greco
C. Taller del Moro
Sinagoga del Tránsito
Río Tajo
Pso. del Tránsito
Museo Victorio Macho
C. S. Cristóbal
Pso. S. Cristóbal
Cortes de Castilla-La-Mancha
C. de S. Torculato
Pl. del Calvario
Pl. San Cipriano
Carreras de San
1 Museo de Santa Cruz
2 Alcázar
3 Catedral
4 Iglesia de Santo Tomé
5 Casa-Museo El Greco
6 Sinagoga del Tránsito e Museo Sefardí
7 Sinagoga de Santa Maria la Blanca
8 Monasterio de San Juan de los Reyes

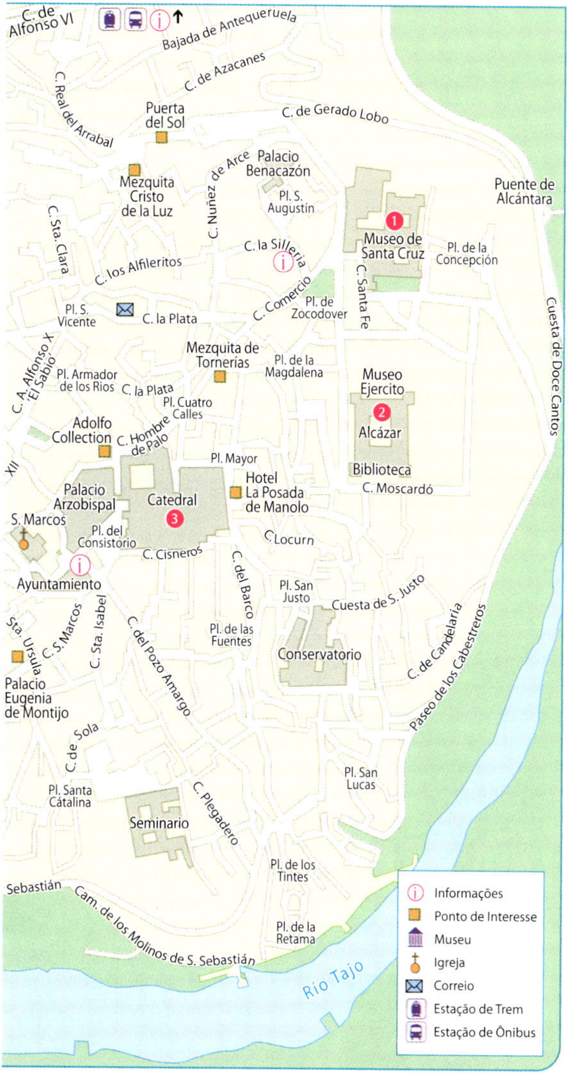
C. de Alfonso VI
Bajada de Antequeruela
C. de Azacanes
C. Real del Arrabal
Puerta del Sol
C. de Gerado Lobo
Palacio Benacazón
C. Nuñez de Arce
Mezquita Cristo de la Luz
Pl. S. Augustín
Museo de Santa Cruz
Puente de Alcántara
Pl. de la Concepción
C. Sta. Clara
C. los Alfileritos
C. la Sillería
C. Santa Fe
C. Comercio
Pl. de Zocodover
Pl. S. Vicente
C. la Plata
Cuesta de Doce Cantos
Mezquita de Tornerías
Pl. de la Magdalena
Museo Ejercito
C. A. Alfonso X 'El Sabio'
Pl. Armador de los Rios
C. la Plata
Pl. Cuatro Calles
Alcázar
Adolfo Collection
C. Hombre de Palo
XII
Pl. Mayor
Biblioteca
Hotel La Posada de Manolo
C. Moscardó
Palacio Arzobispal
Catedral
S. Marcos
Pl. del Consistorio
C. Locurn
C. Cisneros
C. del Barco
Ayuntamiento
Pl. San Justo
Cuesta de S. Justo
C. Sta. Isabel
Sta. Ursula
C. S. Marcos
C. del Pozo Amargo
Pl. de las Fuentes
Conservatorio
C. de Candelaria
Paseo de los Cabestreros
Palacio Eugenia de Montijo
C. de Sola
Pl. San Lucas
Pl. Santa Cátalina
C. Plegadero
Seminario
Pl. de los Tintes
Sebastián
Cam. de los Molinos de S. Sebastián
Pl. de la Retama
Río Tajo
Informações
Ponto de Interesse
Museu
Igreja
Correio
Estação de Trem
Estação de Ônibus

Toledo é uma cidade cativante, distribuída sinuosamente num monte com vista para o Rio Tajo. El Greco, que viveu aqui por décadas, nunca se cansou de pintar suas formas elegantes. O monumento mais impressionante é a gigantesca catedral, mas as mesquitas e sinagogas atestam a reputação histórica de Toledo para a tolerância religiosa. PONTO DE PARTIDA: **30 minutos de trem a partir da estação Atocha em Madri.**

1 ★ **Museu de Santa Cruz** O majestoso Hospital Renascentista de Santa Cruz está adornado com um complexo plateresco feito em pedra. Hoje é um excelente museu com coleções variadas desde pintura até arqueologia, está ligado ao Prado e geralmente apresenta ótimas exposições temporárias. *30 min. Cl. Cervantes, 3. ☎ 952- 22-10-36. Entrada gratuita. De segunda à sábado de 10h às 18h 30 e aos domingos, de 10h às 14h.*

2 ★ **Alcázar** Este enorme forte do século XVI, com suas torres espetadas, funcionou por muitos anos como um museu do exército, e, controversamente, é um dos poucos lugares na Espanha em que a memória de Franco foi preservada com alguma afeição. O forte está passando por reformas atualmente, e previsto para reabrir em 2009 (confirme com o balcão de turismo). *Cuesta de Carlos V. ☎ 925-22-16-73.*

O Alcázar do século XVI.

3 ★★★ **Catedral** A catedral de Toledo é considerada a melhor expressão do estilo gótico na Espanha. Sua construção começou em 1226 e foi concluída no final do século XV, com embelezamentos posteriores nos séculos seguintes. Como muitas igrejas do período, foi construída sobre uma grande mesquita, que um dia ocupou o lugar. A catedral é feita de pedras claras, o que parece ampliar o espaçoso interior, iluminado por **vitrais dos séculos XV e XVI**. Um enorme *retablo* gótico domina o **altar-mor**, teatralmente iluminado por raios de luz que entram pelo que é a a maior característica da cadetral, o **Transparente**. Esta mistura surpreendentemente barroca é um buraco no teto, ao redor do qual anjos de gesso se enroscam. **O claustro**, com seu trabalho feito em pedra, é quieto e contemplativo. *1 hora. Calle Cardenal Cisneros, 1. ☎ 925-22-22-41. www.architoledo.org. Os ingressos (inclui o museu) são 7€. Gratuito aos domingos à tarde. Aberta de segunda à sábado, de 10h às 18h 30 e aos domingos, de 14h às 18h 30.*

4 ★★ **Iglesia de Santo Tomé** Esta era a igreja da paróquia de El Greco e ganhou seu lugar em qualquer itinerário turístico por conta de uma única pintura: *O Enterro do Conde de Orgaz*, que El Greco pintou para a igreja entre 1586 e 1588. A grande tela atualiza uma popular história local sobre o cavaleiro do século XIV, Don Gonzalo Ruíz, um homem famoso, religioso e filantrópico,

A Catedral Gótica de Toledo.

cuja família viria a se tornar dos Condes de Orgaz. É dito que, em seu funeral, Santo Estevão e Santo Agostinho desceram dos céus para enterrá-lo com suas próprias mãos. Na versão de El Greco, os espectadores no funeral (que incluem um autorretrato do artista) são retratos em tamanho real de homens notáveis de Toledo na época. *30 min. Plaza del Conde, 4. ☎ 925-25-60-98. www.santotome.org. Ingresso: 1,90€. É gratuito para cidadãos espanhóis às quartas-feiras à tarde. De junho a setembro, de segunda a sábado, de 10h às 19h e de outubro a maio, de segunda à sábado, de 10h às 18h. Aos domingos, de 10h às 14h.*

5 ★ Casa-Museo El Greco Parece estranho que El Greco tenha vivido nesta atraente e restaurada mansão do século XVI, mas sua casa era provavelmente muito similar. Os quartos são cheios de móveis do período, incluindo alguns azulejos de cerâmica e servem de pano de fundo para a bela coleção de trabalhos do artista (particularmente, eu sempre aprecio as cenas de Toledo, que permanecem incrivelmente inalteradas). *Cl. Samuel Leví, s/n. ☎ 925-22-44-05. Atualmente fechado para restauração.*

6 ★ Sinagoga del Tránsito e Museo Sefardi Um dos trios sobreviventes das sinagogas de Toledo é hoje um interessante museu dedicado à cultura judaica. Os judeus foram expulsos da Espanha em 1492, mas antes disso Toledo foi lar de uma das maiores comunidades judaicas da península. A Sinagoga del Tránsito foi construída no século XIII, com fundos levantados por Samuel Leví, financiada para Pedro, o Cruel (que, posteriormente, torturou Samuel até a morte). A Sinagoga é uma joia da arquitetura Mudéjar, com um magnífico teto dourado e arcos em formato de ferradura. *30 min. Cl. Samuel Leví. ☎ 925-22-36- 65. www.museosefardi.net. De 8 de dezembro a 14 de fevereiro, de terça à sábado, de 10h às 18h. De 15 de fevereiro, a 7 de dezembro de 10h às 21h. Ingressos: 2,40€. Gratuito nas tardes de sábado e aos domingos.*

As paredes decoradas da Sinagoga del Tránsito.

Questões Práticas: Toledo

De carro a partir de Madri, pegue a rodovia A-42 para Toledo; o percurso tem 89 km. Os frequentes trens Avant (duração 30 minutos, ☎ 902-24-02-02; www.renfe.es) deixam a estação de Atocha, em Madri, e chegam em Toledo, deixando-o a 2 km do centro velho da cidade. Há **Oficinas de Turismo** na Puerta de Bisagra (☎ 925-22-08-43) e na Plaza del Consistorio, 1 (☎ 925-25-40-30; www.toledo-turismo.org).

Acomodações: Hotel La Posada de Manolo é uma pequena e charmosa pousada (Cl. Sixto Ramón Parro, 8) ☎ 925-28-22-50; www.laposadademanolo.com; quartos duplos de 72€ a 85€; MC, V). **Palacio Eugenia de Montijo** (Plaza Juego de Pelota, 7; ☎ 925; www.hotel-palacioeugeniademontijo.com; quartos duplos 120€ a 180€) é um hotel-butique estiloso com um pequeno spa.

Jantar: Adolfo Collection 1924 ($$) oferece tapas gourmet e ótimos vinhos (Cl. Nuncio Viejo, 1; ☎ 925-22-42-24). **Hostal del Cardenal** ($$$), em um palacete do século XVIII, especializado em culinária clássica castelhana (Paseo de Recadero, 24, ☎ 925-22-08-62).

7 ★ Sinagoga de Santa Maria la Blanca A Sinagoga de Santa Maria la Blanca, construída no final do século XII, também foi convertida em uma igreja após a expulsão dos judeus. Felizmente, suas fileiras serenas de arcos de ferradura, feitos do claro gesso, permaneceram intocadas através dos séculos e o lugar permanece como um dos meus favoritos em toda a cidade. *30 min. Cl. de los Reyes Católicos, 4. ☎ 925-22-72-57. Ingressos: 1,90€. Diariamente de 10h às 16h.*

8 ★ Monasterio de San Juan de los Reyes Outro canto que eu amo nesta bela cidade é o claustro histórico do Monasterio de San Juan de los Reyes, particularmente na primavera, quando as laranjeiras florescem. *30 min. Cl. de los Reyes Católicos, 2. ☎ 925-22-38-02. www.sanjuandelosreyes.org. Ingressos: 1,90€. Diariamente de 10h às 18h, até às 19h no verão.*

Monasterio de San Juan de los Reyes.

Fique **Esperto!**

Antes de Partir

Escritórios de Turismo

No Brasil: Portal Consular (Ministério das Relações Exteriores – Palácio Itamaraty - Esplanada dos Ministérios Bloco H - Brasília/DF – Brasil); www.portalconsular.mre.gov.br/. **Nos EUA:** 666 Fifth Ave., 35th Floor, New York, NY 10103 (☎ 212/265-8822); 8383 Wilshire Blvd., Suite 960, Beverly Hills, CA 90211 (☎ 323/658-7195); 845 N. Michigan Ave., Suite 915E, Chicago, IL 60611 (☎ 312642-1992); e 1221 Brickell Ave., Suite 1850, Miami, FL 33131 (☎ 305/358-1992). **No Canadá:** 2 Bloor St. W., Suite 3402, Toronto, Ontário M4W 3E2, Canada (☎ 416/961-3131). **No Reino Unido:** 79 New Cavendish St., 2nd Floor, London W1W 6XB (☎ 020/7317-2010.

De abril ao começo de junho e de **setembro ao final de outubro** são os melhores momentos para se visitar Madri, quando o céu é brilhante e azul, mas as temperaturas são moderadas. Em **maio**, acontece o melhor festival tradicional, em honra ao santo padroeiro da cidade, San Isidro. Eu amo a cidade em **junho**, quando as flores estão abrindo nos parques os madrilenhos vão às ruas. No quente e suado **agosto**, boa parte da cidade fecha, já que os moradores de Madri vão para as praias. Muitas lojas e restaurantes fecham durante o mês todo, então certifique-se de ligar antecipadamente. No entanto, é também quando alguns dos melhores festivais tradicionais acontecem, incluindo La Paloma. De **novembro** a **fevereiro** é surpreendentemente frio, mas você vai ter a cidade toda só para si e os preços caem nos hotéis e para as tarifas aéreas. A época próxima ao **Natal** em Madri, começa no início de **dezembro** e se estende até a primeira semana de **janeiro** e é especialmente festiva.

Como capital da Espanha, Madri é um destino popular durante o ano todo. É também um dos principais destinos internacionais para feiras de negócios ao longo do ano, portanto hotéis de preços moderados devem ser reservados com boa antecedência.

Festivais e Eventos Especiais

PRIMAVERA **A Semana Santa** é um festival menos famoso em Madri comparado com o das as grandes cidades andaluzas, mas ainda é celebrado em procissões solenes. As celebrações da Páscoa em **Toledo** são esplêndidas, particularmente na Quinta-feira e na Sexta-feira Santa. Em 1º de maio acontece o **Dia de maio** ou Dia do Trabalho e as ruas ficam cheias de membros dos sindicatos marchando. O **2 de maio (Dia de la Comunidad)** é um feriado público, em comemoração à revolta dos madrilenhos contra as tropas napoleônicas em 1808. A data é celebrada com concertos ao ar livre e danças tradicionais na Plaza Dos de Mayo e uma parada militar atravessando o centro da cidade. O maior festival da cidade, a **Fiesta de San Isidro**, é um espetáculo colorido e eletrizante de danças tradicionais, festas de rua, concertos e eventos especiais e acontece por duas semanas em torno de 15 de maio. Durante o **Corpus Christi**, que pode acontecer no final de maio ou início de junho, as ruas de Toledo ficam acarpetadas de flores e uma procissão brilhante acontece no coração da cidade velha.

VERÃO A **Fiesta de San Antonio de la Florida** (13 de junho), é um delicioso festival de bairro à moda antiga, com

Sites Úteis

www.okspain.org (ao colocar esse endereço, você é redirecionado para o site abaixo, com informações em inglês): É o site oficial do escritório de Turismo da Espanha nos EUA e possui informações detalhadas para ler antes de ir (incluindo horários dos voos).

www.spain.info (você pode selecionar o idioma, inclusive em português): O site high-tech e abrangente do Escritório de Turismo da Espanha contém um mundo de informações sobre tudo, de acomodações a museus.

www.munimadrid.es: Um site útil, coordenado pela cidade, com informações práticas sobre os principais pontos turísticos, parques, locais para prática de esportes e mais. Apenas em espanhol.

www.renfe.es: O site oficial para viagens de trem na Espanha, com rotas, horários e agendamento. Somente em espanhol.

bandeiras, festas de rua e uma migração para a igreja do santo, com seus belos afrescos pintados por Goya. Durante a **Noche de San Juan** (23 de junho), Madri celebra o solstício de verão com fotos e fogueiras no Parque del Retiro. Há numerosos e grandes festivais de música que acontecem em junho e julho, incluindo a **Festimad** (normalmente em junho) e a **Summercase** (normalmente julho). O grande festival cultural de verão é o **Veranos de la Villa** (julho a agosto) e tem de tudo, desde drama clássico até dança contemporânea nos melhores lugares da cidade. Agosto é um ótimo mês para os festivais de bairro *castizos* ("genuínos"), celebrados em honra a seus santos padroeiros. O melhor destes é **La Paloma** (15 de agosto), em La Latina, **San Lorenzo** em Lavapiés (10 de agosto) e San Cayetano em Cascorro (7 de agosto). As celebrações continuam por cerca de uma semana além do dia do santo. O **Dia da Assunção** (15 de agosto) é celebrado como um feriado público.

OUTONO A **Romeria de Nuestra Señora Virgen de Gracia**, uma romaria que culmina em um gigantesco piquenique em grupo, acontece em San Lorenzo de Escorial no segundo domingo de setembro. A **Noche Blanca** é um novo festival cultural, com eventos gratuitos por toda a cidade durante a noite de 23 de setembro, de performances circenses a concertos de música, com acesso gratuito aos museus.

INVERNO **Dia de Todos os Santos** (1° de novembro), um feriado público, é reverentemente celebrado: parentes e amigos visitam os túmulos de seus amados e comem comidas tradicionais. Madri possui dois santos padroeiros: San Isidro, cuja festa é celebrada em maio, e a **Virgen de la Almudena** (9 de novembro), cuja celebração é marcada com duas semanas de festividades. O período que leva ao **Navidad** ou o Natal, é marcado por feiras natalinas na Plaza Mayor (a maior) e várias outras praças do centro histórico, com venda de artesanato, decorações de natal, árvores e figuras natalinas (os *belenes* – dioramas natalinos). O conselho da cidade ergue sua própria cena natalina na Plaza de la Villa, em frente à prefeitura. No **Dia de los Reyes** (Dia dos Santos Reis), em 6 de janeiro, permanece a celebração tradicional católica de ação de graças do Natal (mesmo tendo o Papai Noel tomado conta nas cidades e a maioria das famílias hoje troca presentes em 25 de dezembro). A noite que antecede as celebrações públicas acontece nas cidades e vilas por toda a Espanha. Em Madri, a parada principal é liderada por três homens vestidos de Reis Magos que circulam pela Plaza Mayor atirando doces para as crianças. O **Carnaval** (precedendo a Quaresma) em Madri não é muito forte, com apenas alguns grupos de crianças se fantasiando e algumas barracas de comerciantes locais.

O Clima

Madri está sobre um platô alto no centro da Espanha – o que significa que há verões muito quentes e invernos frios. Como diz o ditado local, a capital tem "nove meses de inverno e três meses de inferno". No entanto, mesmo os dias mais frios são normalmente ensolarados, com belos céus azuis imortalizados nas grandes pinturas de Goya. A chuva geralmente cai pouco, mas intensa e com trovoadas, particularmente em abril e em outubro, portanto venha preparado. Em julho e em agosto, as temperaturas normalmente sobem a mais de 30°, sem um sopro de vento para dar um refresco. No entanto, os museus, restaurantes e hotéis possuem ar-condicionado e podem manter o pior do calor do lado de fora. Faça como os madrilenhos e retire-se para seu quarto para uma sesta, acordando depois que o pior do calor já tiver passado.

Telefones Celulares *(Móvilles)*

Telefones mundiais – ou GSM (Global System for Mobiles – Sistema Global de Telefones Móveis) – funcionam na Espanha (e em praticamente todo o mundo). Se o seu telefone está em um sistema GSM e você possui um telefone multibanda, você pode fazer e receber ligações na Espanha. Ligue para sua operadora de telefonia e peça para ter o "roaming internacional" ativado. Também é possível alugar um telefone GSM. Pode ser mais barato simplesmente comprar um telefone pré-pago, quando estiver em Madri. Estes estão disponíveis na loja de departamentos **El Corte Inglés** (Calle Preciados, 3, ☎ 91-379-80-00) e na **FNAC** (Calle Preciados 28, ☎ 91-595-61-00) entre outras. Normalmente é possível comprar um telefone barato por cerca de 50€, que já inclui 20€ de créditos. Também é possível comprar um cartão SIM Espanhol e usar no seu próprio telefone, mas verifique com sua operadora para se assegurar que seu telefone esteja desbloqueado. Os norte-americanos podem alugar um telefone GSM antes de deixarem seu lar na **InTouch USA** (☎ 800/872-7626; www.intouchglobal.com) ou na **RoadPost** (☎ 888/290-1606 ou 905/272-5665); www.roadpost.com). Para os brasileiros que viajarão para a Espanha, a solução mais econômica é comprar um chip pré-pago de alguma operadora local e colocar em seu próprio aparelho, se seu celular for desbloqueado, porque assim você paga as tarifas locais e as ligações por DDI para o Brasil podem ficar mais baratas do que levar o seu próprio número para a Espanha.

Aluguel de Veículos

Não é aconselhável dirigir em Madri, especialmente com a preponderância de táxis baratos e o serviço de metrô. As viagens diurnas sugeridas são facilmente acessíveis por transporte público, apesar de ser mais fácil combinar as visitas (por exemplo, visitar Aranjuez e Toledo em um dia) se um carro for alugado. As maiores companhias de aluguel de veículos norte-americanas, como Avis, Budget e Hertz tem escritórios em Madri, incluindo no aeroporto Barajas e nas estações de trem de Atocha e Chamartin. As melhores ofertas podem ser encontradas pela internet, então verifique antes de viajar. Os contatos úteis incluem: **Avis** (☎ 800/331-1212; (EUA), ☎ 08445 818181 (Reino Unido), ☎ 902-135-531 (Espanha); www.avis.

com), **Hertz** (☎ 800/654-3131 (EUA), ☎ 08708 448844 (Reino Unido); www.hertz.com), e **Budget** (☎ 800/472-3325 (EUA), ☎ 08701 565656 (Reino Unido); www.budget.com). A companhia espanhola **Pepecar** (☎807-41-42-43, www.pepecar.com) oferece aluguéis com baixo custo em Madri. Os brasileiros precisarão de carteira de habilitação internacional para conseguirem permissão para dirigir na Espanha.

Chegando Lá

De Avião

Partindo do aeroporto **Barajas** de Madri (a 12km do centro da cidade), há várias maneiras de se chegar à cidade. A mais conveniente é o **metrô** (linha 8), com estações nos Terminais 2 e 4 (e também para os Terminais 1 e 3). A passagem simples custa 2€ (note que os passes de transporte público demandam um pagamento suplementar de 1€ para o transporte do aeroporto para cidade e vice-versa). Serviços de **ônibus** conectam o aeroporto com o terminal de ônibus de **Avenida América** ao noroeste de Madri (que também está conectado com a rede do metrô). Pegue os ônibus número 200 dos Terminais 1, 2 e 3 e 204 no Terminal 4. As passagens custam 1€. Os táxis partem do lado de fora de todos os terminais. Uma jornada para o centro da cidade não deve custar mais do que 30€, incluindo as taxas de aeroporto e de bagagem. Peça o recibo.

De Carro

Várias rodovias principais convergem em Madri, bem no centro da Espanha. A rodovia **A-2** leva a Zaragoza e Barcelona, no noroeste, e a **A-3** leva diretamente ao leste de Valência. A **A-6** corre pelo noroeste em direção à Galícia (pegue esta para Segóvia e Ávila), e a **A-5** vai em direção ao sudoeste para Extremadura e Sevilha. A **A-42** é uma rodovia direta para Toledo. A cidade está circulada por três rodovias principais em anel: a **M-30**, a **M-40** e a **M-50.** O tráfico é bem complicado, particularmente durante a hora do **rush**, quando normalmente fica lenta a ponto de parar.

De Trem

A maioria dos trens nacionais (RENFE: www.renfe.es) e dos trens internacionais chega na estação de **Atocha**, Glorieta del Emperador Carlos V, (☎ 91-506-61-95; Metrô: Atocha), ou **Chamartin**, Calle Augustín de Foxa s/n, (☎ 91-323-15-15. **Atocha** é a maior estação de trens da Espanha e terminal das conexões AVE de alta velocidade com Barcelona e Sevilha.

Circulando em Madri

De Metrô

O **"Metro"** (☎ 902-44-44-03; www.metromadrid.es) é o meio de transporte mais eficiente, moderno e limpo de Madri. A extensa rede (12 linhas identificadas por cores, mais a conexão 'R' Ópera/Príncipe Pio) faz dele a maneira mais rápida e fácil de navegar pela cidade. O símbolo de diamante vermelho com uma marca azul do metrô marca as estações. Tarifas de uma só passagem (*sencillo*) custam 1€, apesar de você conseguir um passe Metrobús (válidos para 10 viagens no metrô ou em ônibus) por 7€. Este é normalmente de valor melhor que os passes turísticos (*abono turístico*), válido para viagens ilimitadas por períodos entre 1 e 7 dias (1 dia 5€, 2 dias 8,40€, 3 dias 11€, 5 dias 16,80€ e 7 dias 22,60€, com 50% de desconto para crianças menores de 11 anos). O metrô funciona diariamente de 6h às 2h da manhã, com menos serviços aos domingos.

De Táxi

Os táxis, que são brancos com uma faixa vermelha em diagonal nas portas frontais, são muitos e com bons preços. Poucas viagens custam mais de 10€. É possível tanto acenar para um táxi na rua (a luz verde no teto significa que está livre) ou pegar um nos pontos (normalmente próximo aos hotéis). Há filas de táxis nas duas principais estações de trem, Atocha e Chamartín, e em vários locais pela cidade, incluindo a Plaza Isabel II e a Plaza Callao (na Gran Via). Os pontos de táxi são identificados com uma placa azul com a letra "T" em branco. As tarifas começam em 1,95€ (2,15€ à noite), com taxas de extras para viagens (ida ou volta) para o aeroporto e as estações de trens e de ônibus. Não há tarifa adicional para bagagem ou transporte de cadeiras de rodas. Note que se você pedir um táxi por telefone, você também vai pagar pelo tempo que ele leva para chegar a você. Algumas companhias confiáveis de táxi são **Radio Taxi** (☎ 91-447- 51-80) e **Teletaxi** (☎ 91-371-21- 31). A **Euro Taxi** possui carros adaptados para portadores de necessidades especiais, reserve com antecedência. (☎ 91-547-85-00).

De Ônibus

Os ônibus são muitos e são convenientes, mas ocasionalmente também são frustrantes e lentos por conta do grande volume de tráfego nas ruas da cidade. No lado positivo, eles possuem ar-condicionado no verão. Os ônibus noturnos (chamados de **búhos,** que significa corujas) operam entre 23h 15 às 05h 10. O ***búhometro*** é um serviço de ônibus noturno relativamente novo que segue as rotas do metrô entre 0h 45 às 05h 45. Passagens únicas para as viagens de ônibus, incluindo os noturnos, custam 1€, apesar de o passe Metrobús (veja acima) oferecer o melhor custo-benefício.

De Carro

Tentar negociar com o trânsito nada familiar de Madri, com suas ruas engarrafadas, pode ser incômodo e estacionar é um pesadelo de tão caro. As viagens diurnas que descrevi aqui – Toledo, El Escorial e Aranjuez – são facilmente acessíveis por transporte público. No entanto, um carro é útil se você planeja combinar passeios fora da cidade ou simplesmente quer explorar a parte rural a seu bel prazer.

A Pé

Caminhar no centro de Madri é um passatempo beirando uma forma de arte e a cidade, compacta, é ideal para caminhadas, especialmente no labirinto do centro histórico próximo à Plaza Mayor. As grandes avenidas de Salamanca podem ser um paraíso para compras, mas um pouco confusas de se entender neste bairro tão grande.

Informações Úteis

ALUGUEL DE APARTAMENTOS Entre as opções estão: **Friendly Rentals** (☎ 93-268-80-51; www.friendlyrentals.com), com propriedades estilosas por um preço surpreendente; **www.spain-select.com**, que oferece apartamentos luxuosos nos melhores bairros da cidade e **www.rentmadrid.com**, com uma escolha de moradas no centro antigo.

CAIXAS ELETRÔNICOS Cartões Maestro, Cirrus e Visa são aceitos prontamente em qualquer Caixa Eletrônico (*Cajero Automático*). Troque moedas nos bancos ou *casas de cambio* (casas de câmbio). Os bancos normalmente oferecem as melhores taxas, mas as *casas de cambio* ficam abertas até mais tarde. Elas normalmente cobram uma comissão pesada, portanto verifique antes de fazer qualquer transação. Você também pode encontrar escritórios de câmbio na estação de trens de Atocha e no aeroporto Barajas. Bancos espanhóis incluem o Caja de Madrid, BBVA e o Santander. Filiais destes podem ser localizados perto da Plaza Mayor e ao longo da Gran Vía. A maioria dos bancos oferece caixas eletrônicos 24 horas: são normalmente a melhor maneira de acessar contas correntes na Espanha, mas verifique as taxas em seu próprio banco.

HORÁRIO COMERCIAL Os bancos ficam abertos de segunda a sexta-feira de 8h 30 às 14h. A maioria dos escritórios abre de segunda a sexta, de 9h às 18h ou 19 h (em julho, de 8h às 15h). Em agosto, os escritórios estão com poucos funcionários, se estiverem abertos. Nos restaurantes, o almoço é normalmente de 13h 30 ou 14h às 16h e o jantar de 21h às 23h 30 ou meia-noite. As maiores lojas ficam abertas de segunda a sábado, de 9h 30 ou 10h às 20h, com muitas lojas em shoppings abrindo no primeiro domingo do mês. Os funcionários dos estabelecimentos menores, no entanto, ainda fecham para a sesta no meio da tarde, com os estabelecimentos funcionando de 9h 30 às 14h e de16h 30 às 20 ou 20h30.

MÉDICOS Disque ☎ **112** para qualquer emergência, incluindo as médicas. O velho número local, 061(usado antes da introdução do número pan-europeu de emergências, 112) ainda é válido. Para informações sobre médicos locais, ligue para a linha de informações da cidade, 012.

ELETRICIDADE Os hotéis operam em 220 volts AC. A loja de departamentos El Corte Inglés (Calle Preciados 3, ☎ 91-379-80-00) possui adaptadores.

EMBAIXADAS **Embaixada do Brasil**, Calle Fernando El Santo, 6 – Estação de metrô Alonso Martínez, linhas 4, 5 e 10 (☎ 91-700-4650); **Embaixada dos USA**, Calle Serrano 75, em Salamanca (☎ 91-587-2303); **Canadá,** Calle Núñez de Balboa 35 (☎ 91-423-32-50); **Reino Unido**, Calle Fernando el Santo 16 (☎ 91-700-82-00); **Austrália**, Plaza del Descubridor Diego de Ordás 3 (☎ 91-353- 66-00); **Nova Zelândia**, Plaza de la Lealtad 2 (☎ 91-523-02-26).

EMERGÊNCIAS Para todas as emergências, ligue para o número pan-europeu de emergências ☎ **112**, apesar de o número antigo ainda funcionar: ☎ 061 para ambulância e ☎ 080 para incêndios.

VIAJANTES GAYS & LÉSBICAS Em 1978, a Espanha legalizou a homossexualidade entre adultos consensuais e, em 1995, a Espanha baniu a discriminação por orientação sexual. O casamento entre pessoas do mesmo sexo se tornou legal em 2005. Madri é um dos maiores centros da vida gay da Espanha, com o vibrante bairro Chueca, a capital da área gay. Você encontrará lojas, bares, restaurantes, hotéis e outras opções agrupados nesta área. Por todo o resto da cidade, o cenário gay é menos visível do que em outros destinos da Espanha, como Barcelona ou Sitges. Os websites www.gayspain.com e www.chueca.com possuem listas completas para destinos específicos para viajantes gays.

FERIADOS Os feriados observados incluem: 1° de janeiro (Ano-Novo), 6 de janeiro (Epifania do Senhor/Dia dos Santos Reis), 19 de março (São José), em março ou abril (Sexta-feira Santa), 1° de maio (Dia do Trabalho), 2 de maio

(Fiesta de la Comunidad), 15 de agosto (Festa da Assunção), 12 de outubro (Dia Nacional da Espanha), 1° de novembro (Dia de Todos os Santos), 6 de dezembro (Dia da Constituição), 8 de dezembro (Festa da Imaculada Conceição) e 25 de dezembro (Natal).

SEGUROS Verifique suas apólices de seguro antes de comprar seguros de viagens para cobrir cancelamentos de viagens, bagagens perdidas, despesas médicas ou seguros para aluguel de veículos. Existem muitas empresas no Brasil que oferecem serviços de seguros para viagens, algumas delas são a **GTA Seguros** (http://www.seguroviagemgta.com.br), a **Assist-Card** (http://www.assist-card.com.br) e a **Vital-Card** (http://www.touroperator.com.br/portal/vtc01/). Essas seguradoras também podem providenciar o cancelamento de viagens, atendimento médico e cobertura para remoção emergencial no exterior. Faça uma pesquisa antes de viajar, procure por mais empresas, verifique a cobertura e as taxas, para escolher a que melhor atender suas necessidades específicas.

INTERNET O acesso à internet é pleno, tanto em cybercafés (ou internet cafés) e frequente em hotéis, vários dos quais hoje oferecem Wi-Fi. O **Café Comercial**, Glorieta Bilbao, 7, ☎ 91-521056055, é antigo, tem um bom clima e possui um par de antigos terminais. Há numerosos *locutorios* (centros telefônicos) agrupados ao redor da Puerta del Sol, onde é possível fazer ligações internacionais baratas e até ficar online em alguns terminais. **Easynet cafés** (Calle Alberto Aguilera, 27, próximo a estação Argüelles do metrô, e Glorieta de Quevado, 5, metrô Quevado) é um deles, grande e barato, embora sem alma. **Workcenter** (a filial da Plaza Canalejas é a mais conveniente; encontre outras filiais em www.workcenter.es) possui uma ampla variedade de serviços de impressão e para a área de negócios, assim como acesso rápido à internet.

PERDA DE BENS Ligue para as empresas de cartão de crédito no momento em que descobrir que perdeu sua carteira ou foi roubada e faça o registro na delegacia policial mais próxima. A sua operadora de cartão de crédito ou a segurada vão certamente pedir um relatório policial numerado ou algum tipo de registro. O número de emergência da **Visa** é ☎ 900-99-11-24 na Espanha. Proprietários de cartões **American Express** e de cheques de viagem devem ligar ☎ 902-37-56-37 na Espanha. Usuários de **MasterCard** devem ligar ☎ 900- 97-12-31 na Espanha.

CORREIO E CARTAS Os correios espanhóis são chamados *correos*, identificados por placas amarelas e brancas com uma coroa e as palavras *Correos y Telégrafos*. As principais agências estão geralmente abertas de 9h às 20h, de segunda a sexta e aos sábados de 9h às 19h. A Agência Central fica na Plaza Cibeles, s/n, não muito longe do Prado (☎ 91-523-06-94). Outras filiais na Carrera de San Jerónimo, s/n, Calle Alcalá, 7–9 e Plaza Oriente, s/n.

DINHEIRO A unidade monetária comum da Europa na Espanha é o **euro**. No momento em que este livro seguiu para a gráfica, a taxa de câmbio era de aproximadamente 1€ = US$1,25 (£0,84 ou R$2,38). Para taxas de câmbio atualizadas entre o euro e o dólar, verifique o site com conversor de moedas **www.xe.com/ucc**. Para consultar a conversão de reais em euro, veja em: http://www4.bcb.gov.br/pec/conversao/conversao.asp

PASSAPORTES Não é necessário vistos para visitantes dos EUA, do Canadá e brasileiros, contanto que sua visita não exceda 90 dias. Visitantes australianos precisam de um visto. Se você perder seu passaporte ou for roubado contate a embaixada de seu país ou o consulado, imediatamente. Veja em "Embaixadas" acima. Faça uma cópia das páginas essenciais de seu passaporte e mantenha-as separadas do mesmo.

FARMÁCIAS As farmácias abrem em horário comercial e uma em cada bairro permanece aberta a noite toda e nos feriados. A localização e o telefone desta *farmacia de guardia* está postada na porta de todas as outras farmácias. Algumas farmácias centrais que abrem 24 horas por dia incluem a **Farmacia de la Paloma**, Calle Toledo, 46, ☎ 91-365-34-58, www.farmaciadelapaloma.com e a **Farmacia del Globo**, Calle Atocha, 46 (☎ 91- 359-20-00). Também é possível usar a linha de informações da cidade **012** para pedir os endereços das farmácias abertas durante a noite.

POLÍCIA Para todas as emergências, ligue **112**. Os antigos números (que existiam antes da introdução do número pan-europeu de emergências) ainda funcionam: polícia nacional 091 e polícia local 092.

SEGURANÇA Os crimes violentos são raridade em Madri, mas muitos criminosos frequentam as áreas turísticas e as maiores atrações, assim como museus, restaurantes, hotéis, trens, estações, aeroportos, metrôs e caixas eletrônicos. Esteja atento quando estiver nos pontos turísticos, especialmente nos arredores da Plaza Mayor, da Gran Vía e dos bairros de Lavapiés e La Latina. Seja especialmente cuidadoso com batedores de carteira no metrô e não permita que ciganos com flores se aproximem de você em nenhum lugar. Tenha igual cuidado com jovens mulheres e crianças usando pranchetas com falsos pedidos de patrocínio: é uma armadilha comum para "limpar seus bolsos". Não entre em nenhum dos parques públicos após o anoitecer.

SATE (Servicio de Atención al Turista Extranjero) (Serviço de Atenção ao Turista), Calle Leganitos, 19, (☎ 91-548-85-37), possui atendentes que falam inglês e podem ajudar a vítimas de crimes a reportar suas perdas e obter novos documentos, assim como entram em contato com os respectivos consulados e embaixadas em caso de necessidade. O escritório fica aberto de 9h às 22h.

FUMO Uma lei que baniu o fumo em lugares públicos, incluindo transportes públicos, escritórios e hospitais entrou em vigor no início de 2006. No entanto, apenas os maiores bares e restaurantes são forçados a ter uma seção para não fumantes, enquanto os estabelecimentos menores simplesmente podem escolher se tornar lugares para fumantes ou para não fumantes. Os poucos bares para não fumantes (cerca de 5%) possuem placas bem visíveis. Se você pretende evitar o fumo passivo, peça, nos estabelecimentos, pela seção de *no fumadores* ou escolha um restaurante com um terraço aberta.

TAXAS A taxa de valor agregado (VAT – Value Added Tax, conhecida na Espanha como IVA) varia de 7% a 33%, dependendo do que está sendo vendido. Comida, vinho e necessidades básicas são taxadas em 7%; a maioria dos bens e serviços (incluindo aluguel de veículos) em 13%; itens de luxo (joalheria, itens de tabacaria e licores importados) em 33% e hotéis em 7%. Pessoas de fora da União Europeia podem obter reembolso de 16% da taxa IVA na maioria das compras superiores a 90€ na maioria das lojas que oferecem compras "Livre de Impostos" ou "Com Reembolso Global". Os formulários, obtidos na loja onde você fez a compra, devem ser carimbados na alfândega quando de sua partida. Para mais informações, veja **www.globalrefund.com.**

TELEFONES Para informações de telefonia nacional, ligue ☎ 11888. Para informações internacionais, ligue ☎ 11886. É possível fazer ligações internacionais em cabines identificadas com a palavra *Internacional*. Para fazer uma chamada internacional, disque ☎ 00, espere o tom e disque o código de país, código de área e número. Se você estiver fazendo uma ligação local, disque o código de dois dígitos da cidade primeiro (**91** para Madri) e depois os sete números. Para fazer uma ligação de longa distância dentro da Espanha, o procedimento é exatamente o mesmo, porque você precisa discar o prefixo da cidade não importa onde esteja. A Embratel possui um serviço através do qual você pode ligar a cobrar de qualquer telefone no mundo e o pagamento é feito no Brasil, em Reais. Acesse o site www.embratel.com.br e saiba mais sobre este serviço.

GORJETAS Os restaurantes mais caros acrescentam 7% à conta e os mais baratos a incorporam em seus preços. Esta *não* é uma cobrança por serviço e uma gorjeta de 5% a 10% é esperada de turistas nestes locais, apesar de os locais raramente deixarem mais do que um ou dois euros. Para cafés e lanches a maioria das pessoas apenas deixa algumas moedas ou arredonda para o próximo euro. Os táxis não esperam gorjetas, embora seja possível que esperem algo dos turistas. Dê gorjetas de 1€ para os porteiros de hotel, carregadores de malas e as arrumadeiras por dia.

BANHEIROS Na Espanha eles são chamados *aseos, servicios*, ou *lavabos* e identificados como *señores, hombres* ou *caballeros* para homens e *damas* ou *señoras* para mulheres.

INFORMAÇÕES AO TURISTA **Turismo de Madrid**, Plaza Mayor, 27 (☎ 91-588- 16-36), é coordenada pelo conselho da cidade e oferece muitas informações bem como mapas úteis e uma revista mensal gratuita (*esMadridmagazine*) com ótimas listas de eventos. Para informações sobre a cidade, mais os arredores (a Comunidad de Madrid) visite a **Oficina de Turismo de la Comunidad de Madrid**, Calle Duque de Medinacelli, 2 (☎ 91-429- 49-51). Há balcões de informações turísticas também nas estações de trem de Atocha e no aeroporto. Ligue 012 para informações gerais a visitantes.

VIAJANTES COM NECESSIDADES ESPECIAIS Boa parte de Madri é ladeira e mesmo sendo calçada em algumas áreas, fica mais complicado para cadeirantes. Muitos dos prédios mais antigos em Madri possuem escadas, o que os torna difíceis para visitantes com necessidades especiais, apesar de as condições estarem melhorando devagar. Os hotéis mais novos são mais sensíveis às necessidades especiais e os restaurantes mais caros são, geralmente, acessíveis. O site de turismo da cidade (www.esmadrid.com) tem uma lista de acessibilidade em museus, hotéis e lojas e também tem atualizações mensais sobre novos serviços para viajantes com necessidades especiais. Estes podem incluir passeios especiais guiados, atualmente oferecidos somente em espanhol, mas espera-se que outras línguas sejam introduzidas (o site não é fácil de se navegar: vá para "Sempre", depois clique em "Seu Próprio Caminho", que traz a opção de Madri Acessível). Você pode considerar a possibilidade de adquirir um passeio organizado especialmente para este tipo de viajante. Nos Estados Unidos, a **Flying Wheels Travel** (☎ 507-451-5005; www.flyingwheelstravel.com) normalmente oferece passeios com escolta para a Espanha e a **Access-Able Travel Source** (☎ 303-232-2979, www.access-able.com) possui informações para pessoas viajando com destino a Madri (assim como outros lugares do mundo). Pegue uma planta do **metrô**, que indica que estações possuem elevadores e acesso para cadeiras de rodas (também disponíveis em www.metromadrid.es). A maioria dos **ônibus** (www.emtmadrid.es) são equipados para cadeiras de rodas, apesar de ser recomendado viajar fora dos horários de pico ao invés de lutar por andar entre as multidões. Todos os ônibus turísticos (Madrid Vision) podem acomodar cadeiras de rodas. **Famma**, Calle Galileo, 69, www.famma.org, é uma federação de organizações privadas de deficientes (☎ 91-593-35-50), que produz um guia excelente (apenas em Espanhol) sobre acessibilidade em Madri. Está atualmente sendo atualizado, mas uma versão está disponível online. Inclui avaliações sobre a acessibilidade em lojas, hotéis, teatros, terminais de trem e de metrô, entre outras instituições. Veja o www.esmadrid.com: o site oficial de turismo da cidade, em várias línguas, com gráficos bonitos e muitas informações úteis para viajantes a negócio ou a passeio. No entando pode ser difícii de achar o que se busca.

NOTA DA EDITORA: Algumas informações foram inclusas para que o leitor brasileiro também tenha acesso aos seguintes itens:

Consulado brasileiro na cidade

– Calle Zurbano, 71. De segunda à sexta-feira, das 9h 30 às 13h 30, fax. (34) 913-101-630, e-mail: consular@consuladobrasil.es; www.consuladobrasil.es

CÂMBIO Você pode encontrar muitos bancos e casas de câmbio na cidade. No entanto, para trocar o real pelo euro nenhum dos estabelecimentos aceita moedas, apenas os bilhetes de papel, com apresentação do passaporte em todas as transações. É aconselhável que você já traga uma certa quantia em euros para as despesas mais básicas. O serviço de câmbio também é encontrado no aeroporto internacional de Madri. Há casas de câmbio pequenas, principalmente na Gran Vía e na Puerta del Sol. As taxas são, geralmente, piores do que as praticadas nos bancos.

ALFÂNDEGA **Cidadãos de países não pertencentes à União Europeia** podem trazer para Madri, sem acarretar impostos, 200 cigarros, 50 charutos, 2 litros de vinho, além de um litro de bebida que contenha mais de 22% de puro álcool ou dois litros de bebida que contenha menos de 22%. Os agentes alfandegários tendem a ser bem tolerantes com relação a mercadorias em geral, já que os limites impostos são surrealmente baixos. **Cidadãos de países membros da União Europeia** podem trazer a quantidade que desejarem de produtos para a Espanha, desde que esses produtos sejam **destinados a uso pessoal (e não para venda).**

CARTÕES DE CRÉDITO Cartões de crédito são a maneira mais segura de se carregar dinheiro. Eles também oferecem um conveniente registro de todos os seus gastos e geralmente contam com boas taxas de câmbio. Você pode obter adiantamentos em dinheiro com seu cartão de crédito em bancos ou caixas eletrônicos, contanto que você saiba seu PIN. Tenha em mente que, quando você usar seu cartão de crédito no exterior, a maioria dos bancos cobra uma taxa de 2% sobre a de 1% cobrada pela Visa, Mastercard ou American Express. Verifique com seu banco qual a melhor opção para suas necessidades antes de viajar.

Madri: Uma Breve História

POR VOLTA DE 1000 A.C Os primeiros assentamentos na área de Madri começam a crescer ao longo do rio Manzanares.

412 D.C Os Godos fazem de Toledo sua capital.

711 D.C. Os Mouros invadem a península Ibérica.

POR VOLTA DE 860 A fortaleza árabe de mayrit (possivelmente a origem do nome "Madri") é montada onde hoje está o Palácio Real.

1083 Os exércitos cristãos capturam Madri.

1202 Madri é declarada uma cidade livre em um estatuto promulgado por Alfonso VIII.

1309 As *Cortes* (parlamento) itinerantes espanholas ficam em Madri pela primeira vez.

1202 Madri recebe o *status* de cidade.

1492 Fernando e Isabel (os "Monarcas Católicos") derrotam Granada, o último reino mouro da península Ibérica. Os Judeus são expulsos da Espanha. Cristóvão Colombo chega às Américas.

1495 Um casamento real une os monarcas espanhóis aos imperadores austríacos Habsburgos.

1520 As cidades castelhanas, incluindo Madri, se juntam na revolta *Comunero* contra Carlos I.

1561 Felipe II declara Madri a primeira capital permanente da Espanha. Numerosos projetos de construções são iniciados.

1600-1606 Madri é brevemente substituída por Valladolid como a capital espanhola.

1620 A Plaza Mayor é concluída.

1700 Carlos II morre sem deixar um herdeiro. Felipe V é coroado o primeiro rei da dinastia Bourbon da Espanha.

1701-1713 A guerra espanhola pela sucessão divide o país.

1734 O Palácio Real é destruído por uma tempestade.

1808 Tropas napoleônicas tomam Madri, apesar da heroica resistência dos madrilenhos. Carlos IV abdica e Napoleão coloca seu irmão Joseph como Rei da Espanha.

1835 As leis Mendizabel apropriam propriedades da igreja para o Estado.

1813 A monarquia espanhola é restaurada sob o comando de Fernando VII.

1833-1834 Primeiras guerras Carlistas. Os apoiadores de Isabel II derrotam o pretendente Don Carlos.

1868 O General Prim declara a Primeira República, iniciando a segunda guerra Carlista. Isabel II foge da Espanha.

1876 A monarquia espanhola é novamente restaurada e sobe ao trono Alfonso XII.

1908 Começa a construção da Gran Via.

1923 O General Primo de Rivera declara o estado ditatorial, mas é forçado a renunciar seis anos depois em função dos graves problemas econômicos.

1931 A Espanha vota massivamente por uma república e Alfonso XIII é forçado a abdicar.

1936-1839 Guerra Civil Espanhola. Madri é a última cidade a cair para os nacionalistas sob o comando de Franco.

1975 A morte de Franco e a coroação de Juan Carlos I.

1977 Os socialistas ganham as primeiras eleições democráticas da Espanha desde a Guerra Civil. No ano seguinte, uma nova Constituição Espanhola é assinada.

1981 Um novo golpe militar de direita é engendrado.

DÉCADA DE 1980 A *Movida*, um movimento sociocultural que explodiu por toda a cidade após a morte de Franco, alcança seu ápice. Filmes alternativos, moda, música e artes florescem.

1986 A Espanha se une à União Europeia.

1992 Madri é a capital europeia da Cultura.

1996 O Partido Popular (PP) conservador vence as eleições gerais.

2004 Ataques terroristas em Madri tiram a vida de 191 pessoas. Face às críticas sobre sua maneira de lidar com a crise, o PP é expulso nas Eleições Gerais e o líder do Partido Socialista Espanhol (PSOE), José Luis Rodríguez Zapatero, se torna o Primeiro Ministro da Espanha.

2005 O Reina Sofia é radicalmente ampliado por Jean Nouvel.

2007 O Prado revela sua nova expansão por Rafael Moneo.

2008 O Governo Socialista de Zapatero é eleito para um segundo mandato nas eleições gerais. Um trágico acidente de avião no aeroporto de Barajas mata 154 pessoas.

A Arquitetura de Madri

Moura e Mudéjar (X – XIII d.C)

Poucos vestígios da antiga cidade árabe sobreviveram além de um pequeno trecho do **antigo muro** em um parque próximo à Catedral de la Almudena. Os Mouros que se converteram e ficaram para trás após a Reconquista continuaram a trabalhar para seus novos patrões cristãos e sua arte, que funde as técnicas árabes e europeias, é chamada de Mudéjar. A pequena igreja Mudéjar de **San Nicolas** preserva um minarete da mesquita que um dia ocupou aquele lugar, finalmente acabada e transformada em uma torre de sino. Há exemplos muitos melhores da arte Mudéjar em Toledo, incluindo a brilhante **Sinagoga del Tránsito**.

Gótico e Plateresco (XV – XVI)

O melhor exemplo do estilo Gótico na região de Madri (e um dos melhores em toda a Espanha) é a majestosa **Catedral** de Toledo, com seus arcos pontudos, decoração escultural elaborada e abóbadas elevadas. Quase todas as construções góticas em Madri foram destruídas, mas a **Torre de los Lujanes** sobrevive na Plaza de la Villa. Nesta mesma praça, a **Casa de Cisneros** traz o intrincado e detalhado trabalho decorativo em pedra típico da arquitetura Plateresca, que recebe seu nome dos *plateros* ou artesãos de prata.

Renascença e Barroco (XVI – XVIII)

A era de ouro de Madri, em termos de arquitetura histórica foi o século

XVII, quando muitos de seus prédios mais emblemáticos foram erguidos. O enorme palácio em **El Escorial** é a elegante obra-prima de Juan Bautista de Toledo e seu colaborador Juan de Herrera, cuja tendência a linhas austeras está ecoada nos desenhos da **Plaza Mayor**, concluída em 1620 por um de seus pupilos. O **Monasterio de la Encarnación** e o **Monasterio de las Descalzas Reales** são ambos edifícios refinados do início da era Barroca, assim como a **Casa de la Villa** (Prefeitura). Já no século XVIII, a arquitetura Barroca estava se tornando ainda mais abundante e detalhada. Os monarcas espanhóis convidaram arquitetos italianos para projetar o novo **Palácio Real**, que permanece ainda hoje como a maior e mais opulenta construção barroca na cidade.

Neoclassicismo, Ecleticismo, Historicismo (meados XVIII – final XIX)

Com Carlos III e seus ideais iluministas, a cidade foi dramaticamente expandida e reconstruída. Os arquitetos buscavam inspiração nas culturas da Roma Antiga e da Grécia, adornando suas construções com colunas clássicas e favorecendo linhas retas e racionais em contradição às voltas e curvas do barroco. Os novos projetos incluíram o majestoso **Prado**, um dos primeiros museus construídos com esse propósito na Europa, e o hospital, que hoje abriga o **Reina Sofia**. O pequeno e belo **Observatório**, perdido em um canto do Parque Retiro, é uma joia da arquitetura neoclássica. A esplêndida **Fonte Cibeles**, com sua imagem de uma antiga deusa em sua carruagem, é outro belo exemplo do neoclassicismo. Mais para o final do século XIX, o neoclassicismo começa a se fundir ao ecleticismo e ao historicismo à medida em que os arquitetos começam a combinar estilos e influências diferentes em uma mesma construção. Os melhores exemplos deste tipo de arquitetura podem ser encontrados na primeira parte da **Gran Vía**, na junção com a Calle Alcalá, onde os prédios, claramente inspirados pelo Segundo Império Francês estão lado a lado com as restritas mansões neoclássicas.

Moderno e Contemporâneo (início do século XX – presente)

Os primeiros prédios da Gran Vía foram erguidos na primeira década do século XX – grandes, pomposos e projetados para mostrar ao mundo que Madri era uma capital moderna e avançada. Esta rua, como nenhuma outra, captura as tendências da arquitetura no século seguinte. À medida em que a Gran Vía se alonga lentamente para o oeste, os prédios ajudam a contar a história da arquitetura madrilenha do século XX. Há muito poucos prédios em Art Nouveau (chamado de Modernismo na Espanha) na cidade, apesar de que o sublime **Sociedad de Autores**, logo ao norte da Gran Vía, é uma exceção notável. No entanto, a Art Déco foi extremamente popular, inspirada em parte pelo começo dos novos arranha-céus surgindo em todas as grandes cidades norte-americanas. A Gran Vía traz vários monumentos em Art Déco, sensualmente curvilíneos, incluindo o **Edificio Carrión e o Palacio de la Prensa** na Plaza del Callao. Os anos franquistas não viram praticamente nenhuma arquitetura moderna digna de nota, além de um par de arranha-céus, notados apenas por sua altura. A arquitetura esteve melhor representada na era pós-Franco, com o surgimento de bancos e torres de negócios, como a **Puerta de Europa**, um par de arranha-céus apoiados um no outro, concluídos em 1996. Os grandes sucessos de crítica do início do século XXI foram todas conversões de prédios já existentes. A expansão em vidro de Rafael Moneo para o **Prado** (2007), o incrível anexo de Jean Nouvel ao **Reina**

Sofia (2005) e a inteligente conversão de Herzog e De Meuron de uma fábrica no **CaixaForum**, todas melhoraram consideravelmente o perfil artístico da cidade.

Frases Úteis e Termos de Menu

Palavras e Frases Úteis

PORTUGUÊS	ESPANHOL	PRONÚNCIA
Bom dia	Buenos dias	BUE-nos DI-as
Como vai você?	¿Como está?	CO-mo es-TAS
Muito bem	Muy bien	mui bien
Obrigado	Gracias	GRA-ssias
De nada	De nada	de NA-da
Adeus	Adiós	a-DIÔS
Por favor	Por favor	por fa-VOR
Sim	Sí	SI
Não	No	NO
Desculpe-me	Perdóname	Per-DÓ-na-me
Onde está...?	¿Dónde está...?	DON-de es-TA
À direita	A la derecha	a la de-RÊ-tcha
À esquerda	A la izquierda	a la is-KIÊR-da
Eu gostaria...	Quisiera	ki-SSIÊ-ra
Eu quero...	Quiero	KIÊ-ro
Você tem...?	¿Tiene usted?	TIE-ne us-TÊD
Quanto custa?	¿Cuánto cuesta?	KUAN-to KUÊS-ta
Quando?	¿Cúando?	KUAN-do
O quê?	¿Qué?	kê
Há...?	(¿)Hay (…?)	ai
O que há lá?	¿Qué hay?	kê ai
Ontem	Ayer	a-IÊR
Hoje	Hoy	ôi
Amanhã	Mañana	ma-NHÃ-na
Bom	Bueno	BUE-no
Mau	Malo	MA-lo
Melhor	(Lo) Mejor	(lô) me-RRÔR
Mais	Más	mas
Menos	Menos	ME-nos
Você fala português?	¿Habla portugués?	A-bla por-tu-GUÊS
Eu falo um pouco de espanhol.	Hablo un poco de español	A-blo un PÔ-ko de es-pa-NHÔL
Não entendo	No entiendo	no en-TIEN-do
Que horas são?	¿Qué hora es?	ke Ô-ra ês
A conta, por favor	La cuenta, por favor	la KUEN-ta por fa-VOR
A estação	La estación	La es-ta-SSION
Um hotel	Un hotel	un o-TÊL
O mercado	El mercado	êl mer-KA-do
Um restaurante	Un restaurante	un rres-tau-RAN-te
O banheiro	El baño	êl BA-nho

Um médico	Un doctor	Un dok-TOR
A estrada para...	El camino a	êl ka-MI-no a
Para comer	Comer	ko-MER
Um quarto	Una habitación	U-na a-bi-ta-SSION
Um livro	Un libro	un LI-bro
Um dicionário	Un diccionario	un dik-sio-NA-rio

Números

NÚMERO	ESPANHOL	PRONÚNCIA
1	uno	U-no
2	dos	dos
3	tres	tres
4	cuatro	KUA-tro
5	cinco	SIN-ko
6	seis	seis
7	siete	SIÊ-te
8	ocho	Ô-tcho
9	nueve	NUÊ-ve
10	diez	diês
11	once	ON-se
12	doce	DÔ-sse
13	trece	TRÊ-sse
14	catorce	ka-TÔR-se
15	quince	KIN-se
16	dieciséis	diê-ssi-SÊIS
17	diecisiete	diê-ssi-SIÊ-te
18	dieciocho	diê-ssi-Ô-cho
19	diecinueve	diê-ssi-NUÊ-ve
20	veinte	VEIN-te
30	treinta	TREIN-ta
40	cuarenta	kua-REN-ta
50	cincuenta	sin-KUEN-ta
60	sesenta	se-SSEN-ta
70	setenta	se-TEN-ta
80	ochenta	o-TCHEN-ta
90	noventa	no-VEN-ta
100	cien	sien

Refeições & Pratos

PORTUGUÊS	ESPANHOL	PRONÚNCIA
Café da manhã	Desayuno	de-ssai-U-no
Almoço	Almuerzo	al-MUÊR-so
Jantar	Cena	SE-na
Refeição	Comida	ko-MI-da
Tira-gosto	Entremeses	en-tre-ME-sses
Prato principal	Primer plato	Pri-MÊR PLA-to
Sobremesa	Postre	PÔS-tre

Itens de Mesa

PORTUGUÊS	ESPANHOL	PRONÚNCIA
Copo	Vaso ou Copa	BA-so ou KÔ-pa
Guardanapo	Servilleta	ser-vi-LHÊ-ta
Garfo	Tenedor	te-NE-dor
Faca	Cuchillo	ku-TCHI-lho
Colher	Cuchara	ku-CHA-ra
Garrafa	Botella	bo-TÊ-lha
Taça	Taza	TA-ssa

Decodificando o Menu

PORTUGUÊS	ESPANHOL	PRONÚNCIA
Ao forno	Al horno	al ÔR-no
Fervido	Hervido	er-VI-do
Grelhado na brasa	A la brasa	a la BRA-ssa
Frito	Frito	FRI-to
Grelhado	A la plancha	a la PLAN-cha
Mal passado	Poco hecho	PÔ-ko Ê-tcho
Ao ponto	Medio hecho	MÊ-dio Ê-tcho
Bem passado	Muy hecho	mui Ê-tcho
Assado	asado	a-SSA-do
Molho	salsa	SAL-ssah
Picante	picante	pi-KAN-te
No vapor	estofado	es-to-FA-do

Ao Final do Jantar

PORTUGUÊS	ESPANHOL	PRONÚNCIA
Conta	Cuenta	KUEN-ta
Garçom	Camarero (*masc.*)	ka-ma-RÊ-ro
	Camarera (*fem.*)	ka-ma-RÊ-ra

Bebidas

PORTUGUÊS	ESPANHOL	PRONÚNCIA
Cerveja	Cerveza	ser-VÊ-ssa
Café	Café	ka-FÊ
Leite	Leche	LÊ-tche
Jarra	Jarra	RA-rra
Chá	Té	tê
Água	Agua	A-gua
Vinho	Vino	VI-no
Tinto	Tinto	TIN-to
Rosé	Rosado	rro-SSA-do
Branco	Blanco	BLAN-ko
Carta de vinhos	Carta de vinos	KAR-ta de VI-nos

Carnes, Linguiças e Cortes Frios

PORTUGUÊS	ESPANHOL	PRONÚNCIA
Boi	Buey	bu-ei
Pato	Pato	PA-to
Carne	Carne	KAR-ne
Galinha	Pollo	PÔ-lho
Fiambre	Fiambre	fi-AM-bre
Chuleta	Chuleta	tchu-LE-ta
Presunto	Jamón	ra-MON
Presunto cozido	Jamón York	ra-MON iôr-que
Presunto defumado	Jamón Serrano	ra-MON se-RRA-no
Carneiro	Cordero	kor-DÊ-ro
Rins	Riñones	rri-NHO-nes
Fígado	Hígado	I-ga-do
Codorna	Perdiz	PERR-dis
Faisão	Faisán	fai-SSAN
Porco	Cerdo	SÊR-do
Coelho	Conejo	ko-NÊ-rro
Costelas	Costilla	kos-TI-lhas
Salsicha	Salsicha	sal-TCHI-tchas
Salsicha picante	Chorizo	cho-RI-sso
Bisteca	Bistec	bis-TEK
Picanha	Solomillo	so-lo-MI-lho
Tripas	Callos	KA-lhos
Peru	Pavo	PA-vo
Vitela	Ternera	ter-NE-ra

Frutos do Mar e Crustáceos

PORTUGUÊS	ESPANHOL	PRONÚNCIA
Anchova salgada	Anchoa	an-CHO-a
fresca	Boquerón	bo-ke-RON
Perca	Lubina	lu-BI-na
Pargo	Besugo	be-SSU-go
Bacalhau	Bacalao	ba-ka-LA-o
Caranguejo	Cangrejo	can-GRE-rro
Lagostim	Cigala	si-GA-la
Lula Gigante	Jibia	RI-bia
Pescado	Pescado	pes-CA-do
Linguado	Platija	pla-TI-rra
Merluza	Merluza	merr-LU-ssa
Garoupa	Mero	MÊ-ro
Lagosta	Langosta	lan-GOS-ta
Cavala	Caballa	ca-BA-lha
Tamboril	Rape	RRA-pe
Mexilhão	Mejillón	me-rri-LHON
Polvo	Pulpo	PUL-po
Ostra	Ostra	OS-tra
Camarão Grande	Gamba	GAM-ba
Salmonete	Salmonete	sal-mo-NÊ-te

Salmão	Salmón	sal-MON
Sardinha	Sardina	sar-DI-na
Vieira	Peregrina	Pe-re-GRI-na
Linguado/Solha	Lenguado	len-GUA-do
Camarão	Camarón	ka-ma-RON
Lula	Calamar	ka-la-MAR
Peixe-espada	Pez espada	Pês es-PA-da
Truta	Trucha	TRU-tcha
Atum	Atún	a-TUN
Robalo	Rodaballo	rro-da-BA-lho

Legumes e Vegetais

PORTUGUÊS	ESPANHOL	PRONÚNCIA
Cenoura	Zanahoria	sa-na-Ô-ria
Repolho	Col	cól
Repolho roxo	Lombarda	lom-BAR-da
Aipo	Apio	A-pio
Grão de bico	Garbanzo	gar-BAN-sso
Milho	Maiz	ma-IS
Berinjela	Berengena	be-ren-RRE-na
Favas	Habas	A-bas
Feijões verdes	Frijoles verdes	fri-RRÔ-les VER-des
Lentilha	Lenteja	len-TÊ-rra
Alho-poró	Puerro	pu-Ê-rro
Alface	Lechuga	le-TCHU-ga
Cogumelo	Seta	SÊ-ta
Batata	Patata	pa-TA-ta
Abóbora	Calabacín	ca-la-ba-CIN
Salada	Ensalada	en-sa-LA-da
Espinafre	Espinaca	es-pi-NA-ka
Cebola	Cebolla	se-BÔ-lha
Tomate	Tomate	to-MA-te
Vegetais	Verduras	ver-DU-ras

Variedades

PORTUGUÊS	ESPANHOL	PRONÚNCIA
Banana	Plátano	PLA-ta-no
Pão	Pan	pan
Bolo	Bollo	BO-lho
Manteiga	Mantequilla	man-te-KI-lha
Pudim	Flan	flan
Queijo	Queso	KÊ-sso
Ovo	Huevo	hu-Ê-vo
Sorvete	Helado	e-LA-do

Omelete (à moda espanhola)	Tortilla	tor-TI-lha
Pimenta	Pimienta	pi-MIEN-ta
Arroz	Arroz	a-RRÔS
Sal	Sal	sal
Açúcar	Azúcar	a-SSU-kar

Sites e Telefones Úteis

AER LINGUS

☎ 800/474-7424 nos EUA.

☎ 01/886-8844 na Irlanda. www.aerlingus.com

AIR CANADA

☎ 888/247-2262 www. aircanada.ca

AIR FRANCE

☎ 800/237-2747 nos EUA.

☎ 0820-820-820 na França. www.airfrance.com

☎ 4003-9955 (de capitais e regiões metropolitanas)

0800 888-9955 (de outras localidades) no Brasil. www.airfrance.com.br

AIR NEW ZEALAND

☎ 800/262-1234 ou -2468 nos EUA.

☎ 800/663-5494 no Canadá

☎ 0800/737-000 na Nova Zelândia www.airnewzealand.com

ALITALIA

☎ 800/223-5730 nos EUA.

☎ 8488-65641 na Itália www.alitalia.it

☎ 0800 770 2344 no Brasil. www.alitalia.com/br_pt/ home/index.aspx

AMERICAN AIRLINES

☎ 800/433-7300 www. aa.com

☎ 4502-4000 (São Paulo)/ 4502-5005 (Rio de Janeiro) e

0300-789-7778 (demais cidades) no Brasil. www.aa.com.br

AUSTRIAN AIRLINES

☎ 800/843-0002 nos EUA.

☎ 43/(0)5-1789 na Áustria. www.aua.com

BMI

☎ 0870/6070-222 na Inglaterra www.flybmi.com

BRITISH AIRWAYS

☎ 800/247-9297 nos EUA.

☎ 0870/850-9-850 na Inglaterra www.british-airways.com

CONTINENTAL AIRLINES

☎ 800/525-0280 www. continental.com

DELTA AIRLINES

☎ 800/221-1212 www. delta.com

EASYJET

www.easyjet.com

IBERIA

☎ 800/772-4642 nos EUA.

☎ 902/400-500 na Espanha. www.iberia.com

☎ (11) 3218-7130 (central de reservas) no Brasil. www.iberia.com/br

ICELAND AIR

☎ 800/223-5500 nos EUA.

☎ 354/50-50-100 na Islândia. www.icelandair.is

KLM

☎ 800/374-7747 nos EUA.

☎ 020/4-747-747 na Holanda. www.klm.nl

LUFTHANSA

☎ 800/645-3880 nos EUA.

☎ 49/(0)-180-5-838426 na Alemanha. www. lufthansa.com

☎ (21) 4700 1672/ (11) 4700 1700 no Brasil. www.lufthansa.com/br

NORTHWEST AIRLINES

☎ *800/225-2525 www.nwa.com*

QANTAS

☎ *800/227-4500 nos EUA.*

☎ *612/131313 na Austrália. www.qantas.com*

SCANDINAVIAN AIRLINES

☎ *800/221-2350 nos EUA.*

☎ *0070/727-727 na Suécia.*

☎ *70/10-20-00 na Dinamarca.*

☎ *358/(0)20-386-000 na Finlândia.*

☎ *815/200-400 na Noruega. www.scandinavian.net*

SWISS INTERNATIONAL AIRLINES

☎ *877/359-7947 nos EUA.*

☎ *0848/85-2000 na Suíça www.swiss.com*

UNITED AIRLINES

☎ *800/241-6522 www.united.com*

US AIRWAYS

☎ *800/428-4322 www.usairways.com*

VIRTIN ATLANTIC AIRWAYS

☎ *800/862-8621 nos EUA continental.* ☎ *0870/380-2007 na Inglaterra www.virgin-atlantic.com*

Índice

Índice

Veja também os índices de Acomodações e Restaurantes, a seguir.

A

B

C

D

E

F

ÍNDICE DE ACOMODAÇÕES

ÍNDICE DE RESTAURANTES

Créditos das Fotos

Crédito da página de rosto: i: © Jon Arnold Images Ltd/Alamy; © Bridgeman Library; Jon Hicks/Alamy.

Todas as imagens: © Susannah Sayler, com as seguintes exceções:

© Hostal Barrera: p.134 acima.

© Hostal Persal: p.135 acima.

Cortesia de Alamy: p.17 abaixo (© Suzy Bennett); p.38 acima (© David Tomlinson); p.124

(© Jon Arnold Images Ltd).

Cortesia de Bakelita, Madri: p.79 acima.

Cortesia de Bridgeman Art Library: p.25 (The Triumph of Death (O triunfo sobre a Morte), detalhe da margem inferior direita, 1562 (óleo sobre painel) por Bruegel, Pieter, (aprox.1525–1569) Prado, Madri, Espanha/ Giraudon / The Bridgeman Art Library. Nacionalidade/ status de copyright: Flamenga / não protegido);

p.27 (The Surrender of Breda (A rendição de Breda) (1625), detalhe de Justino de Nassau entregando as chaves para Ambrósio de Spinola (1569–1630) em 5 de junho de 1625, aprox.1635 (detalhe de 30730) por Velázquez, Diego Rodriguez de Silva y (1599–1660) Prado, Madri, Espanha / The Bridgeman Art Library. Nacionalidade / status de copyright: Espanhola/ não protegido).

Cortesia de FotoLibra: viii (© Patrick Tweedle).

Cortesia de Casa de Madrid: p.130.

Cortesia de Chic and Basic Colors: p.131.

Cortesia de Clement Barajas Hotel: p.132.

Cortesia de Hospes Madrid: p.133 acima.

Cortesia de Hostal Acapulco: p.133 abaixo.

Cortesia de Hostal Fonda Horizonte: p.134 abaixo.

Cortesia de Hotel Emperador: p.135.